CARTA a los ROMANOS

Ellet Waggoner

Carta a los Romanos

por
Ellet Waggoner

© 2020

978-0-6488225-2-3

Contenido

Nota del lector 7
1. El poder de Dios está en el evangelio 9
2. El pecado de otros también es el nuestro 43
3. La gracia de Dios: don gratuito 70
4. Creyendo en la maravillosa promesa de Dios 94
5. Gracia abundante 110
6. El yugo de Cristo es fácil, y ligera su carga 131
7. Casados con el mal marido 141
8. Libertad gloriosa de un mal "matrimonio" 152
9. ¿Quiénes son los verdaderos Israelitas? 184
10. Buenas nuevas de gran gozo 198
11. Todo Israel será salvo 204
12. La justificación por la fe, en la práctica 214
13. El creyente y los gobiernos terrenales 222
14. Dios, el único juez 235
15. Alabad al Señor todos los gentiles 245
16. Saludos personales 258

Nota del lector

EL RELATO inspirado nos asegura que en casi todas las epístolas de Pablo hay "algunas [cosas] difíciles de entender" (2ª Ped. 3:16). Tal es quizá el caso con la epístola a los Romanos, en mayor medida que con cualquier otra. Pero su comprensión no es algo imposible, excepto para "los indoctos e inconstantes".

Observa que son solamente los que tuercen "también las otras Escrituras" para su propia perdición, los que malinterpretan la enseñanza de Pablo. Los que tienen el deseo de comprender, y que leen las sencillas promesas de la Biblia con provecho, no se encontrarán entre ellos.

Al abordar su estudio, te dará ánimo recordar que se trata simplemente de una carta dirigida a la iglesia de Roma. Nada hace suponer que la congregación en Roma fuese diferente del gran cuerpo de los cristianos en general. Leemos acerca de ellos que "no sois muchos sabios según la carne, no muchos poderosos, no muchos nobles" (1ª Cor. 1:26). Los verdaderos seguidores de Jesús se han encontrado siempre entre la gente común. Así, en la iglesia de Roma debió haber tenderos, artesanos, obreros, carpinteros, jardineros, etc., así como muchos siervos de familias de ciudadanos ricos, y unos pocos que ostentaran una posición elevada. Cuando consideramos que se esperaba confiadamente que ese tipo de personas comprendiera la carta, podemos sentirnos animados a creer que lo mismo ha de suceder hoy.

La exhortación y aseveración de Pablo a Timoteo constituye la mejor guía para estudiar cualquiera de sus epístolas, y la Biblia en su totalidad: "Considera lo que digo; y el Señor te dé entendimiento en todo" (N.T. Interlineal: "el Señor te dará entendimiento en todo").

Dios es su propio intérprete. Son las palabras de la Biblia las que explican la Biblia. Es por ello que conviene preguntarse una y otra vez qué es lo que quiere decir exactamente el texto, en relación con lo que lo precede y lo sigue.

Los comentarios que acompañan al texto tienen por objeto fijar más detalladamente en la Palabra la atención del estudiante, así como ayudar al lector casual. Que el estudio de esta epístola te suponga una gran bendición, y que la Palabra llegue a serte aún de mucha mayor estima, debido a la luz creciente que el Espíritu Santo haga brillar a partir de ella, es mi ferviente oración.

Ellet J. Waggoner

Capítulo 1

El poder de Dios está en el evangelio

El saludo

Romanos 1:1-7

> 1| Pablo, siervo de Jesucristo, llamado a ser apóstol, apartado para el evangelio de Dios, 2| que él había antes prometido por sus profetas en las santas Escrituras, 3| acerca de su Hijo (que fue hecho de la simiente de David según la carne: 4| el cual fue declarado Hijo de Dios con potencia, según el espíritu de santidad, por la resurrección de los muertos), de Jesucristo Señor nuestro, 5| por el cual recibimos la gracia y el apostolado, para la obediencia de la fe en todas las naciones en su nombre, 6| entre las cuales sois también vosotros, llamados de Jesucristo: 7| a todos los que estáis en Roma, amados de Dios, llamados santos: Gracia y paz tengáis de Dios nuestro Padre, y del Señor Jesucristo.

Un siervo (esclavo) – "Pablo, siervo de Jesucristo". Así es como el apóstol se presenta a los Romanos. En otras epístolas diferentes utiliza la misma expresión. Algunos se avergonzarían de definirse como siervos; pero tal no fue el caso de los apóstoles.

Hay una gran diferencia, dependiendo de a quién servimos. La importancia del siervo deriva de la dignidad de aquel a quien sirve. Pablo servía al Señor Jesucristo. Está al alcance de todos el servir al mismo Amo. "¿No sabéis que a quien os prestáis vosotros mismos por siervos para obedecerle, sois siervos de aquel a quien obedecéis?" (Rom. 6:16). Hasta el mismo empleado del hogar que se entrega al

Señor es siervo del Señor, y no del hombre. "Siervos, obedeced en todo a vuestros amos carnales, no sirviendo al ojo, como los que agradan a los hombres, sino con sencillez de corazón, temiendo a Dios: y todo lo que hagáis, hacedlo de ánimo, como al Señor, y no a los hombres; Sabiendo que del Señor recibiréis la compensación de la herencia: porque al Señor Cristo servís" (Col. 3:22-24). Una consideración tal no puede por menos que dignificar la labor más humilde y rutinaria que quepa imaginar.

Nuestra versión no expresa toda la fuerza del término que el apóstol emplea al llamarse "siervo". En realidad es "siervo esclavo". Empleó el término con el que se referían normalmente a los esclavos. Si somos realmente los siervos del Señor, somos sus esclavos de por vida. Pero es el tipo de esclavitud que lleva en sí misma la libertad. "Porque el que en el Señor es llamado siendo siervo, liberto es del Señor: asimismo también el que es llamado siendo libre, siervo es de Cristo" (1ª Cor. 7:22).

Apartado – El apóstol Pablo fue "apartado para el evangelio". Así lo es todo aquel que sirve realmente al Señor. "Ninguno puede servir a dos señores; porque o aborrecerá al uno y amará al otro, o se llegará al uno y menospreciará al otro: no podéis servir a Dios y a Mammón" (Mat. 6:24). Nadie puede servir *al Señor*, y además a algún *otro señor*.

¿Significa que un empresario o un hombre de negocios no puede ser un buen cristiano? Nada lo impide. Lo que venimos diciendo es que un hombre no puede servir al Señor, y al mismo tiempo estar sirviendo a otro amo. "Y todo lo que hacéis, sea de palabra, o de hecho, hacedlo todo en el nombre del Señor Jesús, dando gracias a Dios Padre por él" (Col. 3:17). Si el hombre de negocios no está sirviendo al Señor en sus negocios, entonces no está sirviendo al Señor en absoluto. El verdadero siervo de Dios es realmente "apartado para".

Pero eso no significa que se aísla a sí mismo del contacto personal con el mundo. La Biblia no justifica la reclusión monástica. El pecador de quien menos esperanza hay es aquel que se siente demasiado bueno como para asociarse con pecadores. ¿Cómo pues hemos de ser *apartados para* el evangelio? Por la presencia de Dios en el corazón. Moisés dijo al Señor: "Si tu rostro no ha de ir conmigo, no nos saques de aquí. ¿Y en qué se conocerá aquí que he hallado gracia en tus ojos, yo y tu pueblo, sino en andar tú con nosotros, y que yo y tu pueblo seamos apartados de todos los pueblos que están sobre la faz de la tierra?" (Éxo. 33:15,16).

Pero aquel que es apartado para el ministerio público del evangelio, tal como lo fue el apóstol Pablo, es apartado en el especial sentido de no poder implicarse en otros negocios cuyo fin sea la ganancia personal. "Ninguno que milita se embaraza en los negocios de esta vida; a fin de agradar a aquel que lo tomó por soldado" (2ª Tim. 2:4). No puede ostentar ninguna posición ante los gobiernos de la tierra, sea lo elevada que sea. Tal cosa deshonraría a su Señor, y comprometería su servicio. El ministro del evangelio es el embajador de Cristo, y ninguna otra posición se le puede aproximar en honor.

El evangelio de Dios – El apóstol afirmó que había sido "apartado para el evangelio de Dios". Es el evangelio de Dios "acerca de su Hijo". Cristo es Dios y por lo tanto el evangelio de Dios al que se refiere en el primer versículo de la epístola, es idéntico al "evangelio de su Hijo" señalado en el versículo 9.

Demasiadas personas separan al Padre y al Hijo en la obra del evangelio. Muchos lo hacen inconscientemente. Dios el Padre, tanto como el Hijo, es nuestro Salvador. "De tal manera amó Dios al mundo, que ha dado a su Hijo unigénito" (Juan 3:16). "Dios estaba en Cristo reconciliando el mundo a sí" (2ª Cor. 5:19). "Y consejo de paz será entre ambos a dos" (Zac. 6:13). Cristo vino a la tierra como representante del Padre. Quien veía a Cristo, veía también al Padre (Juan 14:9). Las obras que Cristo hizo, eran las obras del Padre, quien moraba en Él (Juan 14:10).

Hasta las palabras que hablaba eran las palabras del Padre (Juan 10:24). Cuando oímos a Cristo decir: "Venid a mí todos los que estáis trabajados y cargados, que yo os haré descansar", estamos oyendo la invitación llena de gracia de Dios el Padre. Cuando contemplamos a Cristo tomando a los niñitos en sus brazos y bendiciéndolos, estamos presenciando la ternura del Padre. Cuando vemos a Cristo recibiendo a pecadores, mezclándose con ellos, comiendo con ellos, perdonando sus pecados y limpiando a los despreciados leprosos mediante su toque sanador, estamos ante la consimiente y compasión del Padre. Hasta cuando vemos a nuestro Señor en la cruz, con la sangre manando de su costado herido, esa sangre por la que somos reconciliados con Dios, no debemos olvidar que "Dios estaba en Cristo reconciliando el mundo a sí", de forma que el apóstol Pablo pudo decir, "la iglesia de Dios, que adquirió mediante la sangre del propio (Hijo)" (Hech. 20:28, N.T. *Interlineal*).

El evangelio en el Antiguo Testamento – El evangelio de Dios para el que el apóstol Pablo afirmaba haber sido apartado, era el evangelio "que él había antes prometido por sus profetas en las santas Escrituras" (Rom. 1:2); literalmente, el evangelio que Él había previamente anunciado o predicado. Eso nos muestra que el Antiguo Testamento contiene el evangelio, y también que el evangelio en el Antiguo Testamento es el mismo que en el Nuevo. Es el único evangelio que el apóstol predicó. Puesto que eso es así, a nadie debería extrañar que creamos el Antiguo Testamento, y que lo consideremos con la misma autoridad que el Nuevo.

Leemos que Dios "evangelizó [anunció de antemano la buena nueva] a Abraham, diciendo: En ti serán benditas todas las naciones" (Gál. 3:8, *entre corchetes: N.T Interlineal*). El evangelio predicado en los días de Pablo era el mismo que se predicó a los Israelitas de antaño (Ver Heb. 4:2). Moisés escribió sobre Cristo, y tanto del evangelio contienen sus escritos, que alguien que no crea lo que Moisés escribió, no puede creer en Cristo (Juan 5:46,47). "A éste dan testimonio todos los profetas, de que todos los que en él creyeren, recibirán perdón de pecados por su nombre" (Hech. 10:43).

Cuando Pablo fue a Tesalónica, solamente disponía del Antiguo Testamento, y "como acostumbraba, entró a ellos, y por tres sábados disputó con ellos de las Escrituras, declarando y proponiendo que convenía que el Cristo padeciese, y resucitase de los muertos" (Hech. 17:2,3).

Timoteo, en su juventud, no disponía de otra cosa que no fuese los escritos del Antiguo Testamento, y el apóstol Pablo le escribió: "Persiste tú en lo que has aprendido y te persuadiste, sabiendo de quién has aprendido; y que desde la niñez has sabido las sagradas Escrituras, las cuales te pueden hacer sabio para la salud por la fe que es en Cristo Jesús" (2ª Tim. 3:14,15).

Por lo tanto, ve al Antiguo Testamento esperando encontrar allí a Cristo y su justicia, y serás hecho sabio para la salvación. No separes a Moisés de Pablo, a David de Pedro, a Jeremías de Santiago, ni a Isaías de Juan.

La simiente de David – El evangelio de Dios es "acerca de su Hijo, que fue hecho de la simiente de David según la carne" (Rom. 1:3). Lee la historia de David, y de los reyes que de él descendieron, que fueron los antecesores de Jesús, y comprobarás que en el aspecto humano, el Señor estuvo tan negativamente afectado por sus antepasados como cualquier hombre pueda jamás haberlo estado. Muchos de ellos eran idólatras licenciosos y crueles. Aunque Jesús estaba hasta ese punto rodeado de flaqueza, "no hizo pecado; ni fue hallado engaño en su boca" (1ª Ped. 2:22). Eso es así con el fin de proveer ánimo para la persona en la peor condición imaginable de la vida. Es así para mostrar que el poder del evangelio de la gracia de Dios triunfa sobre la herencia.

El hecho de que Jesús fue hecho de la simiente de David significa que es heredero del trono de David. Refiriéndose a ese trono, dijo el Señor: "será afirmada tu casa y tu reino para siempre delante de tu rostro; y tu trono será estable eternalmente" (2° Sam. 7:16). El reinado de David es, por consiguiente, consustancial a la herencia prometida a Abraham, que es toda la tierra (Ver Rom. 4:13).

De Jesús, dijo el ángel: "y le dará el Señor Dios el trono de David su padre: y reinará en la casa de Jacob por siempre; y de su reino no habrá fin" (Luc. 1:32,33). Pero todo ello implicaba también que llevaría la maldición de la herencia, sufriendo la muerte. "Habiéndole sido propuesto gozo, sufrió la cruz, menospreciando la vergüenza" (Heb. 12:2). "Por lo cual Dios también le ensalzó a lo sumo, y dióle un nombre que es sobre todo nombre" (Fil. 2:9). Como con Cristo, así también con nosotros. Es mediante gran tribulación como entramos en el reino. Aquel que retrocede ante la censura, o que hace de su humilde condición al nacer o de sus rasgos heredados una excusa para sus derrotas, perderá el reino de los cielos. Jesucristo vino desde las más bajas profundidades de la humillación con el fin de que todos cuantos están en tales profundidades puedan, si así lo desean, ascender con Él a los lugares más exaltados.

Poder por la resurrección – Aunque Jesucristo tuvo un nacimiento humilde, "fue declarado Hijo de Dios con potencia, según el espíritu de santidad, por la resurrección de los muertos" (Rom. 1:4). ¿Acaso no era el Hijo de Dios antes de la resurrección? ¿No se lo había declarado ya como tal? Ciertamente, y el poder de la resurrección se manifestó durante toda su vida. Sin ir más lejos, el poder de la resurrección se demostró en el hecho de levantarse de los muertos, algo que hizo por el poder que moraba en Él. Pero fue la resurrección de los muertos la que estableció ese hecho más allá de toda duda, a la vista de los hombres.

Después de haber resucitado, fue a los discípulos y les dijo, "Toda potestad me es dada en el cielo y en la tierra" (Mat. 28:18). La muerte de Cristo había desmoronado todas las esperanzas que habían puesto en Él, pero cuando "se presentó vivo con muchas pruebas indubitables, apareciéndoles por cuarenta días" (Hech. 1:3), tuvieron amplia demostración de su poder.

Su única obra a partir de entonces, sería dar testimonio de su resurrección y de su poder. El poder de la resurrección es según el Espíritu de santidad, ya que fue mediante el Espíritu como fue resucitado. El poder que se da para hacer al hombre santo, es el poder que resucitó a Cristo de los muertos. "Como todas las cosas que pertenecen a la vida y a la piedad nos sean dadas de su divina potencia".

La obediencia de la fe – Pablo dice que mediante Cristo había recibido gracia y apostolado para la obediencia de la fe en todas las naciones. La verdadera fe es obediencia. "Esta es la obra de Dios, que creáis en el que él ha enviado" (Juan 6:29). Cristo dijo, "¿Por qué me llamáis Señor, Señor, y no hacéis lo que digo?" (Luc. 6:46). Es decir, una profesión de fe en Cristo que no va acompañada por la obediencia, es inútil. "La fe, si no tuviere obras, es muerta en sí misma" (Sant. 2:17). "Como el cuerpo sin espíritu está muerto, así también la fe sin obras es muerta" (v. 26).

El hombre no respira para demostrar que está vivo: respira porque está vivo. Vive respirando. Su respiración es su vida. Así también, el hombre no debe hacer buenas obras para demostrar que tiene fe, sino que hace buenas obras porque estas son el resultado necesario de su fe. Hasta Abraham fue justificado por las obras, porque "la fe obró con sus obras, y... la fe fue perfecta por las obras. Y fue cumplida la Escritura que dice: Abraham creyó a Dios, y le fue imputado a Justicia".

Amados de Dios – Esa fue una consoladora seguridad para "todos los que [estaban] en Roma". ¡Cuántos habrían deseado oír de labios de un ángel venido directamente de la gloria lo que Gabriel dijo a Daniel: "tú eres muy amado"! El apóstol Pablo escribió a partir de la inspiración directa del Espíritu Santo, de forma que el mensaje de amor vino a los Romanos tan directamente desde el cielo como el de Daniel. El Señor no señaló por nombre a algunos favoritos, sino que afirmó que todos en Roma eran amados de Dios.

Ahora bien, Dios no hace acepción de personas, y ese mensaje de amor a los Romanos, lo es también para nosotros. Eran "amados de Dios", sencillamente porque "de tal manera amó Dios al mundo, que ha dado a su Hijo unigénito, para que todo aquel que en él cree, no se pierda, más tenga vida eterna" (Juan 3:16). "Jehová se manifestó a mí ya mucho tiempo ha, diciendo: Con amor eterno te he amado" (Jer. 31:3). Y ese amor eterno a los hombres no vaciló nunca, aunque los hombres hayan podido olvidarlo, ya que a aquellos que se han apartado y han caído por su iniquidad, les dice: "Yo sanaré su rebelión, los amaré de pura gracia" (Ose. 14:4). "Si fuéremos infieles, él permanece fiel: no se puede negar a sí mismo".

Llamados santos – Dios llama a todos los hombres a ser santos, pero a aquellos que lo *aceptan*, los llama santos. Tal es su título. Si Dios los llama santos, son santos.

Esas palabras fueron dirigidas a la iglesia *en* Roma, y no a la iglesia *de* Roma. La iglesia "de Roma" siempre ha sido apóstata y pagana. Ha abusado de la palabra "santo" hasta haberla convertido en poco menos que una banalidad en el calendario. Pocos pecados ha cometido Roma tan graves como hacer distinción entre los "santos" y los cristianos comunes, creando con ello dos escalas de bondad. Ha llevado a la gente a creer que el obrero y el ama de casa no son ni pueden llegar a ser santos, habiendo así rebajado la verdadera piedad práctica cotidiana, a la vez que ha exaltado la piedad indolente y los actos de justicia propia.

Pero Dios no tiene dos normas de piedad, y a todos los fieles de Roma, pobres y desconocidos como eran muchos de ellos, los llamó santos. Lo mismo sucede hoy con Dios, aunque los hombres puedan no reconocerlo así.

Los primeros siete versículos del primer capítulo de Romanos están dedicados al saludo. Jamás una carta no inspirada abarcó tanto en su salutación, como ésta de Pablo. Tan rebosante estaba el apóstol del amor de Dios, que fue incapaz de escribir una carta sin expresar la casi totalidad del evangelio en el saludo introductorio. Los siguientes ocho versículos bien pueden resumirse en "soy deudor [a todos]", ya que muestran la plenitud de la devoción del apóstol hacia los demás. Leámoslos cuidadosamente, y no nos contentemos con una sola lectura:

> *8| Primeramente doy gracias a mi Dios por Jesucristo acerca de todos vosotros, de que vuestra fe es predicada en todo el mundo. 9| Porque testigo me es Dios, al cual sirvo en mi espíritu en el evangelio de su Hijo, que sin cesar me acuerdo de vosotros siempre en mis oraciones, 10| Rogando, si al fin algún tiempo haya de tener, por la voluntad de Dios, próspero viaje para ir a vosotros. 11| Porque os deseo ver, para repartir con vosotros algún don espiritual, para confirmaros; 12| Es a saber, para ser juntamente consolado con vosotros por la común fe vuestra y juntamente mía. 13| Mas no quiero, hermanos, que ignoréis que muchas veces me he propuesto ir a vosotros (empero hasta ahora he sido*

estorbado), para tener también entre vosotros algún fruto, como entre los demás Gentiles. 14| A Griegos y a bárbaros, a sabios y a no sabios soy deudor. 15| Así que, cuanto a mí, presto estoy a anunciar el evangelio también a vosotros que estáis en Roma.

Un gran contraste – En los días del apóstol Pablo, la fe de la iglesia que había en Roma era conocida en todo el mundo. Fe significa obediencia, ya que la fe es contada por justicia, y Dios no cuenta nunca una cosa por lo que no es. La fe "obra por el amor" (Gál. 5:6). Y esa obra es "la obra de vuestra fe" (1ª Tes. 1:3). Fe significa también humildad, como lo muestran las palabras del profeta, "se enorgullece aquel cuya alma no es derecha en él: mas el justo en su fe vivirá" (Hab. 2:4). Aquel cuya alma es derecha es un hombre justo; aquel que se enorgullece no es justo, su alma carece de rectitud. Pero el justo lo es por su fe, por lo tanto solamente posee la fe aquel cuya alma no se enorgullece. En los días de Pablo, los hermanos Romanos eran, pues, humildes.

Hoy es muy diferente. El *Catholic Times* del 15 de junio de 1894 nos da muestra de ello. El papa dijo, "Hemos dado autoridad a los obispos del rito Sirio para que se reúnan en sínodo en Mosul", y encomendó una "muy fiel sumisión" de esos obispos, y ratificó la elección del patriarca por "nuestra autoridad apostólica". Una publicación anglicana expresó su sorpresa, declarando, "¿Se trata de una unión libre de iglesias en un plano de igualdad, o se trata de sumisión a una cabeza suprema y monárquica?" A eso replica el *Catholic Times*: "No es una unión libre e igualitaria entre iglesias, sino que es sumisión a una cabeza suprema y monárquica… Decimos a nuestro interlocutor Anglicano: Usted no está realmente sorprendido. Usted conoce bien lo que Roma reclama y reclamará siempre: obediencia. Esa es la exigencia que ponemos ante el mundo, por si no lo hubiésemos expresado con anterioridad".

Pero tal pretensión no existía en los días de Pablo. En ese tiempo se trataba de la iglesia *en* Roma; ahora es la iglesia *de* Roma. La iglesia en Roma era conocida por su humildad y su obediencia a Dios. La iglesia de Roma es conocida por su altiva pretensión de poseer el poder de Dios, y por su demanda de que se la obedezca a ella.

Orad sin cesar – El apóstol exhortó a los Tesalonicenses a orar sin cesar (1ª Tes. 5:17). No exhortaba a otros a que hicieran lo que él mismo no hacía, ya que dijo a los Romanos que los mencionaba sin cesar en sus oraciones. No hay que suponer que el apóstol tuviera en su mente a los hermanos de Roma a cada hora del día, dado que en ese caso no se habría podido ocupar de nada más. Nadie puede estar conscientemente en oración sin interrupción, pero todos pueden ser "constantes en la oración", o "perseverar en la oración" (traducción de Young de Romanos 12:12).

Eso armoniza con lo dicho por el Salvador "sobre que es necesario orar siempre, y no desmayar" (Luc. 18:1). En la parábola que Lucas relata a continuación, el juez injusto se queja por la continua visita de la pobre viuda. Esa es una ilustración de lo que constituye orar sin cesar. No significa que debamos estar en todo momento en oración consciente, en cuyo caso descuidaríamos los deberes importantes, sino que jamás debemos cansarnos de orar.

Un hombre de oración – Eso era Pablo. Mencionaba a los Romanos en todas sus oraciones. Escribió a los Corintios, "Gracias doy a mi Dios siempre por vosotros" (1ª Cor. 1:4). A los Colosenses, "Damos gracias al Dios y Padre del Señor nuestro Jesucristo, siempre orando por vosotros" (Col. 1:3). Aún más enfáticamente, escribió a los Filipenses, "Doy gracias a mi Dios en toda memoria de vosotros, siempre en todas mis oraciones haciendo oración por todos vosotros con gozo" (Fil. 1:3,4). A los Tesalonicenses, "Damos siempre gracias a Dios por todos vosotros, haciendo memoria de vosotros en nuestras oraciones; sin cesar acordándonos delante del Dios y Padre nuestro de la obra de vuestra fe…" (1ª Tes. 1:2,3). Y "Orando de noche y de día con grande instancia, que veamos vuestro rostro, y que cumplamos lo que falta a nuestra fe" (1ª Tes. 3:10). A su amado hijo en la fe escribió, "Doy gracias a Dios, al cual sirvo desde mis mayores con limpia conciencia, de que sin cesar tengo memoria de ti en mis oraciones noche y día" (2ª Tim. 1:3).

Estad siempre gozosos – El secreto de eso está en "orar sin cesar" (ver 1ª Tes. 5:16,17). El apóstol Pablo oraba tanto por los demás, que no tenía tiempo para preocuparse acerca de sí mismo. Nunca había visto a los Romanos, sin embargo oraba por ellos tan fervientemente como por las iglesias que él había fundado. Dando cuenta de sus labores y sufrimientos, los incluye en aquello que "sobre mí se agolpa cada día, la solicitud de todas las iglesias" (2ª Cor. 11:28).

"Como doloridos, mas siempre gozosos". Cumplió la ley de Cristo sobrellevando las cargas de los otros. Así fue como pudo gloriarse en la cruz de nuestro Señor Jesucristo. Cristo sufrió en la cruz por los demás, pero fue "en vista del gozo que le esperaba". Los que están plenamente entregados a los demás, comparten el gozo de su Señor, y se pueden gozar en Él.

Un próspero viaje – Pablo oraba fervientemente para poder tener un próspero viaje de visita a Roma, por la voluntad de Dios. Si lees el capítulo veintisiete de los Hechos, verás el tipo de viaje que tuvo. Aparentemente podríamos aplicar cualquier calificativo a ese viaje, excepto el de "próspero". Sin embargo no oímos ni una sola queja de Pablo, y ¿quién ha dicho que no fuese un próspero viaje? "Sabemos que a los que a Dios aman, todas las cosas les ayudan a bien", por lo tanto debió ser realmente un viaje próspero. Es bueno que tomemos esas cosas en cuenta.

Estamos muy inclinados a considerar las cosas desde un ángulo equivocado. Cuando aprendamos a verlas como Dios las ve, nos daremos cuenta de que aquello que habíamos percibido como desastroso es en realidad próspero. ¡Cuantos lamentos podríamos evitar si recordásemos siempre que Dios sabe mucho mejor que nosotros cómo contestar nuestras oraciones!

Dones espirituales – Cuando Cristo subió "a lo alto, llevó cautiva la cautividad, y dio dones a los hombres" (Efe. 4:8). Esos dones eran los dones del Espíritu, ya que Jesús habló sobre la conveniencia de que "Yo vaya: porque si yo no fuese, el Consolador no vendría a vosotros; mas si yo fuere, os lo enviaré" (Juan 16:7).

Y Pedro dijo en el día de Pentecostés, "A este Jesús resucitó Dios, de lo cual todos nosotros somos testigos. Así que, levantado por la diestra de Dios, y recibiendo del Padre la promesa del Espíritu Santo, ha derramado esto que vosotros veis y oís" (Hech. 2:32,33).

Esos dones son descritos en estos términos: "Hay repartimiento de dones, mas el mismo Espíritu es. Y hay repartimiento de ministerios; mas el mismo Señor es. Y hay repartimiento de operaciones; mas el mismo Dios es el que obra todas las cosas en todos. Empero a cada uno le es dada manifestación del Espíritu para provecho. Porque a la verdad, a éste le es dada por el Espíritu palabra de sabiduría; a otro, palabra de ciencia según el mismo Espíritu, a otro, fe por el mismo Espíritu, y a otro, dones de sanidades por el mismo Espíritu; a otro, operaciones de milagros, y a otro, profecía, y a otro, discreción de espíritus, y a otro, géneros de lenguas; y a otro, interpretación de lenguas. Mas todas estas cosas obra uno y el mismo Espíritu, repartiendo particularmente a cada uno como quiere" (1ª Cor. 12:4-11).

Establecidos por dones espirituales – "A cada uno le es dada manifestación del Espíritu para provecho". ¿Para qué provecho? "Para perfección de los santos, para la obra del ministerio, para edificación del cuerpo de Cristo; hasta que todos lleguemos a la unidad de la fe y del conocimiento del Hijo de Dios, a un varón perfecto, a la medida de la edad de la plenitud de Cristo" (Efe. 4:12,13).

Los dones del Espíritu deben acompañar al Espíritu. Tan pronto como los primeros discípulos recibieron el Espíritu, de acuerdo con la promesa, recibieron los dones. Uno de los dones, el hablar en nuevas lenguas, se manifestó ese mismo día. Se deduce, por lo tanto, que la ausencia de los dones del Espíritu en cualquier grado notable en la iglesia, es evidencia de la ausencia del Espíritu. No enteramente, por supuesto, pero sí en la medida en la que Dios lo ha prometido.

El Espíritu tenía que morar con los discípulos para siempre, y por lo tanto los dones del Espíritu deben manifestarse en la verdadera iglesia hasta la segunda venida del Señor.

Como ya hemos visto, cualquier ausencia marcada de la manifestación de los dones del Espíritu, es evidencia de la ausencia de la plenitud del Espíritu; y tal es el secreto de la debilidad de la iglesia, así como de las grandes divisiones que en ella existen. Los dones espirituales establecen la iglesia, por lo tanto la iglesia que no posee esos dones no puede considerarse "establecida".

¿Quién puede tener el Espíritu? – Aquel que lo pida con ferviente deseo. Ver Lucas 11:13. El Espíritu fue ya derramado, y Dios nunca retiró el don; lo único que resta es que los cristianos lo pidan y lo acepten.

"Soy deudor" – Esa fue la clave en la vida de Pablo, y el secreto de su éxito. Hoy oímos a las personas decir, "el mundo está en deuda conmigo", pero Pablo consideraba que él mismo se debía al mundo. Y sin embargo, no recibía del mundo sino azotes y abuso. Incluso todo lo que había recibido antes de que Cristo lo encontrase fue una pérdida total. Pero Cristo lo había encontrado, y Cristo se le había dado a él, por lo tanto pudo decir, "Con Cristo estoy juntamente crucificado, y vivo, no ya yo, mas vive Cristo en mí: y lo que ahora vivo en la carne, lo vivo en la fe del Hijo de Dios, el cual me amó, y se entregó a sí mismo por mí" (Gál. 2:20).

Puesto que la vida de Cristo fue la vida de Pablo, y puesto que Cristo se dio a sí mismo al mundo, Pablo vino a ser deudor ante todo el mundo. Tal ha sido el caso de todos los que han sido siervos del Señor. "David, habiendo servido en su edad a la voluntad de Dios, durmió" (Hech. 13:36). "Y el que quisiere entre vosotros ser el primero, será vuestro siervo: Como el Hijo del hombre no vino para ser servido, sino para servir, y para dar su vida en rescate por muchos".

Obra personal – Prevalece la noción errónea de que las labores comunes son degradantes, especialmente para un ministro del evangelio. La culpa no es toda de los ministros, sino en gran parte de quienes los rodean. Creen que los ministros deben vestir siempre impecablemente, y que jamás deben manchar sus manos con el trabajo manual ordinario. Tales ideas no proceden de la Biblia. Cristo mismo fue carpintero, sin embargo muchos de sus profesos seguidores se quedarían estupefactos si vieran a su ministro aserrando y lijando tablones, cavando en la tierra, o cargando paquetes.

Prevalece un falso sentido de la dignidad que es opuesto al espíritu del evangelio. El trabajo no producía vergüenza ni temor en Pablo, y él no lo realizaba sólo ocasionalmente, sino de forma cotidiana, a la vez que se ocupaba de la predicación. Ver Hechos 18:3,4. Dijo, "Sabéis que para lo que me ha sido necesario, y a los que están conmigo, estas manos me han servido" (Hech. 20:34). Estaba hablando a los dirigentes de la iglesia cuando dijo, "En todo os he enseñado que trabajando así, es necesario sobrellevar a los enfermos, y tener presente las palabras del Señor Jesús, el cual dijo: Más bienaventurada cosa es dar que recibir" (v. 35).

Difamando a Pablo – En la segunda convención internacional del Movimiento de Estudiantes Voluntarios para las Misiones, el tema principal de una sesión de tarde era: "Pablo, el gran misionero". El orador dijo que "Pablo tenía una gran facilidad para organizar el trabajo, de tal manera que él asumía personalmente una muy pequeña parte de la labor". Fue una impía y desafortunada invención ésta que se presentó ante jóvenes voluntarios para el servicio misionero, ya que constituye el colmo de la falsedad, y es cualquier cosa menos un cumplido para el apóstol.

Además de lo dicho, lee lo que sigue: "Ni comimos el pan de ninguno de balde; antes, obrando con trabajo y fatiga de noche y de día, por no ser gravosos a ninguno de vosotros" (2ª Tes. 3:8). "De muy buena gana gastaré lo mío, y me gastaré yo mismo por vosotros" (2ª Cor. 12:15). "¿Son ministros de Cristo? (como poco sabio hablo) yo más; en trabajos más abundante; en azotes sin medida; en cárceles más; en muertes, muchas veces" (2ª Cor. 11:23). "Empero por la gracia de Dios soy lo que soy: y su gracia no ha sido en vano para conmigo; antes he trabajado más que todos ellos: pero no yo, sino la gracia de Dios que fue conmigo" (1ª Cor. 15:10).

La gracia de Dios se manifiesta en servicio por los demás. La gracia llevó a Cristo a darse a sí mismo por nosotros, y a tomar sobre sí la forma y la condición de siervo. Por lo tanto, el qué más gracia de Cristo tiene, es el que más labor hará. No se arredrará ante el trabajo, aunque sea del carácter más servil. Cristo vino hasta las profundidades de lo más bajo por amor al hombre; por lo tanto, aquel que piensa que algún servicio es impropio de su dignidad, se siente demasiado exaltado como para asociarse con Cristo.

Libertad del evangelio – Es la libertad que Dios da al hombre, por medio del evangelio. Éste expresa el concepto divino de la libertad. Es la libertad que se observa en la naturaleza y en todas las obras de sus manos. Es la libertad del viento, soplando como quiere; la libertad de las flores, esparcidas por doquier en los prados y las montañas; la libertad de los pájaros, planeando por el cielo sin fronteras; la libertad de los rayos del sol, abriéndose camino entre nubes y cumbres elevadas. La libertad de los astros del cielo, surcando sin cesar el espacio infinito. La libertad que proviene del gran Creador, a través de todas sus obras.

Gozando esa libertad ahora – Es el pecado el que produjo toda estrechez, todo lo limitado y circunscrito. Es el que ha erigido las barreras, y ha convertido al hombre en mísero y mezquino. Pero el pecado ha de ser quitado, y una vez más la libertad florecerá en toda la creación. Incluso ahora es posible gustar esa libertad, cuando el pecado es quitado de nuestro corazón. El gozar de esa libertad por la eternidad es el glorioso privilegio que el evangelio ofrece ahora a todo hombre. ¿Qué amante de la libertad querrá desaprovechar esa oportunidad?

Hemos considerado la introducción al cuerpo principal de la epístola. Los primeros siete versículos constituyen el saludo; los ocho que siguen abordan asuntos personales concernientes a Pablo mismo, y a los hermanos en Roma. El versículo quince es el eslabón que une la introducción con la porción propiamente doctrinal de la epístola.

Observa con atención los versículos citados, y comprobarás que no se trata de una división arbitraria sino de algo evidente. Si en la lectura de un capítulo tomas nota de los diferentes temas abordados, y de los cambios de un tema al otro, te sorprenderá lo fácil que resulta captar el contenido del capítulo, y retenerlo en la mente. La razón por la que muchos encuentran difícil recordar lo que han estudiado en la Biblia, es porque intentan recordarlo "a bulto", sin prestar atención especial a los detalles.

Al expresar su deseo de encontrarse con los hermanos Romanos, el apóstol se declara deudor tanto a Griegos como a bárbaros, a sabios y a no sabios, y por lo tanto, dispuesto a predicar el evangelio incluso en Roma, la capital del mundo. El versículo quince, y la expresión "anunciar el evangelio" constituyen la nota predominante de toda la epístola, y Pablo entra entonces en materia, de una forma natural y espontanea. De acuerdo con ello, lo siguiente que encontramos es:

El evangelio definido
Romanos 1:16,17

> **16|** *Porque no me avergüenzo del evangelio: porque es potencia de Dios para salvación a todo aquel que cree; al Judío primeramente y también al Griego.* **17|** *Porque en él la justicia de Dios se descubre de fe en fe; como está escrito: Mas el justo vivirá por la fe.*

"No me avergüenzo" – No hay razón alguna por la que alguien pudiera avergonzarse del evangelio. Sin embargo, muchos se han avergonzado, y se avergüenzan de él. Muchos se avergüenzan hasta tal punto del evangelio, que no están dispuestos a rebajarse haciendo profesión de él. Y a muchos que lo profesan, les produce vergüenza que se sepa. ¿Cuál es la causa de toda esa vergüenza? Es el desconocimiento de lo que constituye el evangelio. Nadie que conozca realmente lo que es el evangelio estará avergonzado de él, ni de ninguna de sus facetas.

Deseo de poder – Nada desea tanto el hombre como el poder. Se trata de un deseo que Dios mismo implantó en él. Desafortunadamente, el diablo ha engañado a la mayoría de los hombres, de tal modo que buscan el poder de la forma equivocada. Creen que se lo halla en la posesión de riquezas o en la posición política, por lo tanto se precipitan a la búsqueda de tales cosas. Pero eso no provee el poder para el que Dios creo en nosotros el deseo, como demuestra el hecho de que no producen satisfacción.

Ningún hombre se satisfizo jamás con el poder obtenido mediante la riqueza o la posición. Por más que tenga, siempre desea más. Nadie encuentra en ellos lo que deseaba, de forma que se afana por tener más, pensando que satisfará así el deseo de su corazón, pero todo en vano. Cristo es "el Deseado de todas las gentes" (Hageo 2:7), la única fuente de satisfacción plena, ya que Él es la encarnación de todo el auténtico poder que en el universo existe: el poder de Dios. "Cristo es el poder de Dios" (1ª Cor. 1:24).

Poder y sabiduría – Es comúnmente reconocido que el saber es poder. Eso depende… Si nos atenemos a la frase del poeta, "el estudio apropiado para el género humano es el estudio del hombre", entonces realmente el saber es cualquier cosa menos poder. El hombre no es más que debilidad y pecado. Todo hombre sabe que es pecador, que hace lo que no debe, pero ese conocimiento no le da poder para cambiar su curso de acción. Puedes enumerarle a alguien todas sus faltas, pero si no haces más que eso, lo has debilitado en lugar de fortalecerlo.

Pero aquel que decide, junto al apóstol Pablo, no saber nada, "sino a Jesucristo, y a este crucificado", posee la sabiduría que es poder. "Ésta empero es la vida eterna: que te conozcan el solo Dios verdadero, y a Jesucristo, al cual has enviado" (Juan 17:3). Conocer a Cristo es conocer el poder de su vida infinita. Es por falta de ese conocimiento que el hombre se destruye (Ose. 4:6). Pero dado que Cristo es el poder de Dios, es absolutamente correcto el decir que poder es lo que el hombre necesita; y el único poder genuino, el poder de Dios, se revela en el evangelio.

La gloria del poder – Todos los hombres honran el poder. Allí donde éste se manifieste, encontrarás una nube de admiradores. No hay nadie que deje de admirarlo o aplaudirlo de alguna manera. Una musculatura poderosa es frecuente objeto de admiración y orgullo, sea que pertenezca a un ser humano, o a un animal irracional. Una máquina poderosa que mueve toneladas sin aparente esfuerzo atrae siempre la atención, así como aquel que la construyó. El hombre rico, cuyo dinero puede pagar el servicio de miles, tiene siempre admiradores, al margen de cómo haya obtenido ese dinero. El hombre de alta alcurnia y posición, o el monarca de una gran nación disponen de multitudes de seguidores que aplauden su poder. Los hombres anhelan relacionarse con ellos, ya que de tal relación se deriva una cierta dignidad, aunque el poder en sí mismo sea intransferible.

Pero todo el poder de la tierra es frágil y temporal, mientras que el poder de Dios es eterno. El evangelio es el poder, y si los hombres quisieran solamente reconocerlo por lo que es, no podría haber nadie que se avergonzara de él. Pablo dijo, "lejos esté de mí gloriarme, sino en la cruz de nuestro Señor Jesucristo" (Gál. 6:14). La razón de ello es que la cruz es el poder de Dios (1ª Cor. 1:18). El poder de Dios, manifestado de la forma que sea, significa gloria: nada de qué avergonzarse.

Cristo no se avergüenza – Referente a Cristo leemos, "El que santifica y los que son santificados, de uno son todos: por lo cual no se avergüenza de llamarlos hermanos" (Heb. 2:11). "Dios no se avergüenza de llamarse Dios de ellos" (Heb. 11:16). Si el Señor no se avergüenza de llamarse hermano de los pobres, débiles y mortales pecadores, el hombre no tiene ninguna razón para avergonzarse de Él. "Mirad cuál amor nos ha dado el Padre, que seamos llamados hijos de Dios" (1ª Juan 3:1). ¡Avergonzarse del evangelio de Cristo! ¿Podría existir un caso peor de exaltación del yo por encima de Dios? Avergonzarse del evangelio de Cristo, que es el poder de Dios, es una evidencia de que aquel que así actúa se cree realmente superior a Dios, y le parece que rebaja su dignidad al asociarse con el Señor.

Salvos por la fe – El evangelio es el poder de Dios para salvación a todo aquel que cree. "Por gracia sois salvos por la fe; y esto no de vosotros, pues es don de Dios" (Efe. 2:8). "El que creyere y fuere bautizado, será salvo" (Mar. 16:16). "Mas a todos los que le recibieron, dióles potestad de ser hechos hijos de Dios, a los que creen en su nombre" (Juan 1:12). "Porque con el corazón se cree para justicia; mas con la boca se hace confesión para salud" (Rom. 10:10). "Esta es la obra de Dios, que creáis en el que él ha enviado" (Juan 6:29). La fe, obra.

El tiempo nos faltaría para hablar de aquellos que "por la fe conquistaron reinos, obraron justicia, alcanzaron promesas… sacaron fuerza de la debilidad, etc." (Heb. 11:33,34). Los hombres pueden decir, "no veo cómo puede uno ser hecho justo simplemente creyendo". Lo que veas no tiene ninguna trascendencia: no eres salvo por la vista, sino por la fe. No necesitas ver la forma en la que tal cosa sucede, ya que es el Señor quien obra la salvación. Cristo mora en el corazón por la fe (Efe. 3:17), y dado que Él es nuestra justicia, también "es mi salvación, confiaré y no temeré" (Isa. 12:1). Veremos más plenamente ilustrada la salvación por la fe a medida que prosigamos en el estudio, puesto que el libro de Romanos está totalmente dedicado a ello.

"Al judío primeramente" – Cuando Pedro, por petición de Cornelio –el centurión Romano– y mandato del Señor, fue a Cesárea a predicar el evangelio a los Gentiles, sus primeras palabras, tras haber escuchado el relato de Cornelio, fueron: "En verdad veo que Dios no hace acepción de personas, sino que acepta al que es fiel y obra rectamente, de cualquier nación que sea" (Hech. 10:34,35).

Era la primera vez que Pedro percibía esa verdad, pero no era la primera vez que eso era verdad. Esa verdad es tan antigua como Dios mismo. Dios no escogió nunca a nadie con exclusión de los demás. "La sabiduría que viene de lo alto… es… imparcial" (Sant. 3:17). Es cierto que los judíos, como nación, fueron maravillosamente favorecidos por el Señor, pero perdieron todos sus privilegios sencillamente porque asumieron que Dios les amaba más que a cualquier otro, y que tenían la exclusiva. A lo largo de toda su historia Dios intentaba hacerles ver que lo que les estaba ofreciendo a ellos, era para el mundo entero, y que tenían que ministrar a los demás la luz y los privilegios de los que participaban. Casos como el de Naamán, el Sirio, o el de los Ninivitas, a quienes fue enviado Jonás, figuran entre muchos otros, por medio de los cuales Dios intentaba enseñar a los judíos que Él no hace acepción de personas.

Entonces, ¿por qué fue predicado el evangelio "al judío primeramente"? Sencillamente porque estaban más cerca. Cristo fue crucificado en Jerusalem. Es desde allí que Él comisionó a sus discípulos la predicación del evangelio. Al ascender dijo, "Me seréis testigos en Jerusalem, y en toda Judea, y Samaria, y hasta lo último de la tierra" (Hech. 1:8). Era muy natural que debieran comenzar la predicación del evangelio en el lugar y a las personas que estaban más próximas a ellos. Tal es el secreto de toda obra misionera. Aquel que no obra de acuerdo con el evangelio en su propia casa, no hará ninguna obra evangélica aunque vaya al más lejano país extranjero.

La justicia de Dios – El Señor dice, "Alzad a los cielos vuestros ojos, y mirad abajo a la tierra: porque los cielos serán deshechos como humo, y la tierra se envejecerá como ropa de vestir, y de la misma manera perecerán sus moradores: mas mi salud será para siempre, mi justicia no perecerá. Oídme, los que conocéis justicia, pueblo en cuyo corazón está mi ley" (Isa. 51:6,7). "Hablará mi lengua tus dichos; porque todos tus mandamientos son justicia" (Sal. 119:172).

La justicia de Dios, por lo tanto, es su ley. Nunca hay que olvidar eso. La expresión "la justicia de Dios" ocurre frecuentemente en el libro de Romanos, y el definirla de forma diversa y arbitraria ha producido considerable confusión. Si aceptamos la definición dada por la Biblia, y no la abandonamos nunca, simplificará mucho las cosas: La justicia de Dios es su perfecta ley.

Justicia y vida – Los Diez Mandamientos, sea que estén grabados en tablas de piedra, o que estén escritos en un libro, no son sino una declaración de la justicia de Dios. La justicia significa la práctica del bien, la rectitud. Es activa. La justicia de Dios es su práctica del bien, su forma de ser. Y puesto que todos sus caminos son justicia, se deduce que la justicia de Dios no es nada menos que la vida de Dios. La ley escrita no es acción, sino solamente una descripción de la acción. Es una descripción del carácter de Dios.

La vida misma y el carácter de Dios se ven en Jesucristo, en el corazón del cual moraba la ley de Dios. No puede haber justicia sin acción. Y así como no hay nadie bueno, sino sólo Dios, se deduce que no hay justicia, excepto en la vida de Dios. La justicia y la vida de Dios son una y la misma cosa.

Justicia en el evangelio – "La justicia que viene de Dios se revela de fe en fe". ¿Dónde se revela? "en el evangelio". No olvides que la justicia de Dios es su perfecta ley, de la que encontramos una declaración en los Diez Mandamientos. No existe conflicto alguno entre la ley y el evangelio. En realidad no existen dos cosas separadas tales como ley y evangelio: la verdadera ley de Dios es el evangelio, ya que la ley es la vida de Dios, y somos "salvos por su vida". El evangelio revela la justa ley de Dios, puesto que el evangelio lleva la ley en sí mismo. No puede haber evangelio sin ley. Quienquiera que ignore o rechace la ley de Dios, desconoce en ello el evangelio.

La primera aproximación – Jesús dijo que el Espíritu Santo convencería al mundo de pecado y de justicia (Juan 16:8). Eso es la revelación de la justicia de Dios en el evangelio. "Donde no hay ley, tampoco hay transgresión" (Rom. 4:15). Sólo por la ley es el conocimiento del pecado (Rom. 7:7). De ello se deduce que el Espíritu convence de pecado dando a conocer la ley de Dios. La primera vislumbre de la justicia de Dios tiene por resultado el que el hombre sienta su pecaminosidad, algo así como la percepción que sentimos de nuestra pequeñez, ante la contemplación de una magnífica montaña. Lo mismo que sucede con la visión de la inmensidad de la montaña, la justicia de Dios, que "es como los altos montes" (Sal. 36:6), "crece" ante nuestra vista, a medida que la contemplamos. Por lo tanto, el que mira continuamente a la justicia de Dios, reconocerá continuamente su pecaminosidad.

La segunda, y más profunda aproximación – Jesucristo es la justicia de Dios. Y Dios no envió "a su Hijo al mundo para que condene al mundo, mas para que el mundo sea salvo por él" (Juan 3:17). Dios no nos revela su justicia en el evangelio para que nos quedemos encogidos ante Él, debido a nuestra injusticia, sino para que podamos tomar su justicia y vivir por ella. Somos injustos, y Dios quiere que nos demos cuenta de ello, a fin de que deseemos recibir su perfecta justicia. Es una revelación de amor; ya que su justicia es su ley, y su ley es amor (1ª Juan 5:3).

Así, "si confesamos nuestros pecados, él es fiel y justo para que nos perdone nuestros pecados, y nos limpie de toda maldad" (1ª Juan 1:9). Si cuando la predicación del evangelio nos revela la ley de Dios, la rechazamos y le ponemos peros porque condena nuestro curso de acción, lo que estamos diciendo es sencillamente que no queremos que Dios ponga su justicia sobre nosotros.

Viviendo por la fe – "Como está escrito: Mas el justo vivirá por la fe". Cristo es "vuestra vida" (Col. 3:4). Somos "salvos por su vida" (Rom. 5:10). Es por la fe como recibimos a Jesucristo, ya que Él mora en nuestros corazones por la fe (Efe. 3:17). Al morar en nuestros corazones viene a significar vida, ya que del corazón "mana la vida" (Prov. 4:23).

Ahora viene la palabra, "de la manera que habéis recibido al Señor Jesucristo, andad en él: arraigados y sobreedificados en él, y confirmados en la fe" (Col. 2:6,7). Al recibirlo por la fe, y andar en Él de la misma forma en que lo hemos recibido, "andamos por la fe, no por vista".

"De fe en fe" – Esa expresión aparentemente complicada, que ha sido objeto de no poca controversia, es en realidad muy simple, cuando permitimos a la Escritura que se explique a sí misma. En el evangelio "la justicia que viene de Dios se revela de fe en fe. Como está escrito: Mas el justo vivirá por la fe". Observa el paralelismo entre "de fe en fe", y "el justo vivirá por la fe". Justo significa recto.

En 1ª de Juan 1:9 leemos que Él (Dios), es fiel y "justo". La vida de Dios es justicia. Es su deseo que la nuestra sea también justicia, de manera que nos ofrece su propia vida. Esa vida se hace nuestra por la fe. De la misma manera en que vivimos respirando, así tenemos que vivir espiritualmente por la fe, y toda nuestra vida ha de ser espiritual. La fe es el aliento (respiración) de vida para el cristiano. Así, de la misma manera que físicamente vivimos de respiración en respiración, espiritualmente debemos vivir de fe en fe.

Sólo podemos vivir por lo que respiramos en ese momento; de igual manera, sólo podemos vivir espiritualmente por la fe que tenemos en el momento actual. Si vivimos una vida de consciente dependencia de Dios, su justicia será la nuestra, ya que respiraremos continuamente en ella. La fe nos da fortaleza, ya que aquellos que la ejercitaron, "sacaron fuerza de la debilidad" (Heb. 11:34).

De aquellos que aceptan la revelación de la justicia de Dios "de fe en fe", se dice que "irán de fortaleza en fortaleza" (Sal. 84:7).

No olvidemos que es de las propias palabras de la Biblia de las que hemos de aprender. Toda la ayuda real que un instructor puede dar a alguien, en el estudio de la Biblia, consiste en enseñarle cómo fijar su mente con mayor claridad en las palabras exactas del registro sagrado. Por lo tanto, primeramente, lee varias veces el texto. No lo hagas con precipitación, sino cuidadosamente, prestando especial atención a cada afirmación. No malgastes ni un solo momento en especular sobre el posible significado del texto. No hay nada peor que elucubrar con el significado de un texto de la Escritura, para hacerle decir lo que algún otro piensa. Nadie puede saber más sobre la Biblia que lo que la Biblia misma dice; y la Biblia está tan dispuesta a contar su historia a una persona como a cualquier otra.

Pregúntale detenidamente al texto. Escudríñalo una y otra vez, siempre con un espíritu reverente, de oración, para que el texto se explique a sí mismo. No te desanimes si eres incapaz de comprender de una vez todo lo contenido en el texto. Recuerda que se trata de la palabra de Dios, y que es infinita en profundidad, de forma que jamás llegarás a agotarla. Cuando llegues a un pasaje difícil, ve hacia atrás y considéralo en relación con lo que lo precede. No pienses que te vaya a ser posible captar su significado más pleno aislándolo de su contexto. Aplicándote con perseverancia a las palabras del texto, a fin de llegar a estar seguro de conocer exactamente lo que quiere decir, llegarás pronto a tenerlo constantemente en tu mente; y es entonces cuando comenzarás a saborear algunos de los ricos frutos del estudio de la Biblia. Cuando menos lo esperes, brillará nueva luz a partir de esos textos, y a través de ellos, mientras estés considerando otras Escrituras.

La justicia del juicio
Romanos 1:18-20

18| Porque manifiesta es la ira de Dios del cielo contra toda impiedad e injusticia de los hombres, que detienen la verdad con injusticia: **19|** Porque lo que de Dios se conoce, a ellos es manifiesto; porque Dios se lo manifestó. **20|** Porque las cosas invisibles de él, su eterna potencia y divinidad, se echan de ver desde la creación del mundo, siendo entendidas por las cosas que son hechas; de modo que son inexcusables.

El hombre perdió el conocimiento de Dios
Romanos 1:21-23

21] Porque habiendo conocido a Dios, no le glorificaron como a Dios, ni dieron gracias; antes se desvanecieron en sus discursos, y el necio corazón de ellos fue entenebrecido. **22]** Diciéndose ser sabios, se hicieron fatuos, **23]** y trocaron la gloria del Dios incorruptible en semejanza de imagen de hombre corruptible, y de aves, y de animales de cuatro pies, y de serpientes.

Resultado de ignorar a Dios
Romanos 1:24-32

24| Por lo cual también Dios los entregó a inmundicia, en las concupiscencias de sus corazones, de suerte que contaminaron sus cuerpos entre sí mismos: **25|** Los cuales mudaron la verdad de Dios en mentira, honrando y sirviendo a las criaturas antes que al Creador, el cual es bendito por los siglos. Amén. **26|** Por esto Dios los entregó a afectos vergonzosos; pues aun sus mujeres mudaron el natural uso en el uso que es contra naturaleza: **27|** Y del mismo modo también los hombres, dejando el uso natural de las mujeres, se encendieron en sus concupiscencias los unos con los otros, cometiendo cosas nefandas hombres con hombres, y recibiendo en sí mismos la recompensa que convino

> a su extravío. **28|** Y como a ellos no les pareció tener a Dios en su noticia, Dios los entregó a una mente depravada, para hacer lo que no conviene, **29|** Estando atestados de toda iniquidad, de fornicación, de malicia, de avaricia, de maldad; llenos de envidia, de homicidios, de contiendas, de engaños, de malignidades; **30|** murmuradores, detractores, aborrecedores de Dios, injuriosos, soberbios, altivos, inventores de males, desobedientes a los padres, **31|** necios, desleales, sin afecto natural, implacables, sin misericordia: **32|** Que, habiendo entendido el juicio de Dios que los que hacen tales cosas son dignos de muerte, no sólo las hacen, sino que aun consienten a los que las hacen.

Toda injusticia, condenada – La ira de Dios se manifiesta desde el cielo contra toda maldad e injusticia de los hombres. "Toda maldad es pecado" (1ª Juan 5:17). "Pero no se imputa pecado no habiendo ley" (Rom. 5:13). Por lo tanto, a todo el mundo se ha manifestado la suficiente cantidad de ley de Dios como para dejar a todos sin excusa para el pecado. Lo que expone este versículo equivale a lo que encontramos en el siguiente capítulo: "No hay acepción de personas para con Dios". Su ira se manifiesta contra toda injusticia. No hay en todo el mundo una persona lo bastante grande como para que pueda pecar impunemente, ni tampoco una persona tan insignificante como para que su pecado pase desapercibido. Dios es estrictamente imparcial. "Sin acepción de personas juzga según la obra de cada uno" (1ª Ped. 1:17).

Deteniendo la verdad – Leemos que "detienen la verdad con injusticia". Algunos han concluido superficialmente a partir de Romanos 1:18 que el hombre puede poseer la verdad al mismo tiempo que es injusto. El texto no dice tal cosa. Encontramos evidencia suficiente de que eso no es así en el hecho de que el apóstol está en este capítulo hablando especialmente de los que no poseen la verdad, antes bien la han cambiado por una mentira. Aunque han perdido todo el conocimiento de la verdad, están condenados por su pecado.

Eso significa que los hombres reprimen la verdad con injusticia. Cuando Jesús fue a su propia región natal, "no hizo allí muchas maravillas, a causa de la incredulidad de ellos" (Mat. 13:58). Pero en el texto que nos ocupa, el apóstol quiere decir mucho más que eso. Como muestra claramente el contexto, quiere decir que los hombres, por su perversidad, reprimen la obra de la verdad de Dios en sus propias almas. Si no fuese por su resistencia a la verdad, ésta los santificaría. Y el resultado es:

Justicia de la ira de Dios – La ira de Dios es manifiesta desde el cielo contra toda impiedad e injusticia de los hombres, y precisamente debido a que "lo que de Dios se conoce, a ellos es manifiesto; porque Dios se lo manifestó".

Observa especialmente la afirmación de que lo que es posible conocer de Dios, "Dios se lo manifestó". No importa lo ciegamente que el hombre pueda pecar, persiste el hecho de que está pecando en contra de una gran luz, "porque lo que de Dios se conoce, a ellos es manifiesto; porque Dios se lo manifestó". Con un conocimiento tal, no solamente ante sus ojos, sino de hecho en su interior, es fácil reconocer la justicia de la ira de Dios contra todo pecado, no importando quién lo protagonice.

Incluso aunque pueda no ser perfectamente clara para nosotros la forma en la que el conocimiento de Dios es realmente puesto en todo hombre, podemos aceptar la constatación que el apóstol hace de ese hecho. En la maravillosa descripción dada a Isaías sobre la locura de la idolatría, se nos dice que el hombre que se hace un ídolo miente contra la verdad que él mismo posee. "Su corazón engañado lo desvía, para que no se libre, ni diga: '¿No es pura mentira lo que tengo en la mano?'" (Isa. 44:20).

Viendo al Invisible – Se nos dice de Moisés que "se sostuvo como viendo al invisible" (Heb. 11:27). No se trata de un privilegio exclusivo de Moisés. Todos pueden hacer lo mismo. ¿Cómo? "Las cosas invisibles de él, su eterna potencia y divinidad, se echan de ver desde la creación del mundo, siendo entendidas por las cosas que son hechas". Jamás ha habido un tiempo, desde que el mundo fue creado, en el que todo hombre no haya tenido a su disposición el conocimiento de Dios.

> Los cielos cuentan la gloria de Dios y la expansión denuncia la obra de sus manos (Sal. 19:1).

Su eterno poder y divinidad – Las cosas invisibles de Dios que son dadas a conocer por las cosas que son hechas, son su poder eterno y divinidad. "Cristo es el poder de Dios" (1ª Cor. 1:24). "Porque por él [el Hijo] fueron criadas todas las cosas que están en los cielos, y que están en la tierra, visibles e invisibles; sean tronos, sean dominios, sean principados, sean potestades; todo fue por él y para él. Y él es antes de todas las cosas, y por él todas las cosas subsisten" (Col. 1:16,17). "Él dijo, y fue hecho; Él mandó, y existió" (Sal. 33:9). Es "el primogénito de toda criatura" (Col. 1:15). Es el origen o principio de la creación de Dios (Apoc. 3:14).

Es decir, toda creación proviene de Jesucristo, quien es el poder de Dios. Llamó a los mundos a la existencia a partir de su propio ser. Por lo tanto, todo cuanto ha sido creado lleva el sello del poder externo y la divinidad de Dios. No podemos abrir nuestros ojos, ni siquiera podemos sentir la brisa fresca en el rostro, sin tener una clara revelación del poder de Dios.

Somos "linaje de Dios" – Cuando Pablo reconvino a los Atenienses por su idolatría, dijo que Dios no está lejos de cada uno de nosotros, "porque en él vivimos, nos movemos, y somos". Pablo estaba hablando a paganos, y sin embargo era tan cierto para ellos como lo es para nosotros. Citó entonces a uno de sus poetas, quien había dicho: "Porque linaje de éste somos también", y puso en esa afirmación el sello de la verdad, al añadir, "Siendo pues linaje de Dios, no hemos de estimar la Divinidad ser semejante a oro, o a plata, o a piedra, escultura de artificio o de imaginación de hombres" (Hech. 17:29).

Cada movimiento del hombre, y cada respiración, es la obra del poder externo de Dios. De esa manera el eterno poder y divinidad de Dios son manifiestos a todo hombre. *No que el hombre sea divino en ningún sentido*, ni que posea por sí mismo ningún poder. Muy al contrario, el hombre es como la hierba. "Ciertamente es completa vanidad todo hombre que vive" (Sal. 39:5). El hecho de que el hombre no sea nada en sí mismo –"menos que nada, y que lo que no es", es evidencia del poder de Dios que se manifiesta en él.

El poder de Dios en la hierba – Observa una diminuta hoja de hierba abriéndose camino desde el duro suelo, en busca de la luz del sol. Es algo realmente frágil. Arráncala, y comprobarás que no tiene fuerza para tenerse por ella misma. El simple hecho de desarraigarla hace que pierda su apresto. Depende del suelo para su sustento, y sin embargo necesita atravesarlo y emerger de él. Descompón esa hoja de hierba tan minuciosamente como desees, y aún así no encontrarás nada que indique la posesión de poder en ella misma. Frótala entre los dedos, y comprobarás que se convierte en casi nada. Es de las cosas más frágiles de la naturaleza, y sin embargo es capaz de levantar gruesas piedras que se interpongan en el camino de su crecimiento.

¿De dónde viene su poder? Es externo a la hierba: No es nada menos que el poder de la vida de Dios, obrando de acuerdo con su palabra, que en el principio dijo, "Produzca la tierra hierba verde".

El evangelio en la creación – Ya hemos visto cómo en toda cosa creada se manifiesta el poder de Dios. Y hemos considerado también cómo "el evangelio… es poder de Dios para salvación". El poder de Dios es siempre el mismo, ya que el texto nos habla de "su eterno poder". El poder que se manifiesta en las cosas que Dios ha creado, por consiguiente, es el mismo poder que obra en los corazones de los hombres, para salvarlos del pecado y la muerte. Podemos tener así la seguridad de que Dios ha constituido cada porción del universo de manera que sea un predicador del evangelio. De esa forma, no es solamente cierto que a partir de las cosas hechas por Dios el hombre pueda conocer de la existencia de Dios, sino que puede también conocer el eterno poder de Dios para salvarlo. El versículo veinte del primer capítulo de Romanos es un desarrollo del dieciséis. Nos dice cómo podemos conocer el poder del evangelio.

Las estrellas como predicadores – "Los cielos cuentan la gloria de Dios, y el firmamento anuncia la obra de sus manos. Un día emite palabra al otro día, y una noche a la otra noche declara sabiduría.

Aunque no se escuchan palabras, ni se oye su voz, por toda la tierra sale su pregón, y hasta el extremo del mundo sus palabras" (Sal. 19:1-4).

Ahora, lee Romanos 10:13-18: "'Todo el que invoque el nombre del Señor, será salvo'. Ahora bien, ¿cómo invocarán a aquel en quien no han creído? ¿Y cómo creerán en aquel de quien no han oído? ¿Y cómo oirán sin haber quien les predique? ¿Y cómo predicarán si no son enviados? Pues está escrito: '¡Cuán hermosos son los pies de los que anuncian las buenas noticias!'. Pero no todos obedecieron al evangelio. Pues Isaías dice: 'Señor, ¿quién ha creído a nuestro anuncio?' Así, la fe viene por el oír, y el oír por medio de la Palabra de Cristo. Pero pregunto: ¿No han oído realmente? Claro que oyeron. 'Por toda la tierra ha salido su voz, y sus palabras hasta los fines de la tierra'".

En ese texto se da respuesta a toda objeción que el hombre pueda hacer, a propósito del castigo de los paganos. Como dice el primer capítulo, no tienen excusa. El evangelio se ha dado a conocer a toda criatura bajo el cielo. Se admite que el hombre no puede evocar a aquel en quien no ha creído, y que no puede creer en aquel de quien no le han hablado, y que no puede oír sin que alguien le predique. Y que lo que debió oír, y no obedeció, es el evangelio.

Habiendo afirmado lo anterior, el apóstol pregunta, "¿No han oído realmente?", y entonces responde categóricamente a la pregunta que acaba de plantear, citando las palabras del salmo 19: "Claro que oyeron. 'Por toda la tierra ha salido su voz, y sus palabras hasta los fines de la tierra' ". De esa forma podemos saber que esa palabra que los cielos cuentan día a día es el evangelio, y que esa sabiduría que declara una noche tras otra es el conocimiento de Dios.

Los cielos declaran justicia – Sabiendo que lo que declaran los cielos es el evangelio de Cristo, el cual es poder de Dios para salvación, podemos seguir fácilmente el hilo del salmo 19. Al lector casual le parece que hay una interrupción en la continuidad de ese salmo: Empieza hablando de los cielos y, de repente, el salmista pasa a abordar la perfección de la ley, así como su poder convertidor. "La ley de Jehová es perfecta, que vuelve el alma" (versículo 7). Pero no hay interrupción alguna. La ley de Dios es la justicia de Dios, el evangelio revela la justicia de Dios, y los cielos revelan el evangelio. Por lo tanto, se deduce que los cielos revelan la justicia de Dios. "Los cielos anuncian su justicia, y todos los pueblos ven su gloria" (Sal. 97:6).

La gloria de Dios es su bondad, ya que se nos dice que es debido al pecado por lo que los hombres están destituidos de su gloria (Rom. 3:23). Por lo tanto, podemos saber que todo aquel que levante su vista hacia el cielo con reverencia, discerniendo en él el poder del Creador, y esté dispuesto a ponerse en manos de ese poder, será llevado a la justicia salvadora de Dios. Hasta el sol, la luna y las estrellas –cuya luz no es más que una parte de la gloria del Señor–, iluminarán su alma con esa gloria (Ver *Hijos e hijas de Dios,* p. 19).

Sin excusa – Cuán evidente es, por lo tanto, que los hombres no tienen excusa para sus prácticas idolátricas. Cuando el Dios verdadero se revela a sí mismo en todo, y da a conocer su amor mediante su poder, ¿qué excusa podrá presentar el hombre para no reconocerlo ni adorarlo?

Pero ¿es cierto que Dios da a conocer su amor a todo hombre? Sí, es tan cierto como que Él se da a conocer, ya que *"**Dios es amor**".* Quienquiera que conozca al Señor, conocerá su amor. Si tal sucede con los paganos, cuán inexcusable es la situación de aquellos que viven en países en donde el evangelio se predica con voz audible, a partir de su palabra escrita!

El origen de la idolatría – ¿Por qué sucede que si Dios se ha revelado tan claramente a sí mismo y a su verdad, hay tantos que lo ignoran completamente? Se nos da la respuesta: "Porque habiendo conocido a Dios, no le glorificaron como a Dios, ni dieron gracias".

Hay algo que Dios ha dado como signo y sello de su divinidad, que es el sábado. Refiriéndose al hombre, dice, "Y díles también mis sábados, que fuesen señal entre mí y ellos, para que supiesen que yo soy Jehová que los santifico" (Eze. 20:12). Eso armoniza con lo que hemos aprendido en Romanos; ya que allí hemos visto cómo el hombre sabio percibe el poder y la divinidad de Dios, mediante las cosas que Él creó, y el sábado es el gran memorial de la creación. "Acuérdate del día sábado para santificarlo. Seis días trabajarás y harás toda tu obra. Pero el sábado es el día de reposo del Señor tu Dios. No hagas ningún trabajo en él; ni tú, ni tu hijo, ni tu hija, ni tu siervo, ni tu criada, ni tu bestia, ni tu extranjero que está dentro de tus puertas. Porque en seis días el Eterno hizo el cielo, la tierra y el mar, y todo lo que contienen, y reposó en el séptimo día. Por eso, el Señor bendijo el sábado y lo declaró santo" (Éxo. 20:8-11). Si el hombre hubiese guardado siempre el sábado, tal como éste fue dado, jamás habría existido la idolatría, ya que el sábado revela el poder de la palabra del Señor para crear y obrar justicia.

Se ofuscaron en vanos razonamientos – El hombre se entregó a la vanidad de pensamiento, y "el necio corazón de ellos fue entenebrecido". Referente a las especulaciones de los antiguos filósofos, dijo Gibbon, "su razón se guiaba frecuentemente por su imaginación, y su imaginación por su vanidad". El trayecto de su caída fue el mismo que el del ángel que se convirtió en Satanás. "¡Cómo caíste del cielo, oh Lucero, hijo de la mañana! Cortado fuiste por tierra, tú que debilitabas las gentes. Tú que decías en tu corazón: Subiré al cielo, en lo alto junto a las estrellas de Dios ensalzaré mi solio, y en el monte del testimonio me sentaré, a los lados del aquilón; Sobre las alturas de las nubes subiré, y seré semejante al Altísimo" (Isa. 14:12-14).

¿Cuál fue la causa de su exaltación y caída? "Enaltecióse tu corazón a causa de tu hermosura, corrompiste tu sabiduría a causa de tu resplandor" (Eze. 28:17). Siendo que en toda su sabiduría y la gloria que tenía dependía enteramente de Dios, no glorificó a Dios, sino que asumió que todos sus talentos se originaban en sí mismo; y de esa forma, al desconectarse en su orgullo de la Fuente de luz, se convirtió en el príncipe de las tinieblas. Y así ocurrió con el hombre.

Cambiando la verdad por mentira – "No hay potestad [poder] sino de Dios". En la naturaleza vemos la manifestación de un magnífico poder, pero en realidad, es la obra de Dios. Las diversas formas de poder que los filósofos clasifican, y que creen inherentes a la materia, no son más que la obra de la vida de Dios en las cosas que Él creó. Cristo "es antes de todas las cosas, y por él todas las cosas subsisten" o se mantienen (Col. 1:17). La cohesión, por lo tanto, deriva del poder directo de la vida de Cristo. La fuerza de la gravedad también, como leemos en relación con los cuerpos celestes, "Levantad en alto vuestros ojos, y mirad quién crió estas cosas: él saca por cuenta su ejército: a todas llama por sus nombres; ninguna faltará: tal es la grandeza de su fuerza, y su poder y virtud" (Isa. 40:26). Pero los hombres observaron los fenómenos de la naturaleza, y en lugar de discernir en ellos *el poder* del Dios supremo, atribuyeron divinidad a las cosas mismas.

De esa forma, mirándose a ellos mismos, y viendo cuán grandes cosas podían lograr, en lugar de honrar a Dios como al dador y sostenedor de todas las cosas –Aquel en quien nos movemos y somos, y tenemos el ser–, asumieron que ellos mismos eran por naturaleza divinos. Así, mudaron la verdad de Dios en una mentira.

La verdad es que la vida y el poder de Dios se manifiestan en todo lo que ha creado; la mentira es que la fuerza que se manifiesta en todas las cosas es *inherente* a las cosas mismas. El hombre pone así a la criatura en el lugar del Creador.

Mirando hacia adentro – Marco Aurelio, reputado como el mayor de los filósofos paganos, dijo: "Mira hacia adentro. En el interior está la fuente del bien, y de allí brotará siempre que lo busques". Eso expresa la esencia de todo paganismo. El yo era supremo. Pero ese espíritu no es exclusivo de lo que se conoce por paganismo, ya que es algo muy común en nuestros días; sin embargo, no es en realidad otra cosa que el espíritu del paganismo. Es una parte de la adoración de la criatura, en lugar del Creador. Para ellos es natural el ponerse en lugar de Él; y una vez han hecho tal cosa, es una consecuencia necesaria el que miren hacia ellos como fuente de la bondad, en lugar de mirar hacia Dios.

Cuando el hombre mira hacia adentro, ¿qué es lo único que puede ver? "De dentro del corazón de los hombres salen los malos pensamientos, los adulterios, las fornicaciones, los homicidios, los hurtos, las avaricias, las maldades, el engaño, las desvergüenzas, el ojo maligno, las injurias, la soberbia, la insensatez" (Mar. 7:21,22). Dijo el mismo apóstol Pablo, "yo sé que en mí (es a saber, en mi carne) no mora el bien" (Rom. 7:18). Ahora, cuando el hombre mira todo ese *mal* que está en él por naturaleza, y piensa que eso *es bueno*, y que puede obtener el bien a partir de sí mismo, el resultado no puede ser otro que la más degradante maldad. Está virtualmente diciendo, "Mal, sé tú mi bien".

La sabiduría de este mundo – El mundo con su sabiduría no conocía a Dios. La agudeza del intelecto no es la fe, ni es un sustituto de la fe. Un hombre puede ser un erudito brillante, y aún ser el más basto de los hombres. Hace varios años un hombre fue acusado de más de diez crímenes brutales, y sin embargo, era un erudito y un científico, y había ocupado una posición muy alta en la sociedad. La enseñanza no es el cristianismo, aunque un cristiano puede ser un hombre instruido. Los inventos modernos nunca salvarán a los hombres de la perdición. El filósofo moderno ha dicho que *"la idolatría no puede vivir al lado del arte y en la cultura más alta que el mundo haya conocido jamás"*. Pero al mismo tiempo, los hombres se hundían en tal maldad como se refiere el apóstol en la última parte de el primer capítulo de Romanos. Inclusó los hombres reputados como sabios eran tal como están descritos allí; y eso, fue el resultado natural de buscar la justicia en ellos mismos.

En los últimos días – Si quieres ver una descripción del mundo en los últimos días, lee los últimos versículos del primer capítulo de Romanos. Los que creen en un milenio de paz y justicia antes de la venida del Señor, encontrarán eso muy chocante, y ojalá que sea para su bien. Lee cuidadosamente la lista de pecados, y luego ve cuán exactamente se corresponde con lo siguiente:

"Esto también sepas, que en los postreros días vendrán tiempos peligrosos: Que habrá hombres amadores de sí mismos, avaros, vanagloriosos, soberbios, detractores, desobedientes a los padres, ingratos, sin santidad. Sin afecto, desleales, calumniadores, destemplados, crueles, aborrecedores de lo bueno, traidores, arrebatados, hinchados, amadores de los deleites más que de Dios; teniendo apariencia de piedad, mas habiendo negado la eficacia de ella" (2ª Tim. 3:1-5). Todo eso proviene del yo, la auténtica fuente del mal que Pablo atribuyó a los paganos. Todo eso son las obras de la carne (Gál. 5:19-21). Son el resultado natural de confiar en el yo.

A pesar de la declaración del apóstol, son muy pocos los que creen que ese estado de cosas llegará a ser general, especialmente entre aquellos que hacen profesión de piedad. Pero la simiente que produce esa cosecha está ya sembrada por doquiera. El papado, el "hombre de pecado, el hijo de perdición, oponiéndose y levantándose contra todo lo que se llama Dios, o que se adora", es la fuerza más poderosa en el profeso cristianismo, y su poder aumenta de día en día. ¿Cómo progresa de esa manera? No tanto por méritos propios como por la ciega aceptación de sus principios, por parte de los profesos protestantes. El papado se ha exaltado por encima de Dios, al intentar cambiar su ley (Dan. 7:25). Osadamente aceptó el día de fiesta pagano de adoración al sol –domingo [día del sol, en inglés]– en lugar del sábado del Señor, el memorial de la creación; y señala desafiantemente ese cambio como sello de su autoridad. Y la mayoría de protestantes siguen montados en ese, su tren, aceptando una institución que coloca al hombre por encima de Dios: el símbolo de la justificación por las obras, en lugar de la justificación por la fe.

Cuando los profesos cristianos se adhieren a las ordenanzas humanas, a pesar del expreso mandamiento del Señor, y sostienen su institución evocando a los Padres –hombres educados en la filosofía del paganismo–, la ejecución de todo mal que sus corazones puedan imaginar, no es más que el siguiente paso en el camino descendente. "El que tiene oídos para oír, oiga".

Capítulo 2

El pecado de otros también es el nuestro

Introducción

"Bienaventurado el varón que no anduvo en consejo de malos, ni estuvo en camino de pecadores, ni en silla de escarnecedores se ha sentado; antes en la ley de Jehová está su delicia, y en su ley medita de día y de noche" (Sal. 1:1,2).

"Hijo mío, si tomares mis palabras, y mis mandamientos guardares dentro de ti, haciendo estar atento tu oído a la sabiduría, si inclinares tu corazón a la prudencia; si clamares a la inteligencia, y a la prudencia dieres tu voz; si como a la plata la buscares, y la escudriñares como a tesoros; entonces entenderás el temor de Jehová, y hallarás el conocimiento de Dios. Porque Jehová da la sabiduría, y de su boca viene el conocimiento y la inteligencia" (Prov. 2:1-6).

Aquí encontramos el secreto para entender la Biblia: estudio y meditación, junto con un ferviente deseo de conocer la voluntad de Dios con el propósito de cumplirla. "El que quisiere hacer su voluntad, conocerá de la doctrina" (Juan 7:17). La revisión, el repaso, son primordiales para conocer la Biblia. No es que haya una cantidad de estudio suficiente como para poder prescindir de la guía del Espíritu Santo, sino que el Espíritu Santo testifica precisamente a través de la Palabra.

Una mirada hacia atrás

En este estudio de Romanos, quisiéramos retener tanto como sea posible de lo ya aprendido. Echaremos, pues, un vistazo al primer capítulo como un todo. Ya hemos visto que es posible reconocer el siguiente esquema:

- versículos 1-7: saludo, exposición sumaria de todo el evangelio.
- versículos 8-15: interés personal de Pablo en los Romanos, y su sentido de obligación hacia ellos y hacia todos los hombres.
- versículos 16,17: lo que es el evangelio, y lo que conlleva.
- versículos 21-23: corrupción de la sabiduría.
- versículos 24-32: resultado de la falta de agradecimiento y del olvido de Dios.

Una cuidadosa lectura del capítulo nos muestra la idea principal: Dios, mediante la creación, se ha dado a conocer a sí mismo a toda alma, y hasta el más degradado pagano se sabe culpable y digno de muerte por su maldad. "Que, habiendo entendido el juicio de Dios que los que hacen tales cosas son dignos de muerte, no sólo las hacen, más aun consienten a los que las hacen" (versículo 32). "De modo que son inexcusables". Esa idea conductora contenida en el primer capítulo, debiera estar bien presente en la mente antes de abordar el estudio del segundo, ya que éste es una continuación del primero y depende de él.

Una visión más abarcante
Romanos 2:1-11

1| Por lo cual eres inexcusable, oh hombre, cualquiera que juzgas: porque en lo que juzgas a otro, te condenas a ti mismo; porque lo mismo haces, tú que juzgas. 2| Mas sabemos que el juicio de Dios es según verdad contra los que hacen tales cosas. 3| ¿Y piensas esto, oh hombre, que juzgas a los que hacen tales cosas, y haces las mismas, que tú escaparás del juicio de Dios? 4| ¿O menosprecias las riquezas de su benignidad, y paciencia, y longanimidad, ignorando que su benignidad te guía a arrepentimiento? 5| Mas

> *por tu dureza, y por tu corazón no arrepentido, atesoras para ti mismo ira para el día de la ira y de la manifestación del justo juicio de Dios;* **6|** *el cual pagará a cada uno conforma a sus obras:* **7|** *a los que perseverando en bien hacer, buscan gloria, y honra e inmortalidad, la vida eterna.* **8|** *Mas a los que son contenciosos, y no obedecen a la verdad, antes obedecen a la injusticia, enojo e ira;* **9|** *tribulación y angustia sobre toda persona humana que obra lo malo, el Judío primeramente, y también el Griego:* **10|** *Mas gloria y honra y paz a cualquiera que obra el bien, al Judío primeramente, y también al Griego.* **11|** *Porque no hay acepción de personas para con Dios.*

Reconociendo su culpa – La veracidad de la afirmación del apóstol es fácilmente constatable por lo que respecta a los paganos y sus obras, en el sentido de que éstos saben que sus obras son dignas de muerte. Cuando Adán y Eva comieron del fruto prohibido, tuvieron miedo de encontrarse con Dios, y se escondieron. El temor es una consecuencia necesaria de la culpa, y una prueba de la existencia de ella. "El temor mira el castigo… el que teme, aún no está perfecto en el amor" (1ª Juan 4:18). "Huye el impío sin que nadie lo persiga. Mas el justo está confiado como un leoncillo" (Prov. 28:1). Si los paganos no supiesen que son culpables, no esperarían castigo por robar o asesinar, ni se pertrecharían para defenderse.

Una acusación demoledora – Es increíblemente ingeniosa la manera en la que el apóstol plantea la acusación del primer versículo. El primer capítulo está dedicado a los paganos.

Todos estarán de acuerdo con la afirmación del apóstol de que son culpables de la más abominable maldad. La exclamación casi involuntaria que nos viene a la mente es, "¡lástima que no tengan mayor conocimiento!". Pero el apóstol replica: "Tienen ese conocimiento", o al menos, tienen la oportunidad de tenerlo, y saben que no están obrando bien, de forma que "son inexcusables". Al margen de lo que cada uno piense sobre la responsabilidad de los paganos, todos están de acuerdo en que sus prácticas son condenables.

Y entonces viene la aplastante réplica: "Por lo cual eres inexcusable, oh hombre, cualquiera que juzgas: porque en lo que juzgas a otro, te condenas a ti mismo; porque lo mismo haces, tú que juzgas". Ahí estamos atrapados, no tenemos escapatoria. Si tenemos la sabiduría necesaria para condenar las acciones impías de los paganos, entonces, por ese mismo juicio nos reconocemos a nosotros mismos sin excusa por nuestras malas acciones.

Todos igualmente culpables – "Lo mismo haces, tú que juzgas". Está muy claro que todo aquel que sabe lo bastante como para condenar el mal en otro, queda sin excusa para sus propios pecados; pero todos no se darán cuenta inmediata de que aquel que juzga a otro hace las mismas cosas. Lee entonces una vez más los últimos versículos del capítulo primero, y compara los pecados de esa lista con los enumerados en Gálatas 5:19-21: es evidente que las cosas que hacen los paganos, mediante las que podemos rápidamente ver que son culpables, no son otra más que las obras de la carne. Son pecados que vienen "de dentro, del corazón de los hombres" (Mar. 7:21-23).

Todo aquel que esté incluido en el término "hombre", está sujeto precisamente a las mismas cosas. "Desde los cielos miró Jehová; vio a todos los hijos de los hombres: desde la morada de su asiento miró sobre todos los moradores de la tierra. Él formó el corazón de todos ellos; él considera todas sus obras" (Sal. 33:13-15).

Todos resultan condenados – Puesto que todos los hombres son participantes de una misma naturaleza común, es evidente que cualquiera en el mundo que condene a otro por cualquier mala acción se condena en ello a sí mismo, puesto que la verdad es que todos tienen el mismo mal en ellos mismos, más o menos desarrollado. El hecho de que sepan lo bastante como para juzgar que una cosa está mal, atestigua que ellos mismos merecen el castigo que creen que merece aquel a quien juzgan.

Simpatía, no condenación – El que roba, más de una vez grita, "¡Detengan al ladrón!", señalando astutamente hacia algún otro hombre, con el fin de alejar la atención de sí mismo. Algunos condenan el pecado en los demás, a fin de alejar la sospecha de que ellos mismos son culpables de las mismas cosas. Por otra parte, frecuentemente el hombre intenta disculpar los pecados a los que él se siente más inclinado, condenando aquellos hacia los que no tiene especial disposición. Sin embargo, es realmente culpable de ellos en razón de su naturaleza humana.

Puesto que la carne de todo hombre es la misma, nos debiera embargar la humildad y no el desprecio, cuando oímos acerca de la comisión de un gran pecado, puesto que eso es realmente una imagen de lo que hay en nuestros corazones. En lugar de decir, "Dios, te doy gracias porque no soy como los demás", deberíamos llevar las cargas de los que yerran, considerándonos a nosotros mismos, no vaya a ocurrir que seamos también tentados. Muy a menudo, el hombre cuya debilidad nos sentimos tan inclinados a condenar, no ha caído tan bajo como lo habríamos hecho nosotros si hubiésemos sido tentados de la misma manera, y en similar grado.

Clamor contra el pecado – En el relato del libro *El Progreso del Peregrino*, cuando "Locuaz" dejó que fuese "Fiel" quien decidiese el tema de conversación, éste propuso la siguiente cuestión: "¿Cómo se manifiesta la gracia de Dios en el corazón del hombre?" El autor de la obra (Bunyan) continuó en estos términos:

–LOCUAZ: Percibo que nuestro tema de conversación debe tener relación con el poder de la gracia. Bien, muy buen tema. Te responderé gustoso. En resumen, ésta es mi opinión: Primeramente, cuando la gracia de Dios está en el corazón, genera allí un clamor contra el pecado. En segundo lugar, un aborrecimiento del pecado...

–LOCUAZ: ¿Cómo?, ¿qué diferencia hay entre el clamor contra el pecado y el aborrecimiento del mismo?

–FIEL: ¡Mucha en verdad! Un hombre puede clamar contra el pecado porque así lo exija la situación, y sin embargo carecer de un auténtico aborrecimiento del mismo. He presenciado grandes demostraciones desde el púlpito de clamor contra el pecado, pecado no obstante que puede muy bien residir en su corazón, en su casa, y en su conversación. La mujer que tentó a

José clamó a gran voz, como si hubiese sido un dechado de castidad. Sin embargo bien sabemos de su disposición a practicar actos impuros con él.

Un discernimiento perspicaz entre el bien y el mal, y una enérgica denuncia del pecado no justificarán jamás al hombre. Al contrario, no hacen sino agravar su condenación. Es un hecho triste que demasiados así llamados reformadores de nuestros días parecen creer que la obra del evangelio consiste sobre todo en denunciar las malas prácticas en los demás. Pero un detective no es un ministro del evangelio.

Juicio de acuerdo con la verdad – "Mas sabemos que el juicio de Dios es según verdad contra los que hacen tales cosas". '¡Alto!', dice alguien, 'no estoy seguro de si "sabemos" tal cosa'. Bien, puedes fácilmente hallar seguridad:

1. Dios existe. En eso estamos de acuerdo.
2. Él es la fuente de donde procede todo ser creado.
3. Toda criatura es absolutamente dependiente de Él. "En él vivimos, y nos movemos, y somos".
4. Puesto que toda vida depende de él, es evidente que la continuación de la vida del hombre depende de su armonía y unión con Dios.
5. Por lo tanto, el propio carácter de Dios debe ser la norma de juicio.
6. Pero Dios mismo es verdad. "En él no hay injusticia".
7. Dios se ha revelado –a sí mismo y a su justicia– a todos los hombres. "Dio a conocer su salvación, a la vista de las naciones reveló su justicia" (Sal. 98:2).
8. Por lo tanto, todo hombre, grande o pequeño, queda sin excusa para su pecado.
9. Por lo tanto, cuando Dios juzga a todos los hombres, sin excepción, su juicio es de acuerdo con la verdad. Y la tierra se verá constreñida a unirse al cielo en el clamor, "Justo eres tú, oh Señor, que eres y que eras, el Santo, porque has juzgado estas cosas".

"Ciertamente, Señor Dios Todopoderoso, tus juicios son verdaderos y justos" (Apoc. 16:5,7).

Sin escapatoria – Nadie debe pensar que puede escapar al justo juicio de Dios. Por lo común son los más iluminados los que creen que podrán escapar de él. Es tan fácil para nosotros pensar que nuestro gran conocimiento del bien y del mal nos será contado por justicia, tan fácil convencernos de que en virtud de nuestra condena de los pecados ajenos, el Señor va a creer que jamás podríamos ser culpables de esos pecados... Pero en realidad eso no hace más que agrandar nuestra condenación.

El primer capítulo de Romanos golpea desde lo bajo todos los apoyos sobre los que intenta apuntalarse el hombre. Si la clase inferior es justamente tenida por culpable, no hay escapatoria para la "clase superior". "Porque Dios traerá toda obra a juicio, el cual se hará sobre toda cosa oculta, buena o mala" (Ecl. 12:14).

La bondad de Dios lleva al arrepentimiento – "¿Menosprecias las riquezas de su benignidad, y paciencia, y longanimidad, ignorando que su benignidad te guía a arrepentimiento?" Dios es la perfección de la pureza y santidad; el hombre es rematadamente pecaminoso. Dios tiene conocimiento de todo pecado, sin embargo, no desprecia al pecador. "No envió Dios a su Hijo al mundo para que condene al mundo, mas para que el mundo sea salvo por él" (Juan 3:17). Cristo dijo, "el que oyere mis palabras, y no las creyere, yo no le juzgo" (Juan 12:47).

En todo cuanto dijo e hizo, no hizo más que representar al Padre. Dios "es paciente con nosotros", "y entended que la paciencia de nuestro Señor significa salvación" (2ª Ped. 3:9,15).

Es imposible que uno considere la bondad y la paciencia de Dios sin humillarse y ser movido a arrepentimiento. Cuando consideramos la ternura con la que Dios nos trata, viene a resultarnos imposible manifestar aspereza hacia nuestros semejantes. Y si no juzgamos, no seremos juzgados (Luc. 6:37).

El arrepentimiento es un don – "Por gracia sois salvos por la fe; y esto no de vosotros, pues es don de Dios" (Efe. 2:8). "El Dios de nuestros padres levantó a Jesús, al cual vosotros matasteis colgándole en un madero. A éste ha Dios ensalzado con su diestra por Príncipe y Salvador, para dar a Israel arrepentimiento y remisión de pecados" (Hech. 5:30,31). Pero no es solamente a Israel a quien Dios dio arrepentimiento mediante Cristo. "A éste dan testimonio todos los profetas, de que todos los que en él creyeren, recibirán perdón de pecados por su nombre" (Hech. 10:43). Y tan claramente dio Dios a conocer eso, que hasta los exclusivistas judíos se vieron obligados a exclamar, "De manera que también a los Gentiles ha dado Dios arrepentimiento para vida" (Hech. 11:18).

Incentivos para el arrepentimiento – La bondad de Dios lleva al hombre al arrepentimiento. Por lo tanto, toda la tierra está llena de incentivos al arrepentimiento, ya que "de su constante amor está llena la tierra" (Sal. 33:5). "De tu constante amor, oh Eterno, está llena la tierra" (Sal. 119:64). Se puede conocer a Dios mediante sus obras, y "Dios es amor". Toda la creación revela el amor y la misericordia de Dios.

No debemos intentar corregir las Escrituras, y decir que la bondad de Dios tiende a llevar al hombre al arrepentimiento. La Biblia dice que lo hace, que guía al arrepentimiento, y podemos tener la seguridad de que así es. Todo hombre es llevado al arrepentimiento tan seguramente como que Dios es bueno. Pero no todos se arrepienten. ¿Por qué? Porque desprecian las riquezas de la benignidad, paciencia y benevolencia de Dios, y escapan de la misericordiosa conducción del Señor. Pero todo aquel que no resista al Señor, será guiado con seguridad al arrepentimiento y la salvación.

Acumulando ira sobre sí – Vimos en el primer capítulo que "manifiesta es la ira de Dios del cielo contra toda impiedad e injusticia de los hombres". Por lo tanto, todos los que pecan están acarreando ira sobre sí mismos. Es preciso observar que Dios es veraz en el juicio. El hombre recibe solamente aquello para lo que ha obrado. Dios no es arbitrario. No ha emitido decretos caprichosamente, de forma que todo el que los viole sea objeto de su venganza. No. El castigo de los impíos será el resultado necesario de su propia elección. Dios es la única fuente de vida.

Su vida es paz – Cuando el hombre la rechaza, la única alternativa es ira y muerte. "Por cuanto aborrecieron la sabiduría, y no escogieron el temor de Jehová, ni quisieron mi consejo, y menospreciaron toda represión mía: Comerán pues del fruto de su camino, y se hartarán de sus consejos. Porque el reposo de los ignorantes los matará, y la prosperidad de los necios los echará a perder" (Prov. 1:29-32). La aflicción y la muerte van ligadas al pecado; cuando el hombre rehusa al Señor, es eso lo que escoge.

"Conforme a sus obras" – Los incrédulos suelen aducir que no es justo que Dios condene al hombre simplemente porque no cree en cierta cosa. Pero Dios no hace eso. No es posible encontrar en toda la Biblia ni una sola palabra a propósito de juzgar a un hombre de acuerdo con su creencia. Se encuentra por doquiera la afirmación de que todos serán juzgados de acuerdo con sus obras. "Porque el Hijo del hombre vendrá en la gloria de su Padre con sus ángeles, y entonces pagará a cada uno conforme a sus obras" (Mat. 16:27). "Y he aquí, yo vengo presto, y mi galardón conmigo, para recompensar a cada uno según fuere su obra" (Apoc. 22:12). Él "juzga según la obra de cada uno" (1ª Ped. 1:17).

El hombre que dice que su obra es correcta, se coloca a sí mismo como juez, en el lugar de Dios, quien dice que todo hombre está rematadamente equivocado. Sólo Dios es juez, y Él juzga en estricto acuerdo con la obra del hombre; ahora bien, la obra del hombre está determinada por su fe. "Esta es la obra de Dios, que creáis en el que él ha enviado" (Juan 6:29). No corresponde a ningún hombre el juzgarse a sí mismo, y concluir que su obra es correcta. Lo que le corresponde, por contra, es confiar solamente en la bondad y misericordia del Señor, a fin de que su obra sea hecha en Dios.

Inmortalidad y vida eterna – Dios concederá la vida eterna a aquellos que buscan la gloria, el honor y la inmortalidad. "Nuestro Salvador Jesucristo, el cual… sacó a la luz la vida y la inmortalidad por el evangelio" (2ª Tim. 1:10). La vida y la inmortalidad son dos cosas diferentes. Todo aquel que cree en el Hijo de Dios, tiene vida eterna. "Ésta empero es la vida eterna: que te conozcan el solo Dios verdadero, y a Jesucristo, al cual has enviado" (Juan 17:3).

Tenemos vida eterna tan pronto como conocemos al Señor; pero no podemos tener la inmortalidad hasta que el Señor regrese, en el día final. "Todos ciertamente no dormiremos, mas todos seremos transformados, en un momento, en un abrir de ojo, a la final trompeta; porque será tocada la trompeta, y los muertos serán levantados sin corrupción, y nosotros seremos transformados. Porque es menester que esto corruptible sea vestido de incorrupción, y esto mortal sea vestido de inmortalidad" (1ª Cor. 15:51-53).

Debemos *procurar* la inmortalidad; eso es en sí mismo una prueba de que nadie la posee ahora. Puesto que Dios la ha sacado a la luz por el evangelio, es evidente que solo y exclusivamente mediante el evangelio puede hallarse la inmortalidad, de manera que nunca la tendrán los que no aceptan el evangelio.

Tribulación y angustia – Los que pecan son hijos de ira (Efe. 2:3). El enojo y la ira, la tribulación y la angustia alcanzarán con seguridad a los obradores de maldad. Pero la tribulación y la angustia tendrán un final. El hecho de que solamente los que son de Cristo reciben –en su venida– la inmortalidad, demuestra que todos los demás dejarán finalmente de existir. Habrá tormento, en relación con el castigo de los impíos, pero dicho tormento, dure lo que dure, llegará a su fin en la destrucción de los impíos. La indignación de Dios tendrá un final. "Pero de aquí a muy poco tiempo, se acabará mi furor, y mi enojo los destruirá a ellos" (Isa. 10:25).

"Anda, pueblo mío, éntrate en tus aposentos, cierra tras ti tus puertas; escóndete un poquito, por un momento, en tanto que pasa la ira. Porque he aquí que Jehová sale de su lugar, para visitar la maldad del morador de la tierra contra él; y la tierra descubrirá sus sangres, y no más encubrirá sus muertos" (Isa. 26:20,21). "No contenderá para siempre, ni para siempre guardará el enojo" (Sal. 103:9). Su enojo cesará, no porque Él se haya reconciliado con la iniquidad, sino porque la iniquidad, junto con sus obradores, habrá llegado a su fin.

A todos – La tribulación y angustia vendrán "sobre toda persona que obra lo malo", y la gloria y honra y paz "a cualquiera que obra el bien". No se olvida a nadie. No existe un alma tan pobre e ignorante que vaya a ser pasada de largo, ni tampoco nadie tan poderoso e instruido como para que se le permita escapar. La riqueza y la posición carecerán de influencia en aquel tribunal. Dios se ha revelado tan claramente, que toda alma ha tenido la oportunidad de conocerle.

"Manifiesta es la ira de Dios del cielo contra toda impiedad e injusticia de los hombres, que detienen la verdad con injusticia". Observa que su ira va dirigida contra el pecado. Solamente aquellos que se adhieran al pecado la sufrirán, solamente los que no permitan que Dios quite el pecado de ellos. Si así hacen, en el borramiento final del pecado, son inevitablemente borrados con él.

Al judío primeramente – La afirmación basta para ilustrar que Dios no hace acepción de personas. En efecto, el apóstol declara, como conclusión necesaria, que "no hay acepción de personas para con Dios". La expresión "primeramente" no siempre se refiere al tiempo. Hablamos del "primer ministro" de un país, no porque no hubiese otros ministros antes que él, sino porque es el principal de ellos. El "primero de la clase" significa el mejor alumno. Los judíos son quienes tuvieron una mayor revelación, por lo tanto es justo que sean los primeros en el juicio.

El texto, no obstante, muestra que Dios no tiene un especial trato de favor hacia los judíos, con respecto a otros hombres. Si la gloria, el honor y la paz llegan primeramente al judío, lo mismo sucede con el enojo y la ira, la tribulación y la angustia. La cuestión no es "¿De qué nacionalidad es?", sino "¿Qué ha hecho?" Dios juzgará a cada uno según sus obras, ya que "no hay acepción de personas para con Dios".

Unas pocas palabras bastarán para recordar lo que hemos estudiado ya. El primer capítulo de Romanos puede resumirse brevemente como el reconocimiento de la condición de quienes no conocen a Dios, y la forma en la que perdieron ese conocimiento, junto al hecho de que carecen totalmente de excusa. Entonces, cuando estamos dispuestos a llevarnos las manos a la cabeza horrorizados, y a condenarlos por su maldad, el apóstol se vuelve hacia nosotros y nos tapa la boca con las punzante afirmación, "por lo cual eres inexcusable, oh hombre, cualquiera que juzgas: porque en lo que juzgas a otro, te condenas a ti mismo; porque lo mismo haces, tú que juzgas".

De forma que el segundo capítulo viene a mostrar que todos se habrán de atener al justo juicio de Dios, ya que "no hay acepción de personas para con Dios". Así, asistimos a la confirmación del hecho de la imparcialidad de Dios, mediante la comparación de ambas clases en el juicio.

> 12| Porque todos los que sin ley pecaron, sin ley también perecerán; y todos los que en la ley pecaron, por la ley serán juzgados: 13| Porque no los oidores de la ley son justos para con Dios, mas los hacedores de la ley serán justificados. 14| Porque los Gentiles que no tienen ley, naturalmente haciendo lo que es de la ley, los tales, aunque no tengan ley, ellos son ley a sí mismos. 15| Mostrando la obra de la ley escrita en sus corazones, dando testimonio juntamente sus conciencias, y acusándose y también excusándose sus pensamientos unos con otros; 16| En el día en que juzgará el Señor lo encubierto de los hombres, conforme a mi evangelio, por Jesucristo.

"Sin ley" y "en la ley" – Si bien es totalmente cierto que cuando venga el Señor por segunda vez no habrá nadie sobre la tierra que no haya oído la predicación de la palabra, es un hecho que miles y millones han muerto sin haber visto ni oído la Biblia. Se trata de aquellos a los que el apóstol se refiere como "sin ley". Pero queda aclarado que de ninguna forma están sin ley, sino solamente sin la ley escrita. En los versículos que siguen se afirma que tienen cierto conocimiento de la ley, como prueba también el hecho de que sean tenidos por pecadores, y sabemos que "no se imputa pecado no habiendo ley" (Rom. 5:13).

Todo pecado castigado – Sea que hayan dispuesto de la ley escrita como que no, todos son tenidos por pecadores. "Manifiesta es la ira de Dios del cielo contra toda impiedad e injusticia de los hombres" (Rom. 1:18). De los paganos se dice que no tienen excusa; y si aquellos que no tienen la ley escrita carecen de excusa, los que tienen la ley al alcance de sus manos, son desde luego todavía más inexcusables. Dios es justo. "Sabemos que el juicio de Dios es según verdad contra los que hacen tales cosas". Así, todo el que peca, sea en la ley o sin la ley, debe ser castigado.

Lo anterior demuestra que "sin ley" no significa sin ningún conocimiento de Dios. El primer capítulo así lo establece. El problema de muchos que leen esa afirmación según la cual serán castigados igualmente, y que no les parece justo, es que olvidan –o bien ignoran– el contenido del primer capítulo. Es un gran error tomar aisladamente un versículo de la Biblia, separándolo de su contexto.

Perecerán – Tal será la suerte de los impíos. El apóstol Pedro nos dice que los cielos y la tierra son "guardados para el fuego en el día del juicio, y de la perdición de los hombres impíos" (2ª Ped. 3:7). ¿Qué significa que "perecerán"? Exactamente lo contrario a seguir existiendo por siempre.

En cierta ocasión unos hablaron a Jesús sobre los Galileos cuya sangre había Pilato mezclado con sus sacrificios, y la respuesta de Jesús fue, "si no os arrepintiereis, todos pereceréis igualmente" (Luc. 13:1-3). "Los impíos perecerán, y los enemigos de Jehová como la grasa de los carneros serán consumidos. Se disiparán como humo" (Sal. 37:20). De forma que la afirmación de que el que peca perecerá, significa que morirá, que se extinguirá totalmente: "serán como si no hubieran sido" (Abd. 16).

Estricta imparcialidad – Implica estricta justicia. Los pecadores serán castigados, sea que vivan en tierras paganas, o en las llamadas cristianas. Pero nadie será juzgado por aquello que no conoció. Dios no castiga a nadie por la violación de una ley de la cual no haya tenido conocimiento, ni lo tiene por responsable de la luz que no brilló sobre él. Es evidente que los que tienen la ley deben tener conocimiento de muchas cosas que no están al alcance de quienes no la tienen en su forma escrita. Todo hombre tiene luz suficiente como para saber que es pecador; pero la ley escrita procura a quienes la tienen el conocimiento de muchos pormenores que escapan a quienes no la tienen.

Por lo tanto, Dios en su justicia, no tiene a éstos últimos por responsables de las muchas cosas por las que serán juzgados los primeros. "Porque todos los que sin ley pecaron, sin ley también perecerán; y todos los que en la ley pecaron, por la ley serán juzgados". Quien haya rechazado la luz, en la medida que sea, es obviamente culpable.

La raíz del pecado – A algunos les parece injusto que aquellos que han disfrutado de una luz comparativamente pequeña tengan que sufrir la muerte por sus pecados, de la misma forma en que la sufrirán los que han pecado contra una luz mayor. La dificultad se origina porque no consideran apropiadamente lo que es en realidad el pecado. Sólo Dios es bueno. (Luc. 18:19). Él es la fuente de la bondad. Cuando la bondad aparece en el hombre, sea de la forma que sea, se trata solamente de la obra de Dios en él.

Pero Él es también la fuente de vida. Toda vida tiene en Él su origen. (Sal. 36:9). La vida de Dios es justicia, de forma que no puede haber ninguna justicia al margen de la vida de Dios. Resulta entonces evidente que si alguien rechaza a Dios, se está cortando a sí mismo de la vida. No importa que haya tenido relativamente poco conocimiento de Dios, si rechaza la luz, rechaza a Dios, y rechaza la vida con ello. Y al rechazar lo poco que conoce de Dios demuestra que lo rechazaría en cualquier caso. El pecado es simplemente separación o rechazo de Dios, y eso significa muerte.

"Tu eres ese hombre"
Romanos 2:17-24

17| He aquí, tú tienes el sobrenombre de Judío, y estás reposado en la ley, y te glorías en Dios, 18| y sabes su voluntad, y apruebas *lo mejor, instruido por la ley; **19**| y confías que eres guía de los ciegos, luz de los que están en tinieblas, **20**| enseñador de los que no saben, maestro de niños, que tienes la forma de la ciencia y de la verdad en la ley: **21**| Tú pues, que enseñas a otro, ¿no te enseñas a ti mismo? Tú que predicas que no se ha de hurtar, ¿hurtas? **22**| Tú que dices que no se ha de adulterar, ¿adulteras? Tú que abominas los ídolos, ¿cometes sacrilegio? **23**| Tú que te jactas de la ley, ¿con infracción de la ley deshonras a Dios? **24**| Porque el nombre de Dios es blasfemado por causa de vosotros entre los Gentiles, como está escrito.*

Un pretendido judío – ¿Desecharán los profesos cristianos esta parte de la carta a los Romanos como no aplicable a ellos, por el hecho de ir dirigida a los profesos judíos? De ninguna manera. Es precisamente a los profesos cristianos a quienes se refiere el apóstol. Lee la descripción: "reposado en la ley, y te glorías en Dios, y sabes su voluntad, y apruebas lo mejor, instruido por la ley; y confías que eres guía de los ciegos, luz de los que están en tinieblas, enseñador de los que no saben, maestro de niños, que tienes la forma de la ciencia y de la verdad en la ley".

¿A quién se dirige? A todo aquel que profese conocer al Señor, sea cual sea el nombre que reciba (judío, cristiano…). Se dirige a todo aquel que se siente calificado para enseñar a otros en el camino del Señor.

"Sobrenombre de judío" – Hay que prestar atención al hecho de que el apóstol no dice "tú que eres judío", sino "tú que te llamas judío". Las personas no siempre son lo que se las llama, ni lo que dicen ser. Comenzando por el versículo 17, el apóstol establece la cuestión de quién es judío. Antes de llegar al final del capítulo se verá que el empleo de la palabra "sobrenombre" o "llamado", significa que aquel a quien se dirige en los versículos siguientes no es realmente un judío, y el Señor no lo considera como tal.

Pretensión de ser judíos – Leemos en Apocalipsis 2:9: "Conozco la blasfemia de los que dicen ser judíos, y son sólo una sinagoga de Satanás". Y, "Yo te entrego de la sinagoga de Satanás, a los que dicen ser judíos y no lo son, sino que mienten. Les obligaré a que vengan y se postren a tus pies, y sepan que yo te he amado" (Apoc. 3:9). Lo anterior nos muestra que ser realmente judío representaría un honor tan grande que muchos lo iban a pretender falsamente. Sin embargo, los que hoy conocemos como judíos han sufrido el desprecio de la mayor parte del mundo durante cientos y cientos de años.

Desde que se escribió el Nuevo Testamento, en ningún momento ni lugar ha sido tenido como algo codiciable el ser llamado judío, en la acepción actual del término. La clase judía nunca ha gozado de un honor tal, como para que las expectativas de alguien pudiesen beneficiarse de ser llamado así. Pero muy a menudo ha habido, y hay muchas ventajas en llamarse cristiano, y muchísimas personas han sostenido esa falsa pretensión, al pairo de los beneficios sociales o financieros que conlleva.

Judío y cristiano – No forzamos en absoluto el texto si consideramos que al decir "judío", significa lo que hoy entendemos por "cristiano". Eso se hace evidente al comprender en qué consiste realmente ser judío. Hay evidencia más que abundante de que desde el principio, un verdadero judío era el que creía en Cristo. Dijo el Señor Jesús de la cabeza de esa raza, "Abraham vuestro padre se gozó por ver mi día; y lo vio y se gozó" (Juan 8:56). Creyó en el Señor, y le fue contado por justicia. Pero la justicia viene solamente por el Señor Jesús. Moisés, el dirigente de los judíos, tuvo "por mayores riquezas el vituperio de Cristo que los tesoros de los Egipcios" (Heb. 11:26).

Los judíos rebeldes en el desierto, tentaron y rechazaron a Cristo (1 Cor. 10:9). Cuando Cristo vino en la carne, fueron "los suyos" los que no le recibieron (Juan 1:11). Y finalmente, Cristo dijo que nadie podía creer en los escritos de Moisés, a menos que creyese en Él (Juan 5:46,47). Por lo tanto, salta a la vista que nadie es, o ha sido jamás un verdadero judío, excepto que crea en Cristo. El que no es judío, es ciertamente "de la sinagoga de Satanás".

"La salvación viene de los judíos" – Jesús dijo a la mujer samaritana, junto al pozo de Jacob, "Vosotros adoráis lo que no sabéis. Nosotros adoramos lo que sabemos, porque la salvación viene de los judíos"

(Juan 4:22). Cristo mismo "fue hecho de la simiente de David según la carne" y era por consiguiente judío, y "no hay otro nombre… en que podamos ser salvos".

Ninguna otra nación en la tierra ha tenido un nombre tan elevado. Nadie ha sido tan favorecido por Dios como el pueblo judío. "porque ¿qué gente grande hay que tenga los dioses cercanos a sí, como lo estaba Jehová nuestro Dios en todo cuanto le pedimos? Y ¿qué gente grande hay que tenga estatutos y derechos justos, como es toda esta ley que yo pongo hoy delante de vosotros?" (Deut. 4:7,8).

Reposando en la ley – Como afirma el último versículo, a los judíos se les encomendó la ley más perfecta que el universo pueda conocer: la propia ley de Dios. Se la denominaba "el testimonio", ya que estaba para testimonio contra ellos. No se les enseñó que podrían obtener justicia a partir de ella, por más perfecta que la ley fuese, sino todo lo contrario. Debido a que era tan perfecta, y ellos tan pecadores, no podía traerles nada distinto de la condenación.

Estaba prevista para llevarlos a Cristo, el único en quien podían hallar la perfecta justicia que la ley requiere.

"La ley obra ira" (Rom. 4:15), y sólo Cristo salva de la ira. Pero el judío estaba "reposado en la ley", y por ello, estaba reposado en el pecado. "Confiaban de sí como justos" (Luc. 18:9). No hallaron la justicia, "porque la seguían no por fe, mas como por las obras de la ley" (Rom. 9:31,32).

"Te glorías en Dios" – Hay formas muy distintas de gloriarse en Dios (Sal. 34:2). En lugar de gloriarse en la salvación del Señor, los judíos se gloriaban de su superior conocimiento de Dios. Tenían verdaderamente más que otros, pero no tenían nada que no hubiesen recibido, y sin embargo, se gloriaban como si ese no fuese el caso. Se glorificaban a ellos mismos, más bien que glorificar a Dios por el conocimiento que poseían y se colocaban así en la misma posición que los paganos, quienes "habiendo conocido a Dios, no le glorificaron como a Dios, ni dieron gracias; antes se desvanecieron en sus discursos". Cuando te sientas inclinado a censurar a los judíos por la vanidad con la que se gloriaban, recuerda la forma en la que a menudo te has sentido tú mismo, comparándote con los habitantes de tierras paganas, y con las clases más "bajas" de tu propia tierra.

La voluntad de Dios: su ley – El apóstol dice que el judío conoce la voluntad de Dios, porque está instruido en la ley. Con ello vemos que la ley de Dios es su voluntad. No es preciso insistir en ese punto. La voluntad de un gobernante se expresa en su ley. Cuando el gobernante es absoluto, su voluntad es ley. Dios es un gobernante absoluto, aunque no arbitrario, y puesto que su voluntad es la única regla de derecho, se deduce que su voluntad es su ley. Pero su ley está resumida en los Diez Mandamientos; por lo tanto, estos contienen una declaración sumaria de la ley de Dios.

La forma de la ciencia y de la verdad – Aunque los Diez Mandamientos contienen una declaración de la voluntad de Dios, que es la perfección de la sabiduría y la verdad, son solamente una declaración, y no la sustancia misma, de igual forma que la fotografía de una casa no es la casa, aunque pueda ser una perfecta reproducción de ella. Las meras palabras escritas en un libro, o grabadas en tablas de piedra, carecen de vida; pero sabemos que la ley de Dios es vida eterna. Solamente en Cristo podemos encontrar la ley viviente, puesto que Él es la única manifestación de la Divinidad.

Cualquiera que tenga la vida de Cristo morando en él, tiene la perfecta ley de Dios manifestada en su vida. Pero el que tiene solamente la letra de la ley, y no a Cristo, posee meramente "la forma de la ciencia y de la verdad". Así, se dice a menudo con verdad, que la ley es una fotografía del carácter de Dios. Pero una fotografía o un dibujo es solamente la sombra de la realidad y no su misma sustancia. El que tiene a Cristo, posee ambas cosas, la forma y la sustancia, puesto que uno no puede tener el objeto sin tener a la vez su forma. Pero el que tiene solamente la declaración de la verdad sin Cristo –quien sólo es la Verdad–, tiene apariencia de piedad sin el poder de ella.

Preguntas comprometedoras – En los versículos 21 al 23, el apóstol hace ciertas preguntas delicadas. Que toda alma que haya tenido a bien enorgullecerse por la rectitud de su vida, responda por ella misma a esas preguntas. Al hombre le resulta fácil y natural enorgullecerse de su "moralidad". Los no cristianos se tranquilizan a sí mismos con el pensamiento de que siguen una conducta "moral", y que por lo tanto, actúan tan bien como si fueran cristianos. Sepan los tales que no existe moralidad, excepto en la conformidad con la ley de Dios. Todo lo que esté de alguna forma por debajo de la norma de esa ley, es inmoralidad. Sabiendo eso, analicen si han guardado perfectamente la ley.

"¿Hurtas?" – Casi todos dirán: 'No. Soy honrado en todo lo que hago'. Muy bien, pero no lo decidamos de antemano. Examinemos las Escrituras. Leemos, "la ley es espiritual" (Rom. 7:14). "La palabra de Dios es viva y eficaz, y más penetrante que toda espada de dos filos: y que alcanza hasta partir el alma, y aun el espíritu, y las coyunturas y tuétanos, y discierne los pensamientos y las intenciones del corazón" (Heb. 4:12).

No importa lo correctos que seamos en nuestros actos externos: si hemos transgredido en pensamiento o espíritu, somos culpables. El Señor mira al corazón, y no a la apariencia exterior (1° Sam. 16:7).

Además, es tan malo robar a Dios, como robar al hombre. ¿Le has dado a Dios lo que le debes? ¿Te has conducido de una forma perfectamente honesta con Él? Oye lo que dice: "¿Robará el hombre a Dios? Pues vosotros me habéis robado. Y dijisteis: ¿En qué te hemos robado? Los diezmos y las primicias. Malditos sois con maldición, porque vosotros, la nación toda, me habéis robado" (Mal. 3:8,9). ¿Se dirigen esas palabras a ti? ¿Has devuelto a Dios los diezmos y ofrendas que le debes? Si no es así, ¿qué responderás cuando la Palabra inspirada te pregunta: "Tú, que predicas que no se ha de hurtar, ¿hurtas?".

"La ley es espiritual" – En el quinto capítulo de Mateo, el Salvador estableció la espiritualidad de la ley. Dijo que a menos que nuestra justicia fuese mayor que la de los escribas y fariseos, no podemos entrar en el reino de los cielos. ¿Cuál era la justicia de ellos? Jesús les dijo, "vosotros de fuera, a la verdad os mostráis justos a los hombres; mas de dentro, llenos estáis de hipocresía e iniquidad" (Mat. 23:28).

Por lo tanto, a menos que seamos justos en el interior, no lo somos en absoluto. "Tú [el Señor] amas la verdad en lo íntimo" (Sal. 51:6). Más adelante, en el mismo capítulo cinco de Mateo, el Salvador explica que uno puede transgredir el sexto mandamiento, que dice "no matarás", mediante la pronunciación de una sola palabra. Explica también que podemos quebrantar el séptimo mandamiento que dice "no cometerás adulterio", con una mirada o un pensamiento. Por supuesto, el mismo principio rige para los demás mandamientos. Siendo así, hay que ser muy cauto antes de afirmar que uno ha guardado la ley perfectamente.

Algunos han dicho que los Diez Mandamientos son una norma muy baja, y que un hombre puede guardarlos todos ellos, y sin embargo ser todavía indigno de admisión en una sociedad respetable. Los tales lo ignoran todo acerca de la ley. De hecho, es cierto exactamente lo contrario: un hombre puede transgredir los Diez Mandamientos, y sin embargo figurar como una gran lumbrera en la "alta sociedad".

El nombre de Dios, blasfemado – "El nombre de Dios es blasfemado por causa de vosotros entre los Gentiles, como está escrito". ¿Quién es el responsable? El que enseña la ley, el que enseña que no se debe tomar el nombre del Señor en vano. Cuando David pecó en el asunto de la mujer de Urías, Dios le dijo, "con este negocio hiciste blasfemar a los enemigos de Jehová" (2° Sam. 12:14).

Es decir, David era un profeso seguidor del Señor, y por su violación de la ley de Dios, había dado ocasión para que los incrédulos pudiesen decir: '¡Mirad, en eso consiste ser cristiano!'.

¿Quién puede decir que en calidad de profeso seguidor del Señor, siempre ha representado correctamente la verdad? ¿Hay alguien que no admita, ante sí mismo y ante Dios, que por sus palabras o sus actos ha dejado a menudo de representar fielmente la verdad que profesa? ¿Hay alguien que por sus fallos, tanto en el enseñar como en el obrar, no haya dado a la gente una idea miserablemente inadecuada de lo que es la verdadera bondad?

En resumen, ¿hay alguien que no tenga que responder 'Sí' a la pregunta del apóstol, "¿con infracción de la ley deshonras a Dios?" Y puesto que así es blasfemado el nombre de Dios, por parte de los profesos cristianos, ¿quién hay que pueda declararse sin culpa ante la ley de Dios?

En esos versículos hemos abordado ciertas preguntas delicadas, dirigidas a los que tienen "el sobrenombre de judío", es decir, a los que profesan seguir al Señor. La simple forma y la profesión no lo constituyen a uno un fiel maestro de la verdad de Dios. El que no exhibe en su vida el poder de aquello que profesa, es solamente un detrimento para la causa. En los versículos que siguen encontramos una breve pero explícita afirmación con respecto a:

La circuncisión y la incircuncisión
Romanos 2:25-29

> *25| Porque la circuncisión en verdad aprovecha, si guardares la ley; mas si eres rebelde a la ley, tu circuncisión es hecha incircuncisión. 26| De manera que, si el incircunciso guardare las justicias de la ley, ¿no será tenida su incircuncisión por circuncisión? 27| Y lo que de su natural es incircunciso, guardando perfectamente la ley, te juzgará a ti, que con la letra y con la circuncisión eres rebelde a la ley. 28| Porque no es Judío el que lo es en manifiesto; ni la circuncisión es la que es en manifiesto en la carne: 29| Mas es Judío el que lo es en lo interior; y la circuncisión es la del corazón, en espíritu, no en letra; la alabanza del cual no es de los hombres, sino de Dios.*

Definición de los términos – Los dos términos, "circuncisión" e "incircuncisión", se emplean aquí, no meramente para significar el rito o la ausencia de él, sino para referirse a dos clases de gente. "La incircuncisión" se refiere sin duda a los que entonces llamaban gentiles, los que adoraban a otros dioses. Así lo podemos ver en el pasaje de Gálatas 2:7-9: "Vieron que el evangelio de la incircuncisión me era encargado, como a Pedro el de la circuncisión, porque el que hizo por Pedro para el apostolado de la circuncisión, hizo también por mí para con los Gentiles". Los términos "gentiles", "paganos", e "incircuncisión" son equivalentes.

En este capítulo no se nos informa acerca de para qué aprovecha la circuncisión. En este punto es suficiente el simple reconocimiento del hecho, ya que la intención del escritor no era otra que mostrar lo que es la circuncisión, y quiénes están verdaderamente circuncidados. De esos pocos versículos dependen grandes cosas. Estúdialos cuidadosamente, ya que sobre ellos gravita la correcta comprensión de una gran porción de las profecías del Antiguo Testamento.

Si esos versículos hubiesen recibido la consideración que merecen por parte de los profesos estudiantes de la Biblia, nunca habría existido la "teoría anglo-israelita", ni las suposiciones vanas y engañosas sobre un pretendido retorno de los judíos a Jerusalem, antes de la venida del Señor.

¿Qué es la circuncisión? – Encontramos la llana respuesta en Romanos 4:11, donde el apóstol, refiriéndose a Abraham –el primero en ser circuncidado–, dice: "Y recibió la circuncisión por señal, por sello de la justicia por la fe que tuvo en la incircuncisión". A la pregunta, "¿Qué es la circuncisión?", la respuesta no puede ser otra que: La señal de la circuncisión es el sello de la justicia por la fe.

Cuando la circuncisión viene a resultar en incircuncisión – En vista de lo anterior, está claro que allí donde no hay justicia, la señal de la circuncisión es algo carente de valor. Así, dice el apóstol, "si eres rebelde a la ley, tu circuncisión es hecha incircuncisión". De la misma forma en que vimos en los versículos precedentes que la forma, en ausencia del hecho, carece de todo valor, así también se nos dice aquí que la señal sin la substancia, no vale nada. Para un hombre pobre es fácil colocar un panel anunciando la venta de relojes y joyas, pero llenar el escaparate de esos objetos ya es otra cosa. Si tiene la señal pero carece de la materia, es peor que si no hubiese puesto el anuncio.

El error de los judíos – Los judíos cometieron la equivocación de pensar que era suficiente con tener la señal. Llegaron finalmente a albergar la idea de que la posesión de la señal traería la realidad, precisamente de la misma forma en que muchos profesos cristianos de nuestros días suponen que el cumplimiento de ciertas ordenanzas los hará miembros del cuerpo de Cristo. Pero la circuncisión solamente *de la carne*, no puede representar a la justicia, sino al pecado. Lee Gálatas 5:19-21. De hecho, muchos de los que despreciaban como "incircuncisos", eran realmente "circuncisos", mientras que ellos mismos no lo eran.

La circuncisión del corazón – La auténtica circuncisión es un asunto del corazón, es decir, de la vida interior, jamás de la carne. El apóstol afirma con llaneza que la circuncisión que es exterior, de la carne, no es circuncisión, sino que consiste meramente en una forma externa. Pero "la circuncisión es la del corazón, en espíritu, no en letra". Eso queda establecido como verdad fundamental.

Ese no era un camino nuevo, en los días de Pablo, sino que fue así desde el principio.

En Deuteronomio 30:6 leemos las palabras de Moisés a los hijos de Israel: "Y circuncidará Jehová tu Dios tu corazón, y el corazón de tu simiente, para que ames a Jehová tu Dios con todo tu corazón y con toda tu alma, a fin de que tú vivas". Todo verdadero judío reconocía que la verdadera circuncisión era la del corazón, ya que Esteban se dirigió a aquellos que rechazaban la verdad como "duros de cerviz, e incircuncisos de corazón y de oídos" (Hech. 7:51).

Justicia del corazón – Dice el salmista, "He aquí, tu amas la verdad en lo íntimo" (Sal. 51:6). La mera justicia exterior no significa nada. Lee Mateo 5:20; 23:27,28. Es con el corazón como se cree para justicia (Rom. 10:10). Cuando Moisés, por mandato del Señor, repitió la ley a Israel, les dijo: "Y amarás a Jehová tu Dios de todo tu corazón, y de toda tu alma, y con todo tu poder. Y estas palabras que yo te mando hoy, estarán sobre tu corazón" (Deut. 6:5,6). No puede existir justicia que no implique auténtica vida. Por consiguiente, dado que la circuncisión no es más que una señal de la justicia, salta a la vista que no puede haber auténtica circuncisión que no sea la del corazón.

Circuncidados por el Espíritu – "Sabemos que la ley es espiritual" (Rom. 14:7). Es decir, es la naturaleza del Espíritu Santo, ya que la palabra de Dios es la espada del Espíritu de Dios que es capaz de poner la ley de Dios en el corazón del hombre. Por lo tanto, la circuncisión es la obra del Espíritu Santo. Esteban llamó incircuncisos a los malvados judíos, porque –dijo–, "resistís siempre al Espíritu Santo" (Hech. 7:51).

Es pues evidente que, aunque en algunas versiones de la Biblia aparece la palabra "espíritu" en Romanos 2:29 escrita con minúscula, se refiere al Espíritu Santo, y no meramente al espíritu del hombre (por supuesto, en el original griego no hay ninguna distinción entre mayúsculas y minúsculas). La Reina Valera del 90, traduce correctamente: "es verdadero judío el que lo es en su interior, y la verdadera circuncisión es la del corazón, por medio del Espíritu, no en letra".

Si recordamos que la circuncisión se dio como señal de la justicia por la fe, y que la herencia prometida a Abraham y a su simiente, lo fue por la justicia de la fe (Rom. 4:11,13), comprenderemos que la circuncisión era la prenda (o "arras") de esa herencia. El apóstol declara también que obtenemos la herencia en Cristo, "en el cual también desde que creísteis, fuisteis sellados con el Espíritu Santo de la promesa, que es las arras (garantía) de nuestra herencia, para la redención de la posesión adquirida" (Efe. 1:10-14).

La posesión prometida a Abraham y a su simiente fue asegurada sólo mediante el Espíritu de justicia, por lo tanto, desde el mismo principio no existió circuncisión auténtica que no fuese la del Espíritu.

Circuncidados en Cristo – "Y en él [Cristo] estáis cumplidos, el cual es la cabeza de todo principado y potestad: En el cual también sois circuncidados de circuncisión no hecha con manos, con el despojamiento del cuerpo de los pecados de la carne, en la circuncisión de Cristo" (Col. 2:8-11). La circuncisión tiene que haber significado lo mismo al ser dada, que en cualquier momento subsiguiente. Por lo tanto, desde el mismo principio significó justicia solamente mediante Cristo. Así lo demuestra el hecho de que la circuncisión fue dada a Abraham como señal de la justicia que tenía por la fe, "y Abraham creyó al Señor, y eso se le contó por justicia" (Gén. 15:6).

¿Quién es la "circuncisión"? – Filipenses 3:3 responde a esa pregunta: "Nosotros somos la circuncisión, los que servimos en espíritu a Dios, y nos gloriamos en Cristo Jesús, no teniendo confianza en la carne". Eso no es más que decir en otras palabras que "la circuncisión es la del corazón, en espíritu, no en letra; la alabanza del cual no es de los hombres, sino de Dios". Por lo tanto, jamás fue nadie realmente circuncidado, que no creyese y se gozase en Cristo Jesús. Tal es la razón por la que Esteban llamó a los judíos incrédulos "incircuncisos".

El significado de la circuncisión – No tenemos aquí espacio para entrar en detalle en esa cuestión, pero los textos ya citados nos colocan sobre la pista. Un estudio cuidadoso de los capítulos del Génesis que nos hablan del pacto que Dios hizo con Abraham servirán también para aclarar el tema.

En Génesis 15 vemos que Dios hizo un pacto con Abraham, sobre la base de su fe. El capítulo 16 explica cómo Abraham dio oído a la voz de su esposa, en lugar oír la voz del Señor, y se esforzó por cumplir la promesa de Dios mediante la carne, lo que le llevó al fracaso. Su hijo tenía que nacer según el Espíritu, y no según la carne. Ver Gálatas 4:22,23,28,29.

En el capítulo 17 asistimos al reavivamiento de la fe de Abraham, así como a la renovación del pacto. *Entonces* se le dio la circuncisión como sello. Le fue cortada una parte de la carne como indicativo de que no debía poner su confianza en la carne, sino que debía esperar la justicia y la herencia solamente mediante el Espíritu de Dios. Los descendientes de Abraham tendrían así un continuo recordatorio de su error, y una amonestación a confiar en el Señor y no en ellos mismos.

Pero pervirtieron la señal. La concibieron como un indicativo de que eran mejores que los demás pueblos, en lugar de considerarla como una evidencia de que "la carne nada aprovecha". Pero el hecho de que los judíos pervirtieron y malinterpretaron la señal no destruye su significado original.

¿Quiénes son judíos? – Hemos visto en una cita del segundo capítulo de Gálatas, que el término "incircunciso" se refiere a aquellos que no conocen al Señor, o a los que están "sin Dios en el mundo". Ver Efesios 2:11,12. Los judíos son "la circuncisión". Pero sólo aquellos que se gozan en Cristo Jesús son la circuncisión, aquellos cuya confianza no es en la carne.

Por lo tanto, los auténticos judíos no son otros que los [creyentes] cristianos. "Es Judío el que lo es en lo interior". Nunca hubo un auténtico judío a los ojos de Dios, que no fuese un creyente en Cristo. Y todo verdadero creyente en Cristo es un judío en el sentido bíblico del término. Abraham, el padre de la nación judía, se gozó en Cristo (Juan 8:56).

Una marca distintiva – Muchos han albergado la idea de que la circuncisión fue dada como una marca de distinción entre los judíos y los gentiles. El estudio del origen de la circuncisión, así como la misma declaración de Pablo, ponen de relieve la falacia de esa suposición.

Otros piensan que fue dada para mantener separados a los judíos, de manera que pudiese sustentarse la genealogía de Jesús. Tampoco eso deja de ser una mera suposición. Cristo tenía que venir de la tribu de Judá, pero puesto que todas las tribus practicaban la circuncisión, es evidente que ésta no podía ser el medio de preservar su genealogía. Además, la circuncisión de la carne jamás hizo separación alguna entre judíos y gentiles. No evitó que Israel cayera en la idolatría, ni que se mezclase con los paganos en sus prácticas idolátricas. Cuando fuese que los judíos se olvidaban de Dios, se mezclaban con los paganos, y dejaba de existir diferencia entre ellos y los gentiles. La circuncisión no los mantenía separados.

Más aún. Dios no quería que los judíos se separasen de los gentiles en el sentido de que no tuviesen trato con ellos. El objeto del llamamiento de los judíos a salir de Egipto, tenía como fin que pudiesen llevar el evangelio a los paganos. Era su designio que se mantuviesen separados de ellos en carácter, cosa que la circuncisión externa jamás podía efectuar.

Moisés dijo al Señor, "¿Y en qué se conocerá aquí que he hallado gracia en tus ojos, yo y tu pueblo, sino en andar tú con nosotros, y que yo y tu pueblo seamos apartados de todos los pueblos que están sobre la faz de la tierra?" (Éxo. 33:16). La presencia de Dios en el corazón del hombre lo mantendrá separado de los otros, aunque viva en la misma casa y coma a la misma mesa. Pero si Cristo no mora en el corazón del hombre, éste no está separado del mundo, aunque pueda estar circuncidado y aunque viva en una ermita.

La simiente literal y espiritual – La comprensión incorrecta de esos dos términos es la responsable de una gran parte de la confusión que ha habido con respecto a Israel. La gente supone que afirmar que sólo son judíos auténticos los que lo son espiritualmente, equivale a negar la literalidad de la simiente y de la promesa. Pero "espiritual" no es algo opuesto a "literal".

Lo espiritual es literal, es real. Cristo es espiritual, sin embargo es la simiente real, la simiente literal. Dios es espiritual, y es espíritu, sin embargo no es un Ser figurado, sino un Dios literal, real. Así, la herencia de la que somos herederos, en Cristo, es una herencia espiritual, pero es real.

Afirmar que sólo el Israel espiritual es el verdadero Israel no es contradecir o negar las Escrituras, ni debilitar de ninguna manera la fuerza y realidad de la promesa, ya que la promesa de Dios sólo se hace a quienes tienen fe en Cristo. "Porque no fue por la Ley, como Abraham y sus descendientes recibieron la promesa de que serían herederos del mundo, sino por la justicia que viene por la fe" (Rom. 4:13). "Y si vosotros sois de Cristo, ciertamente la simiente de Abraham sois, y conforme a la promesa los herederos" (Gál. 3:29).

Capítulo 3

La gracia de Dios: don gratuito

Introducción

No podemos realmente decir que hayamos completado el estudio de los dos primeros capítulos, puesto que nunca podremos *acabar* el estudio de ninguna porción de la Biblia. Tras habernos entregado a la más profunda investigación de la parte que sea de la Escritura, no habremos hecho en realidad más que empezar. Si Newton, tras haber dedicado su dilatada vida al estudio de las ciencias naturales, pudo decir que se sentía como un chiquillo jugando en la arena de la playa, con todo el vasto océano ante sí por descubrir, ¿qué no cabrá decir del más aplicado estudiante de la Biblia?

Por lo tanto, nunca pienses que de alguna manera se haya agotado esa parte del estudio. Cuando tengas el texto bien grabado en la mente, de manera que puedas recordar fácilmente cualquiera de los pasajes, y lo puedas ubicar en referencia con su contexto, habrás llegado justamente al punto a partir del cual puedes comenzar a estudiar con verdadero provecho. Por lo tanto, tú que estás ansioso por adquirir un conocimiento personal de la Escritura, céntrate en las palabras como si estuvieses cavando en un lugar en el que tuvieses la seguridad de encontrar un tesoro, ya que un tesoro auténticamente inagotable es lo que aguarda a tu búsqueda.

El primer versículo es un resumen de todo el segundo capítulo, "Por lo cual eres inexcusable, oh hombre, cualquiera que juzgas: porque en lo que juzgas a otro, te condenas a ti mismo; porque lo mismo haces, tú que juzgas". Los versículos que siguen son un desarrollo de tal afirmación. Así, vemos que no hay excepción al hecho de la manifestación de la ira del Dios del cielo contra toda injusticia e impiedad de los hombres. Oír y conocer la verdad no sustituyen el practicarla. Dios no hace acepción de personas, sino que castigará el pecado allí donde éste exista.

Aceptos ante Dios – Pedro hizo esta afirmación en casa de Cornelio: "En verdad veo que Dios no hace acepción de personas, sino que acepta al que es fiel y obra rectamente, de cualquier nación que sea" (Hech. 10:34,35). Hay personas en tierras paganas que pueden no haber oído jamás el nombre de Dios, ni haber visto una sola línea de su palabra escrita, y que serán salvas. Dios se revela en las obras de la creación, y aquellos que aceptan lo que saben de Él, son tan aprobados por Dios como los que lo conocen en mucha mayor profundidad.

Preguntas respondidas – La primera parte del tercer capítulo de Romanos consiste en preguntas y respuestas. Si lees con atención las epístolas de Pablo, observarás la frecuente inclusión de preguntas en medio de una argumentación. Se provee respuesta para toda objeción posible. El apóstol hace la pregunta que el objetor plantearía, para responderla después, reforzando de ese modo aún más la argumentación. Así, en los siguientes versículos se hace muy evidente que las verdades expuestas en el segundo capítulo no debían resultar nada agradables para los fariseos, y que éstos las combatirían con todas sus fuerzas.

Las preguntas que plantea el apóstol no son la expresión de ninguna perplejidad en su propia mente, como muestra la cláusula que establece en el versículo 5: "hablo en términos humanos". Con eso en mente, leamos Romanos 3:1-18:

> *1| ¿Qué ventaja tiene, pues, el judío? ¿o de qué aprovecha la circuncisión? 2| Mucho, en todas maneras. Primero, ciertamente, que les ha sido confiada la palabra de Dios. 3| ¿Pues qué, si algunos de ellos han sido incrédulos? ¿Su incredulidad habrá hecho nula la fidelidad de Dios. 4| De ninguna manera; antes bien sea Dios veraz, y todo hombre mentiroso; como está escrito: Para que seas justificado en tus palabras, Y venzas*

cuando fueres juzgado. **5|** Y si nuestra injusticia hace resaltar la justicia de Dios, ¿qué diremos? ¿Será injusto Dios que da castigo? (Hablo como hombre). **6|** En ninguna manera; de otro modo, ¿cómo juzgaría Dios al mundo? **7|** Pero si por mi mentira la verdad de Dios abundó para su gloria, ¿por qué aún soy juzgado como pecador? **8|** ¿Y por qué no decir (como se nos calumnia, y como algunos, cuya condenación es justa, afirman que nosotros decimos): Hagamos males para que vengan bienes? **9|** ¿Qué, pues? ¿Somos nosotros mejores que ellos? En ninguna manera; pues ya hemos acusado a judíos y a gentiles, que todos están bajo pecado. **10|** Como está escrito: No hay justo, ni aun uno; **11|** No hay quien entienda, No hay quien busque a Dios **12|** Todos se desviaron, a una se hicieron inútiles; No hay quien haga lo bueno, no hay ni siquiera uno. **13|** Sepulcro abierto es su garganta; Con su lengua engañan. Veneno de áspides hay debajo de sus labios; **14|** Su boca está llena de maldición y de amargura. **15|** Sus pies se apresuran para derramar sangre; **16|** Quebranto y desventura hay en sus caminos; **17|** Y no conocieron camino de paz. 18 No hay temor de Dios delante de sus ojos.

La Palabra de Dios – Una palabra es algo que se pronuncia. Lo que proclamó o pronunció por encima de todo la boca de Dios, son los Diez Mandamientos (Deut. 5:22). Esteban, refiriéndose al momento en el que Moisés recibió la ley, dijo, "Este es aquel Moisés que estuvo en la congregación en el desierto con el Ángel que le hablaba a él y a nuestros padres en el monte Sinaí, y que recibió las Palabras de vida para darnos" (Hech. 7:38). Los Diez Mandamientos son primariamente la Palabra de Dios, ya que su propia voz los pronunció a oídos del pueblo.

Pero las Sagradas Escrituras como un todo, constituyen la Palabra de Dios hablada "muchas veces y de muchas maneras" (Heb. 1:1), ya que no es sino un desarrollo de los Diez Mandamientos. Los cristianos deben amoldar sus vidas solamente de acuerdo con la Biblia. Así lo atestiguan las palabras del apóstol Pedro: "Si alguno habla, hable conforme a las Palabras de Dios" (1ª Ped. 4:11).

La Ley, una ventaja – Muchos piensan que la ley de Dios es una carga, e imaginan que la ventaja de los cristianos es que no tienen nada que ver con ella. Pero muy al contrario, Juan dice: "en esto consiste el amor de Dios, en que guardemos sus Mandamientos" (1ª Juan 5:3). Y Pablo dice que la posesión de la ley era una gran ventaja para los judíos. Dijo pues Moisés: "¿Qué otra nación tan grande tiene normas y preceptos tan justos, como es toda esta ley que hoy promulgo ante vosotros?" (Deut. 4:8). Todos los que aman verdaderamente al Señor, tienen por una gran bendición el disponer de la plena revelación de la santa ley de Dios ante ellos.

"Confiada" – La ventaja de los judíos no radicaba simplemente en el hecho de que la Palabra de Dios les fuese revelada, sino que "la palabra de Dios les ha sido confiada". Es decir, se les confió la ley a fin de asegurarla a los demás; no solamente para su propio beneficio. Tenían que ser los misioneros para el mundo entero. La ventaja y el honor concedido a la nación judía al confiarles la ley de Dios para que la diesen a conocer al mundo, es un privilegio incalculable.

Dilo a los demás – Cuando Pedro y Juan fueron arrestados y amenazados por predicar a Cristo (quien era la ley vivida a la perfección), dijeron, "No podemos dejar de decir lo que hemos visto y oído" (Hech. 4:20). Aquel que aprecia el don que Dios le ha encomendado, no puede dejar de decirlo a otros. Algunos suponen que es inútil llevar el evangelio a los paganos, al saber que Dios los justifica si caminan de acuerdo con la pequeña luz que sobre ellos brilla, tanto como con la persona que camina de acuerdo con la luz más amplia de la palabra escrita.

Piensan que los paganos impíos no están en una situación peor que la de los profesos cristianos que son infieles. Pero nadie que aprecie las bendiciones del Señor puede pensar así. La luz es una bendición.

El hombre, cuanto más conoce al Señor, más se puede gozar en Él, y todo aquel que conozca verdaderamente al Señor, estará deseoso de esparcir las "nuevas de gran gozo" a todos aquellos a quienes van dirigidas.

Fidelidad de Dios – "Pues si alguno de ellos ha sido incrédulo, su falta de fe, ¿anula la fidelidad de Dios?" (versículo 3). Una pregunta muy pertinente. Invita a considerar la fidelidad de Dios. ¿Romperá su promesa, debido a nuestra falta de fe? ¿Será Dios infiel, por la infidelidad del hombre? ¿Hará nuestra vacilación que Dios se tambalee? "¡De ninguna manera!" Dios será verdadero, aunque todo hombre sea mentiroso. "Si fuéremos infieles, él permanece fiel: no se puede negar a sí mismo" (2ª Tim. 2:13). "Jehová, hasta los cielos es tu misericordia; tu verdad hasta las nubes" (Sal. 36:5).

Poder y fidelidad – Alguien podrá concluir precipitadamente que eso anula las afirmaciones previas de que solamente aquellos que tienen fe son los herederos de la promesa, ya que '¿cómo puede ser que sólo sean simiente –y por lo tanto herederos– de Abraham los que creen, si Dios va a cumplir su promesa a pesar de que todo hombre sea incrédulo?' Muy fácilmente, a la vista de "las Escrituras, y el poder de Dios". Presta atención a las palabras que Juan el Bautista dirigió a los malvados judíos, a quienes solamente cabía describir como generación de víboras: "No penséis en vuestro interior. 'Tenemos a Abraham por padre'. Porque os digo que aun de estas piedras Dios puede levantar hijos de Abraham" (Mat. 3:9).

Dios otorgará la herencia solamente a los fieles; pero si todo hombre resultase ser infiel, Aquel que hizo al hombre del polvo de la tierra, puede levantar otro pueblo que sea creyente, a partir de esas piedras.

Dios será justificado – "Para que seas justificado en tus dichos, y venzas cuando de ti se juzgare". Satanás acusa hoy a Dios de injusticia e indiferencia, incluso de crueldad. Miles se han hecho eco de la acusación. Pero el juicio declarará la justicia de Dios. Su carácter, tanto como el del hombre, está sometido a prueba. En el juicio, todo acto, tanto de Dios como del hombre, que se haya realizado desde la creación, será visto por todos en su pleno significado. Y cuando todo se vea en esa luz perfecta, Dios será absuelto de todo cargo, incluso por parte de sus enemigos.

Destacando la justicia de Dios – Los versículos 5 y 7 no son más que dos formas de expresar la misma idea. Se pone de relieve la justicia de Dios, por contraste con la injusticia del hombre. Así, el amante de las complicaciones supone que Dios no debiera condenar esa injusticia humana que –por contraste– exalta la justicia de Dios. Pero tal cosa significaría destruir la justicia de Dios, y entonces "¿Cómo juzgaría Dios al mundo?". Si Dios fuese lo que los incrédulos dicen que debiera ser, perdería hasta el respeto de ellos, y lo condenarían aún más abiertamente de lo que hoy lo hacen.

"Hablo como hombre" ("en términos humanos", RV 90) – ¿Acaso no era Pablo un hombre? Ciertamente. Entonces, ¿por qué emplea la expresión "hablo como hombre"? Porque los escritos de Pablo, como los de los antiguos profetas, fueron dados bajo inspiración divina. El Espíritu Santo habló a través de él. No estamos leyendo la opinión de Pablo sobre el evangelio, sino la declaración del propio Espíritu Santo. Pero en esas ocasiones el Espíritu se expresa en términos humanos, es decir, el Espíritu cita las palabras de los incrédulos, con el fin de mostrar la insensatez de esa incredulidad.

Preguntas incrédulas – Hay preguntas de muy diferente significación. Algunas preguntas se formulan con el fin de adquirir instrucción, pero otras con el único fin de oponerse a la verdad. No es posible contestar a ambas de la misma manera. Algunas preguntas no merecen más atención que si se hubiesen expresado en forma de positivas afirmaciones de incredulidad. Cuando María dijo al ángel, "¿Cómo será esto?" (Luc. 1:34), con el deseo de conocer más, se le explicó cómo sería. Pero cuando Zacarías preguntó, "¿Cómo puedo estar seguro de eso?" (Luc. 1:18), expresando así su incredulidad hacia las palabras del ángel, fue castigado.

La maldad, desenmascarada – Cuando el objetor dice, 'Si mi mentira, puesta en contraste con la verdad de Dios, aumenta su gloria, ¿por qué aún así se me condena como pecador?' Pablo expone lo que esconde esa retórica: –En realidad, lo que vienes a decir es: '¿Por qué no hacer mal para que venga bien?' La intención real de esas preguntas es pretender que lo malo es en realidad bueno; que la gente es realmente justa al margen de lo que pueda hacer, ya que el bien vendrá finalmente a partir del mal. Tal es la esencia del espiritismo moderno, así como del universalismo, que enseña que todos los hombres serán salvos.

El mal no es el bien – Espiritistas aparte, hay muchos que dicen virtualmente, 'hagamos el mal para que venga el bien'. ¿Quiénes son? Todos los que pretenden que el hombre es capaz por sí mismo de obrar el bien. El Señor declara que solamente Dios es bueno, y que el bien sólo puede proceder de Dios (ver Luc. 18:19 y 6:43-45). A partir del hombre, solamente puede proceder el mal (Mar. 7:21-23). Por lo tanto, aquel que piensa que puede por sí mismo obrar el bien, está realmente diciendo que el bien procede del mal.

Lo mismo dice quien rehusa confesarse pecador. El tal se está colocando a sí mismo por encima de Dios, ya que ni el mismo Dios transforma el mal en bien. Dios hace bueno al hombre malo, pero solamente poniendo su propia bondad en el lugar de la maldad de éste.

Todos están bajo pecado – El objetor queda silenciado ante sus sentimientos de infidelidad. Es justa la condenación de quienes sostienen semejante posición, y queda así firmemente establecida la conclusión: todos los hombres, judíos y gentiles, están bajo pecado.

Queda así preparado el camino para la siguiente conclusión: hay una sola vía para la salvación de todo hombre. Aquel que creció entre campanadas de iglesia, y que lee las Escrituras cada día, tiene la misma naturaleza pecaminosa y la misma necesidad de un Salvador que el salvaje incivilizado. Absolutamente nadie está en la situación de poder despreciar a ningún otro.

Todos se apartaron – Cuando el apóstol dijo de judíos y gentiles que "todos se desviaron, se echaron a perder", no hacía sino repetir lo que Isaías escribió cientos de años antes: "Todos nosotros nos descarriamos como ovejas, cada cual se apartó por su camino: mas Jehová cargó en él el pecado de todos nosotros" (Isa. 53:6).

"Camino de paz" – "Camino de paz no conocieron", porque rehusaron conocer al Dios de paz. Ya hemos explicado cómo la ley de Dios es su camino. Dado que Él es el Dios de paz, su ley es el camino de paz. Es por ello que dice, "¡Ojalá miraras tú a mis mandamientos! fuera entonces tu paz como un río, y tu justicia como las ondas de la mar" (Isa. 48:18). "Mucha paz tienen los que aman tu ley; y no hay para ellos tropiezo" (Sal. 119:165). El que viene para preparar el camino del Señor, dando a conocer la remisión de los pecados, encamina nuestros pies por camino de paz (Luc. 1:76-79), ya que nos conduce a la justicia de la ley de Dios.

Lo que hemos estudiado hasta aquí de la carta a los Romanos, nos ha mostrado cómo tanto los judíos como los gentiles comparten la misma condición pecaminosa. Nadie tiene nada de lo que pueda jactarse en relación con algún otro. Aquel que, dentro o fuera de la iglesia, se inclina a juzgar y condenar a otro, no importa lo malo que ese otro pueda ser, muestra con ello que él mismo es culpable de las mismas cosas que condena en el otro. El juicio pertenece solamente a Dios, y aquel que osa tomar el sitio de Dios, demuestra el más atrevido espíritu de usurpación.

Aquellos a quienes ha sido confiada la ley tienen un maravilloso privilegio del que carecen los paganos; no obstante, deben decir: "¿Somos nosotros mejores que ellos? ¡De ninguna manera! Porque ya hemos probado que tanto judíos como gentiles, todos están bajo pecado" (Rom. 3:9).

La gran conclusión
Romanos 3:19-22

> *19| Empero sabemos que todo lo que la ley dice, a los que están en la ley lo dice, para que toda boca se tape, y que todo el mundo se sujete a Dios: 20| Porque por las obras de la ley ninguna carne se justificará delante de él; porque por la ley es el conocimiento del pecado. 21| Mas ahora, sin la ley, la justicia de Dios se ha manifestado, testificada por la ley y por los profetas: 22| La justicia de Dios que es por la fe de Jesucristo, para todos los que creen en él.*

"En la ley" – No es este el momento para considerar la fuerza de la expresión "bajo la ley", como algunas versiones traducen, pues no es esa realmente la traducción correcta. Lo mismo que en Romanos 2:12, la traducción correcta es "en la ley". La expresión "bajo la ley" es totalmente diferente en griego. Es imposible saber por qué en algunas versiones se ha traducido "bajo la ley", cuando en los dos textos citados, lo mismo que en 1ª de Corintios 9:21, el original dice "en la ley". El texto dice: "Sabemos que lo que dice la ley, lo dice a los que están en la ley", o bien, "en la esfera o jurisdicción de la ley". Es un hecho obvio, pero a la vista de lo que sigue inmediatamente, es muy importante tenerlo presente.

"Lo que la ley dice" – La voz de la ley es la voz de Dios. La ley es la verdad, ya que fue pronunciada por la misma voz de Dios. En el pacto que Dios hizo con los judíos, relativo a los Diez Mandamientos, dijo de la ley: "Si diereis oído a mi voz …" (Éxo. 19:5). "Estas palabras [los Mandamientos] habló Jehová a toda vuestra congregación en el monte, de en medio del fuego, de la nube y de la oscuridad, a gran voz" (Deut. 5:22).

Por consiguiente, cuando la ley de Dios habla al hombre, es Dios mismo quien le habla. Satanás ha inventado un proverbio, induciendo a mucha gente a que lo crea. Consiste en que 'la voz del pueblo es la voz de Dios'. Constituye una parte de su gran mentira, mediante la cual hace que muchos se sientan por encima de la ley de Dios. Que todo aquel que ama la verdad sustituya esa falsificación de Satanás por la verdad de que 'la voz de la ley de Dios es la voz de Dios'.

Toda boca se calle – La ley habla para que toda boca se cierre. Así lo haría toda boca, sólo con que el hombre se apercibiese de que es Dios quien habla. Si el hombre se diese cuenta de que es Dios mismo el que habla en la ley, no estaría tan presto a cuestionar sus palabras, ni inventaría tantas excusas para dejar de obedecerla.

Cuando algún siervo del Señor lee la ley a las personas, éstas parecen frecuentemente pensar que es solamente a palabras de hombre a las que están dando oído, y sienten que es su privilegio opinar, debatir y objetar. Se dicen que aunque todo eso esté bien, no se sienten bajo la obligación de obedecer, o que no les parece aconsejable. Jamás se les ocurriría proceder de esa manera, si oyesen la voz de Dios hablándoles.

Pero cuando hoy se lee la ley, se trata de la voz de Dios tan ciertamente como al ser proclamada a los Israelitas, al pie del Sinaí. La gente abre ahora frecuentemente sus bocas contra ella, pero pronto llegará el momento en el que toda boca se cerrará, porque "Vendrá nuestro Dios, y no callará" (Sal. 50:3).

La jurisdicción de la ley – Lo que dice la ley, lo dice a los que están en su esfera o jurisdicción. ¿Para qué? "para que *toda boca* se tape, y que *todo el mundo* se sujete a Dios". ¿Hasta dónde alcanza, pues, la jurisdicción de la ley? Abarca a toda alma en el mundo. Nadie hay exento de obedecerla. Ni una sola alma deja de ser tenida por culpable. La ley es la norma de justicia, y "no hay justo, ni aun uno".

La ley no justifica – "Porque por las obras de la ley ninguna carne se justificará delante de él; porque por la ley es el conocimiento del pecado". Si el hombre fuese justificado por la ley, tendría que suceder una de estas dos cosas: o bien que no fuese culpable, o bien que la ley fuese una mala ley. Pero no sucede ninguna de las dos: la ley de Dios es perfectamente recta, y todo hombre pecador. "Por la ley es el conocimiento del pecado". Es evidente que la misma ley que declara a un hombre culpable, no puede declararlo justo. Por lo tanto, la verdad de que por las obras de la ley ninguna carne se justificará, se explica por sí misma.

Una razón doble – Hay dos razones por las que nadie puede ser justificado por la ley. La primera es que todos han pecado, por lo tanto, la ley debe continuar declarándolos culpables al margen de lo que pueda ser su vida en lo sucesivo. Nadie puede hacer más de lo que es su deuda con Dios, y no existe ninguna cantidad suficiente de buenas acciones que pueda cancelar una mala acción.

Pero más aún: los hombres no solamente han pecado, sino que son pecaminosos. "La intención de la carne es enemistad contra Dios;

porque no se sujeta a la ley de Dios, ni tampoco puede" (Rom. 8:7). "Porque la carne desea contra el Espíritu, y el Espíritu contra la carne. Los dos se oponen entre sí, para que no hagáis lo que quisierais" (Gál. 5:17). Por lo tanto, no importa lo mucho que un hombre pueda esforzarse por cumplir la justicia de la ley, nunca encontrará la justificación por medio de ella.

Justificación propia – Si uno fuese justificado por las obras de la ley, sería porque hizo siempre lo que la ley requiere. Observa que en ese caso sería él quien lo hace, y no la ley. No sería que la ley haga algo ella misma para justificar al hombre, sino que el propio hombre haría las buenas obras que se requieren. Eso significa que si un hombre fuese justificado por la ley, sería porque posee por naturaleza toda la justicia que la ley requiere. El que supone que puede obrar la justicia de la ley, demuestra con ello que cree ser tan bueno como Dios, puesto que la ley requiere la justicia de Dios y es una declaración de ella.

Se deduce pues, que el que piensa que puede ser justificado por la ley, se cree tan bueno que no necesita un Salvador. Todo el que se siente justo, poco importa su profesión, se está exaltando a sí mismo por encima de la ley de Dios, y por lo tanto se está identificando [en esencia] con el papado.

Justicia sin la ley – Dado que en la condición débil y caída del hombre nadie puede obtener la justicia a partir de la ley, es evidente que si es que alguien ha de obtenerla, habrá de ser a partir de alguna otra fuente que no sea la ley. Abandonado a sí mismo y a la ley, el hombre estaría realmente en una condición deplorable. Pero hay esperanza: "Ahora, aparte de toda ley, la justicia de Dios se ha manifestado". Eso revela al hombre un camino de salvación.

La justicia, manifestada – ¿Dónde? Precisamente allí donde más falta hacía que se manifestase: en el hombre, es decir, en una cierta clase que describe el versículo siguiente. Pero no tiene su origen en él. Las Escrituras nos han mostrado ya que del hombre no puede provenir ninguna justicia. La justicia de Dios se manifiesta en Jesucristo. Él mismo dijo, a través del profeta David: "Dios mío, me deleito en hacer tu voluntad, y tu Ley está en medio de mi corazón. Anuncié tu justicia en la gran congregación, no detuve mis labios, tú lo sabes, oh Eterno" (Sal. 40:8,9).

"Testificada por la ley" – Nunca supongas que en el evangelio puedes ignorar la ley de Dios. La justicia de Dios, que se manifiesta sin la ley, *es testificada por la ley*. Se trata de ese tipo de justicia de la que la ley da testimonio, y que aprueba. Tiene que ser así, ya que es la justicia que Cristo manifestó; y ésta provenía de la ley que estaba "en medio de [su] corazón". Así, aunque la ley de Dios no puede impartir justicia a ningún hombre, no deja de ser la norma de justicia. No puede haber justicia alguna que no resista la prueba de la ley. La ley de Dios debe poner su sello de aprobación sobre todo aquel que entre al cielo.

Testificada por los profetas – Cuando Pedro predicó a Cornelio y su familia sobre Cristo, dijo, "De él dan testimonio todos los profetas, de que todos los que creen en él, reciben el perdón de los pecados por su Nombre" (Hech. 10:43). Los profetas predicaron el mismo evangelio que los apóstoles (ver 1ª Ped. 1:12). Hay solamente un fundamento, que es "el fundamento de los apóstoles y profetas, siendo la principal piedra del ángulo Jesucristo mismo" (Efe. 2:20).

Eso nos lleva a otro concepto, en relación con la expresión "testificada por la ley". No es solamente que la ley *apruebe* la justicia que se manifiesta en Cristo, sino que además, la ley la *proclama*. La parte de las Escrituras genéricamente conocida como "la ley", es decir, los escritos de Moisés, predican a Cristo. Moisés fue profeta, de manera que testificó de Cristo. "Porque de mí escribió él" (Juan 5:46). Más aún, el mismo acto de dar la ley fue en sí mismo una promesa y seguridad de Cristo. Lo analizaremos en el capítulo quinto.

La justicia de Dios – Si bien es cierto que nadie puede encontrar pretexto para despreciar la ley de Dios en la expresión "sin la ley, la justicia de Dios se ha manifestado", también es cierto que aquel que ama esa ley no debe tener temor alguno de que la predicación de la justicia por la fe pueda llevar a una falsa justicia. Hay una salvaguarda contra ello en la afirmación de que esa justicia debe ser *testificada* por la ley, y sobre todo por la declaración de que esa justicia que se manifiesta aparte de la ley, es la justicia de Dios. ¡Nadie que tenga esa justicia debe temer estar en el error! Buscar el reino de Dios y su justicia es todo cuanto se requiere de nosotros en esta vida (Mat. 6:33).

"Por la fe de Jesucristo" – En otro lugar, Pablo expresa su deseo de que al venir el Señor, sea hallado "en él, no teniendo mi justicia, que es por la ley, sino la que es por la fe de Cristo, la justicia que es de Dios por la fe" (Fil. 3:9). Encontramos aquí una vez más "la fe de Cristo". Más aún, se dice de los santos: "aquí están los que guardan los mandamientos de Dios, y la fe de Jesús" (Apoc. 14:12). Dios es fiel (1ª Cor. 1:9) y Cristo es fiel, "él permanece fiel" (2ª Tim. 2:13). Dios da a cada uno una medida de fe (Rom. 12:3; Efe. 2:8).

Él nos imparte su propia fidelidad – Y lo hace dándose a sí mismo a nosotros. Así, no tenemos que obtener la justicia de nuestra propia manufactura, sino que para hacer el asunto doblemente seguro, el Señor nos imparte en Él mismo la fe, por medio de la cual nos apropiamos de su justicia. Así, la fe de Cristo trae la justicia de Dios, porque la posesión de esa fe es la posesión del Señor mismo. Esa fe es dada a todo hombre, de la misma forma en que Cristo se dio a sí mismo a todo hombre. ¿Te preguntas quizá qué es entonces lo que puede impedir que todo hombre sea salvo? Nada, excepto el hecho de que no todos los hombres guardarán la fe. Si cada uno guardase todo lo que Dios le da, todos serían salvos ("He peleado la buena batalla, he acabado la carrera, *he guardado la fe...*" 2ª Tim. 4:7).

Interior y exterior – Esta justicia de Dios, que es por la fe de Jesucristo, es puesta literalmente *en*, y *sobre* todo aquel que cree. La justicia propia del hombre, que es por la ley, está solamente en el exterior (Mat. 23:27,28). Pero Dios quiere la verdad en el interior (Sal. 51:6). "Estas palabras que yo te mando hoy, estarán sobre tu corazón" (Deut. 6:6). De esa forma, la promesa del nuevo pacto es, "Daré mi ley en sus entrañas, y escribiréla en sus corazones" (Jer. 31:33). Lo hace Dios, porque es imposible que el hombre lo haga. Lo máximo que puede hacer el hombre es una falaz exhibición de la carne para ganar el aplauso de sus semejantes. Dios, en cambio, pone su gloriosa justicia en el corazón.

Pero Él hace más que eso: cubre al hombre con ella. "En gran manera me gozaré en el Eterno, me alegraré en mi Dios; porque me vistió de vestidos de salvación, me rodeó de un manto de justicia" (Isa. 61:10). "Hermoseará a los humildes con salud" (Sal. 149:4). Ataviados con ese glorioso vestido, que no es meramente una pantalla exterior, sino la manifestación de lo que hay en el interior, la iglesia de Dios puede avanzar "hermosa como la luna, esclarecida como el sol, imponente como ejércitos en orden".

La justicia de la misericordia
Romanos 3:22-26

> *22| Porque no hay diferencia; 23| Porque todos pecaron, y están destituidos de la gloria de Dios; 24| Siendo justificados gratuitamente por su gracia, por la redención que es en Cristo Jesús; 25| a quien Dios puso como propiciación por medio de la fe en su sangre, para manifestar [declarar] su justicia para el perdón de pecados pasados, por la paciencia de Dios, 26| para declarar, digo, en este tiempo su justicia: para que él sea el justo, y el justificador de aquel que cree en Jesús.*

"No hay diferencia" – ¿En qué no hay diferencia? En la manera en la que los hombres reciben la justicia. Y ¿por qué no hay diferencia en la forma de justificar al hombre? Porque "todos pecaron". Cuando Pedro refirió a los judíos su experiencia en relación con su primera predicación del evangelio a los gentiles, dijo, "Y Dios, que conoce los corazones, les dio testimonio, dándoles el Espíritu Santo también como a nosotros; y ninguna diferencia hizo entre nosotros y ellos, purificando con la fe sus corazones" (Hech. 15:8,9). "Porque de dentro, del corazón de los hombres" no solamente de una determinada clase de hombres, sino de todos ellos, "salen los malos pensamientos, etc."

(Mar. 7:21). Dios conoce los corazones de los hombres, sabe que son pecadores por igual, por lo tanto, no hace ninguna diferencia en lo relativo al evangelio, ante unos u otros.

"De una sangre" – Esta es una de las lecciones que es más importante que aprenda el misionero, sea que trabaje en su entorno, o lejos de él. Puesto que el evangelio se basa en el principio de que no existe diferencia entre los hombres, es absolutamente primordial que el obrero evangélico reconozca el hecho, y lo mantenga siempre presente. "De una sangre ha hecho todo el linaje de los hombres, para que habitasen sobre toda la faz de la tierra" (Hech. 17:26). No es solamente que todos los hombres son de una sangre, sino que son también de "una carne" (1 Cor. 15:39). El objetivo principal de la carta a los Romanos, por lo considerado hasta aquí, es mostrar que en lo que se refiere al pecado y la salvación, no hay absolutamente diferencia alguna entre los hombres de la raza y condición de vida que sea. El mismo evangelio debe predicarse al judío y al gentil, al esclavo y al libre, al príncipe y al mendigo.

Destituidos – Literalmente, "faltos de la gloria de Dios" (N.T. *Interlineal*). Muchos suponen que las "faltas" no son tan malas como los pecados. Así, les resulta más fácil confesar que han cometido faltas, que confesar que han pecado y obrado impíamente. Pero dado que Dios requiere perfección, es evidente que las "faltas" son pecados. Resulta más presentable decir que a un contable se le han encontrado *faltas* en sus cuentas, pero la gente entiende que eso significa que se ha estado apropiando de aquello que no es suyo: es decir, ha estado robando. Cuando la norma es la perfección, poco importa que haya faltado mucho o poco, con tal que haya faltado. El significado primario de pecado es "errar el disparo". Y en una competición de tiro al arco, aquel que no tuvo las fuerzas para dar con su flecha en la diana, aunque la intención fuese la correcta, es un perdedor tan ciertamente como el que dispara muy desviado.

"La gloria de Dios" – El texto nos muestra que la gloria de Dios es su justicia. Observa, la razón por la que todos están destituidos de la gloria de Dios es porque todos han pecado. Esta claro que si no hubiesen pecado, no habrían estado destituidos de ella. El estar faltos de la gloria de Dios consiste en sí mismo en el pecado. El hombre estaba al principio coronado "de gloria y de honra" (Heb. 2:7) porque era recto. Al caer, perdió la gloria, por lo tanto debe ahora buscar "gloria y honra, e inmortalidad". Cristo pudo decir al Padre, "Yo, la gloria que me diste les he dado", ya que en Él está la justicia de Dios que ha concedido a todo hombre como un don gratuito. Recibir la justicia es de sabios, y "los sabios resplandecerán como el fulgor del firmamento".

"Siendo justificados" – En otras palabras, siendo hechos justos. Justificar significa hacer justo. Dios provee precisamente aquello de lo que el pecador carece. Nunca olvides lo que justificación sencillamente significa. Algunos suponen que el cristiano puede ocupar una posición mucho más elevada que la de ser justificado. Es decir, que uno puede estar en una condición superior a la de llevar el vestido interior y exterior de la justicia de Dios. Pero eso no es posible.

"Gratuitamente" – "El que quiere, tome del agua de vida de balde". Es decir, tómela como un don. Así, en Isaías 55:1, leemos: "A todos los sedientos: Venid a las aguas; y los que no tienen dinero, venid, comprad, y comed. Venid, comprad, sin dinero y sin precio, vino y leche".

Fue la carta a los Romanos la que propició la Reforma en Alemania. Se había enseñado a la gente a que creyese que la forma de obtener la justicia era comprándola, sea mediante arduo trabajo, o bien mediante el pago de dinero. La idea de que pueda comprarse con dinero no es hoy tan popular como entonces, pero muchos no católicos creen aún que es necesario hacer alguna obra a fin de obtenerla.

Cuando la oración se convierte en una obra – Cierto día estaba yo hablando con un hombre en relación con la justicia como un don gratuito de Dios. Mi interlocutor defendía la idea de que no podemos obtener nada del Señor sin hacer algo a cambio. Cuando le pregunté qué creía que debíamos hacer para ganar el perdón de los pecados, respondió que debemos orar para ello.

Es con ese concepto de la oración con el que los [católicos] romanos o los hindúes devotos "pronuncian" tantas oraciones al día, añadiendo algunas extra de vez en cuando, para quedar cubiertos ante posibles omisiones. Pero aquel que "pronuncia" una oración, no ora en realidad. La oración pagana, tal como ilustra la escena de los profetas de Baal dando saltos y provocándose heridas (1 Rey. 18:26-28), es una obra; mientras que la verdadera oración no lo es. Si alguien viene a mí diciéndome que se está muriendo de hambre, y yo le doy algo de comida, ¿qué te parece si al referir posteriormente el hecho, explicase que yo le hice obrar para obtener esa comida? ¿Cuál fue su obra? ¿Pedirla? ¿Podría alguien pensar realmente que "se ganó" aquella comida por el trabajo de pedirla? La verdadera oración es la aceptación agradecida de los dones gratuitos de Dios.

Redención en Jesucristo – Somos hechos justos "por la redención que es en Cristo Jesús", es decir, por el poder de rescatar que hay en Jesucristo. O como dice Efesios 3:8, por "las inescrutables riquezas de Cristo". Esa es la razón por la que lo recibimos como un don.

Alguno podrá decir que la vida eterna en el reino de Dios es algo demasiado grande como para sernos dada de balde. Es así en efecto, y como consecuencia debemos *comprarla*, pero dado que no tenemos nada con que pagarla, Cristo la ha comprado para nosotros, y nos la da gratuitamente en Él mismo. Pero si tuviésemos que comprarla de Él, entonces sería lo mismo que si la comprásemos nosotros directamente, prescindiendo de Él (ahorrándole con ello el trabajo). "Si por la ley fuese la justicia, entonces por demás murió Cristo" (Gál. 2:21). "Sabed que habéis sido rescatados de la vana conducta que recibisteis de vuestros padres, no con cosas corruptibles, como oro o plata, sino con la sangre preciosa de Cristo, como de un cordero sin mancha ni defecto" (1ª Ped. 1:18,19). La sangre es la vida (Lev. 17:11-17). Por lo tanto la redención que es en Cristo Jesús es su propia vida.

Propuesto por Dios – Dios ha establecido a Cristo para declarar su justicia. Puesto que la única justicia verdadera es la justicia de Dios, y Cristo es el único a quien Dios ha establecido para declararla al hombre, es evidente que no hay forma posible de obtenerla, de no ser mediante Él. "En ningún otro hay salud; porque no hay otro nombre debajo del cielo, dado a los hombres, en que podamos ser salvos" (Hech. 4:12).

En propiciación – Una propiciación es un sacrificio. La afirmación declara llanamente que Cristo ha sido establecido como sacrificio para la remisión de nuestros pecados. "Ahora, al final de los siglos, se presentó una sola vez para siempre, para quitar el pecado, por medio del sacrificio de sí mismo" (Heb. 9:26). Desde luego, la noción de sacrificio o propiciación implica la necesidad de apaciguar una ira o enemistad existente. Pero observa cuidadosamente que somos *nosotros* quienes necesitamos el sacrificio, no Dios. Él es quien *provee* el sacrificio. La noción de que es preciso "propiciar" la ira de Dios a fin de que podamos ser perdonados, no tiene cabida en la Biblia.

Constituye el colmo del absurdo el suponer que Dios está tan airado con los hombres que no los perdonará a menos que se provea algo que apacigüe su ira, y entonces ofrece el don de sí mismo (!), con el resultado de que se apacigua su ira. "A vosotros también, que erais en otro tiempo extraños y enemigos de ánimo en malas obras, ahora empero os ha reconciliado en el cuerpo de su carne por medio de muerte" (Col. 1:21,22).

Propiciación pagana y cristiana – La idea cristiana de propiciación es la que ya hemos expresado. La noción pagana, demasiado a menudo mantenida también por profesos cristianos, es que el hombre debe proveer un sacrificio para aplacar la ira de su dios. La adoración pagana consiste fundamentalmente en un chantaje hacia sus dioses, con el fin de lograr su favor. Si los paganos pensaban que sus dioses estaban muy enfadados con ellos, entonces ofrecían mayores sacrificios, hasta llegar al extremo de ofrecer sacrificios humanos. Pensaban, lo mismo que piensan hoy los adoradores de Siva, en la India, que a su dios le resultaba gratificante la visión de sangre.

La persecución que tuvo lugar en tiempos pasados – y hasta cierto punto también hoy– en países tenidos por cristianos, no es más que el fruto de esa noción pagana de propiciación. Los dirigentes eclesiásticos suponen que la salvación es por las obras, y que mediante ellas puede el hombre expiar el pecado, de forma que ofrecen a la persona que ellos creen en rebeldía, como sacrificio a su dios. No al verdadero Dios, a quien no satisfacen sacrificios tales.

La justicia, manifestada – Manifestar o declarar la justicia, es pronunciarla. Dios habla justicia al hombre, y éste es justo. Es el mismo método empleado en la creación. "Él dijo, y fue hecho". "Somos hechura suya, creados en Cristo Jesús para buenas obras, que Dios de antemano preparó para que anduviésemos en ellas" (Efe. 2:10).

La justicia de Dios en la redención – Cristo queda establecido para declarar la justicia de Dios para remisión de los pecados, a fin de que sea el justo y al mismo tiempo el que justifica al que cree en Jesús. Dios justifica a pecadores, ya que son los únicos necesitados de justificación. La justicia de declarar justo a alguien que es pecador radica en el hecho de que éste es realmente hecho justo. Cuando Dios declara algo, es así. Es hecho justo por la vida de Dios que se le da en Cristo.

El pecado lo es contra Dios, y si Él está dispuesto a perdonarlo, tiene todo el derecho de hacerlo así. Ni un incrédulo negaría a alguien el derecho a no tenerle en cuenta a otro una ofensa que éste le haya infligido. Pero Dios no pasa simplemente por alto la ofensa sino que da su propia vida como prenda. De esa forma exalta la majestad de la ley, y es justo al declarar justo a ese hombre que era antes un pecador. Se remite –se quita– el pecado del pecador, ya que pecado y justicia no pueden coexistir, y Dios pone su propia vida justa en el creyente. Dios es pues misericordioso en su justicia, y justo en su misericordia.

Llegamos ahora al final del tercer capítulo de Romanos. Vemos que la justicia es el don gratuito de Dios a todo aquel que cree. No es que Dios dé justicia al hombre como recompensa por creer ciertos dogmas; el evangelio es algo absolutamente distinto a eso. Sucede que la verdadera fe tiene a Cristo como a su único objeto, y trae realmente la vida de Cristo al corazón, por lo tanto, tiene que traer también su justicia.

Este acto de misericordia por parte de Dios es eminentemente justo, ya que el pecado va en primer lugar dirigido contra Dios, quien está en su pleno derecho de no tener en cuenta las ofensas contra Él. Además, es justo puesto que da su propia vida como expiación por el pecado, de forma que la majestad de la ley no es simplemente mantenida, sino magnificada. "La misericordia y la verdad se encontraron: La justicia y la paz se besaron" (Sal. 85:10). Dios es justo y es quien justifica al que cree en Jesús. Toda justicia procede solamente de Él.

Estableciendo la ley
Romanos 3:27-31

> *27| ¿Dónde pues está la jactancia? Es excluida. ¿Por cuál ley? ¿de las obras? No; mas por la ley de la fe. 28| Así que, concluimos ser el hombre justificado por fe sin las obras de la ley. 29| ¿Es Dios solamente Dios de los Judíos? ¿No es también Dios de los Gentiles? Cierto, también de los Gentiles. 30| Porque uno es Dios, el cual justificará por la fe la circuncisión, y por medio de la fe la incircuncisión. 31| ¿Luego deshacemos la ley por la fe? En ninguna manera; antes establecemos la ley.*

La jactancia, excluida – Puesto que la justicia es un don gratuito de Dios mediante Jesucristo, es evidente que nadie sensato puede jactarse de ninguna justicia en él mismo. "Porque por gracia habéis sido salvados por la fe. Y esto no proviene de vosotros, sino que es el don de Dios. No por obras, para que nadie se gloríe" (Efe. 2:8,9). "¿Quién te distingue? ¿Qué tienes que no hayas recibido? Y si lo recibiste, ¿por qué te glorías como si no lo hubieras recibido?" (1ª Cor. 4:7).

Lo que demuestra la jactancia – "He aquí se enorgullece aquel cuya alma no es derecha en él: mas el justo en su fe vivirá" (Hab. 2:4).

Por lo tanto, el orgullo es evidencia de un corazón pecaminoso. Supongamos, no obstante, que alguien se jactara de su justicia, como por ejemplo, cuando alguien dice que ha vivido tantos años sin pecar. ¿Qué dice la Biblia? "Si dijéremos que no tenemos pecado, nos engañamos a nosotros mismos, y no hay verdad en nosotros" (1ª Juan 1:8).

Pero ¿acaso la gracia y el poder de Dios manifestados en Cristo no nos limpian del pecado y nos guardan de él? Efectivamente, así es; pero solamente cuando en humildad nos reconocemos pecadores. "Si confesamos nuestros pecados, él es fiel y justo para que nos perdone nuestros pecados, y nos limpie de toda maldad" (1ª Juan 1:9). Si decimos que no tenemos pecado, esa misma declaración evidencia que lo tenemos; pero cuando con fe en la palabra del Señor reconocemos que somos pecadores, entonces la sangre de Cristo nos limpia de todo pecado. En el plan de la salvación no hay ningún lugar para el orgullo y la jactancia humana.

En el cielo no hay jactancia – El resultado de la jactancia en el cielo lo vemos en el caso de Satanás. En su día fue uno de los querubines cubridores sobre el trono de Dios. Pero comenzó a fijar su atención en su propia gloria y bondad, y la consecuencia fue su caída. "A causa de la multitud de tu contratación fuiste lleno de iniquidad, y pecaste: por lo que yo te eché del monte de Dios, y te arrojé de entre las piedras del fuego, oh querubín cubridor. Enalteciose tu corazón a causa de tu hermosura, corrompiste tu sabiduría a causa de tu resplandor" (Eze. 28:16,17).

Si los santos, después de la traslación, comenzaran a jactarse de su impecabilidad, vendrían a resultar tan impíos como lo fueran anteriormente. Pero tal cosa no sucederá jamás. Todos los que sean admitidos en el cielo habrán aprendido plenamente la lección de que Dios lo es todo en todos. Ni una sola voz, ni un solo corazón guardarán silencio al canto de alabanza, "Al que nos amó, y nos liberó de nuestros pecados con su sangre, e hizo de nosotros un reino, sacerdotes para su Dios y Padre; a él sea la gloria y el dominio por los siglos de los siglos. Amén".

La ley de las obras – La ley de las obras no excluye la jactancia. Si el hombre fuese justificado por las obras, tendría de qué jactarse sobre otro que teniendo idéntico privilegio no lo ejerciese. En ese caso, el justo podría jactarse sobre el impío, y la gente estaría continuamente comparándose con los demás para ver quién lo ha hecho mejor. La ley de las obras es solamente la forma de los Diez Mandamientos. La conformidad con la ley de las obras le permite a uno aparecer exteriormente como justo, mientras que el interior rebosa corrupción. Sin embargo, aquel que se atiene a la ley de las obras no es siempre necesariamente un hipócrita. Puede tener un deseo ardiente de guardar los mandamientos, mientras que está engañado al pensar que los puede obedecer por sí mismo.

La ley de la fe – Tiene por objeto el mismo fin que la ley de las obras, es decir, la obediencia a los mandamientos de Dios, pero el resultado es diferente. La ley de las obras engaña al hombre con una forma; la ley de la fe le proporciona la substancia. La ley de la fe es la ley "tal cual es en Jesús". La ley de las obras puede constituir un sincero deseo de guardar la ley; la ley de la fe es el cumplimiento real de tal deseo, mediante la redención que es en Cristo Jesús.

Los Diez Mandamientos tal como el Señor los da son una ley de fe, puesto que nunca fue su designio que se los tomase de otro modo. Dios nunca esperó que alguien pudiera obtener justicia a partir de ellos de otra forma que no fuese por la fe. La ley de las obras es la perversión humana de la ley de Dios.

Fe sin obras – "Así que, concluimos ser el hombre justificado por fe sin las obras de la ley". ¡No hay otra forma en la que el hombre pueda ser justificado! Ya hemos visto cómo todos los hombres son pecadores, y que nadie tiene en sí mismo el poder para obedecer la ley, al margen de lo fervientes que sean sus deseos. "Porque no los oidores de la ley son justos para con Dios, mas los hacedores de la ley serán justificados" (Rom. 2:13).

Pero "por las obras de la ley ninguna carne se justificará delante de él; porque por la ley es el conocimiento del pecado" (Rom. 3:20). Por lo tanto, todo el que sea justificado, o hecho justo, lo ha de ser solamente por la fe, totalmente aparte de las obras de la ley. Eso es de aplicación universal. Significa que la justificación, al principio, al final, y durante todo el proceso, es solamente por fe. El cristiano no puede ser justificado por las obras más de lo que puede serlo el pecador. Ningún hombre hay que pueda llegar a ser tan bueno y tan fuerte como para que sus propias obras le justifiquen.

Fe y obras – Pero eso no es lo mismo que decir que las obras no tienen nada que ver con la fe. Justificar significa hacer justo o recto. La justicia es la práctica del bien. La fe que justifica, por consiguiente, es la fe que convierte al hombre en un hacedor de la ley, o mejor dicho, que pone en él el ser hacedor de la ley. "Somos hechura suya, creados en Cristo Jesús para buenas obras, que Dios de antemano preparó para que anduviésemos en ellas" (Efe. 2:10). "Dios es el que en vosotros obra así el querer como el hacer" (Fil. 2:13). "Palabra fiel, y estas cosas quiero que afirmes, para que los que creen a Dios procuren gobernarse en buenas obras" (Tito 3:8). El hombre no es justificado por la fe y las obras, sino solo por la fe. Por la fe *que obra*.

Un Dios para todos – "Un Dios y Padre de todos" (Efe. 4:6). "De una sangre ha hecho todo el linaje de los hombres", "linaje de éste somos también" (Hech. 17:26,27). "No hay acepción de personas para con Dios" (Rom. 2:11). "Acepta al que es fiel y obra rectamente, de cualquier nación que sea" (Hech. 10:35). "La Escritura dice: Todo aquel que en él creyere, no será avergonzado. Porque no hay diferencia de Judío y de Griego: porque el mismo que es Señor de todos, rico es para con todos los que le invocan" (Rom. 10:11,12).

Un medio de justificación para todos – El hecho de que la justificación sea solamente por la fe, y de que Dios "ahora manda a todos los hombres en todo lugar, que se arrepientan" (Hech. 17:30), muestra que Dios tiene por iguales a los judíos y a los gentiles. No hay ninguna evidencia de que hubiese hecho jamás diferencia entre ellos. Un gentil creyente fue siempre contado por justo, y un judío incrédulo nunca fue considerado por el Señor como en nada mejor que cualquier otro incrédulo. Recuerda que Abraham, el padre de toda la nación judía, era caldeo. Los judíos estaban emparentados con los caldeos que permanecieron en su tierra nativa, tan ciertamente como lo estaban mutuamente entre ellos en la tierra de Canaán. Desafortunadamente lo olvidaron. Pero los judíos no son los únicos en el mundo que han olvidado que todos los hombres son sus hermanos. En Romanos 3:30, leemos "Hay un solo Dios, que justificará por la fe tanto a los circuncidados como a los incircuncisos". La palabra clave es "fe". Por medio, o a través de ella, son justificados unos y otros.

Anulando la ley – Anular o "deshacer" la ley no significa abolirla. Nunca se cuestiona la perpetuidad de la ley. Es tan evidentemente eterna que el apóstol Pablo jamás gasta el tiempo en argüir a propósito de eso. La cuestión radica únicamente en la manera en la que pueden cumplirse sus exigencias. El Salvador dijo que los judíos invalidaban el mandamiento de Dios mediante sus tradiciones. En lo que a ellos se refería, anulaban la ley. No hay hombre alguno que pueda, mediante acción alguna –o falta de acción– por su parte, abolir o afectar en la más mínima medida a la ley de Dios. La pregunta, por consiguiente, es: ¿Dejamos sin efecto la ley de Dios, debido a nuestra fe? O dicho de otra manera, ¿Lleva la fe a la transgresión de la ley? La respuesta es: "En ninguna manera".

Estableciendo la ley – Se aplica aquí lo dicho a propósito de dejar sin efecto la ley de Dios. Es decir, el hombre no puede hacer nada por convertir la ley en algo diferente de lo que realmente es. Es el fundamento del trono de Dios, y como tal subsistirá por siempre, a pesar de los demonios y de los hombres.

Pero a nosotros corresponde decidir si será desechada de nuestros corazones, o si se establecerá en ellos. Si elegimos que sea establecida en nuestros corazones, sólo tenemos que aceptar a Cristo por fe. La fe trae a Cristo a morar en el corazón (Efe. 3:17). La ley de Dios está en el corazón de Cristo (Sal. 40:8), por lo tanto, la fe que trae a Cristo al corazón, establece allí la ley. Y dado que la ley de Dios es el fundamento de su trono, la fe que establece la ley en el corazón, establece en él el trono de Dios. Y así es como Dios obra en el hombre: "Obra así el querer como el hacer, por su buena voluntad".

Capítulo 4

Creyendo en la maravillosa promesa de Dios

EL OBJETO último de estudiar pormenorizadamente cualquier libro de la Biblia es captar en su conjunto la idea principal que contiene. El segundo capítulo y la primera parte del tercero de Romanos nos han hecho ver que todos los hombres están en la misma deplorable condición. Contemplamos el aspecto luminoso en la última parte del capítulo tercero. Ahí se establece la gratuidad de la gracia de Dios en Cristo, como Salvador de los pecadores. Y ahora, en el cuarto capítulo, encontramos el argumento central en relación con la justificación por la fe.

La bendición de Abraham
Romanos 4:1-12

1| ¿Qué, pues, diremos que halló Abraham nuestro padre según la carne? 2| Que si Abraham fue justificado por las obras, tiene de qué gloriarse; mas no para con Dios. 3| Porque ¿qué dice la Escritura? Y creyó Abraham a Dios, y le fue atribuido a justicia. 4| Empero al que obra, no se le cuenta el salario por merced, sino por deuda. 5| Mas al que no obra, pero cree en aquel que justifica al impío, la fe le es contada por justicia. 6| Como también David dice ser bienaventurado el hombre al cual Dios atribuye justicia sin obras, 7| Diciendo: Bienaventurados aquellos cuyas iniquidades son perdonadas, y cuyos pecados son cubiertos. 8| Bienaventurado el varón al cual el Señor no imputó pecado. 9| ¿Es pues esta bienaventuranza solamente en la circuncisión,

> o también en la incircuncisión? porque decimos que a Abraham fue contada la fe por justicia. **10|** ¿Cómo pues le fue contada? ¿en la circuncisión, o en la incircuncisión? No en la circuncisión, sino en la incircuncisión. **11|** Y recibió la circuncisión por señal, por sello de la justicia de la fe que tuvo en la incircuncisión: para que fuese padre de todos los creyentes no circuncidados, para que también a ellos les sea contado por justicia; **12|** Y padre de la circuncisión, no solamente a los que son de la circuncisión, mas también a los que siguen las pisadas de la fe que fue en nuestro padre Abraham antes de ser circuncidado.

"Según la carne" – Abraham no era el padre o antecesor, según la carne, de todos aquellos a quienes Pablo dirigía su epístola. El tema propuesto a consideración es la justificación por le fe. Si puede ahora demostrarse que Abraham mismo no recibió la justicia según la carne, sino solamente por le fe, entonces todo quedará aclarado.

No cabe gloriarse – Si en el plan de la salvación hubiese lugar para una cosa tal como la justicia por las obras, entonces se daría el terreno propicio para la jactancia. Si alguien pudiese ser salvo por las obras, entonces lo podrían ser todos los hombres; y en ese caso, los que fuesen salvos podrían jactarse de su superioridad sobre el resto que se encuentra en circunstancias similares. Pero hemos visto ya que la jactancia queda excluida. "Lo necio del mundo escogió Dios, para avergonzar a los sabios; y lo flaco del mundo escogió Dios, para avergonzar lo fuerte; y lo vil del mundo y lo menospreciado escogió Dios, y lo que no es, para deshacer lo que es: para que ninguna carne se jacte en su presencia".

Gloriarse "en", o gloriarse "ante" – Si Abraham hubiese sido justificado por las obras, habría tenido de qué gloriarse; pero el hecho es que no pudo gloriarse ante Dios, como demuestran las palabras: "Abraham creyó a Dios, y le fue contado por justicia". Para que un hombre pudiera ser justificado por las obras se habría de demostrar que no ha cometido el mal. En ese caso no necesitaría fe; sus obras hablarían por sí mismas. Pero Abraham fue justificado por la fe, por lo tanto es evidente que no lo fue por ninguna obra suya. El que es justificado solamente por las obras de Dios, se gloriará únicamente en las obras de Él. Eso es gloriarse en Dios, que es lo opuesto a gloriarse ante Dios.

Pablo y Santiago – Es en este punto donde casi todos citan las palabras de Santiago, "¿No fue justificado por las obras Abraham nuestro padre, cuando ofreció a su hijo Isaac sobre el altar?" (Sant. 2:21). Desgraciadamente, el texto suele emplearse como si restase valor a las palabras de Pablo. Parece darse por sentado que existe contradicción entre Pablo y Santiago, y la simpatía se inclina de forma natural hacia éste último, ya que al hombre le satisface creer que hay algún mérito en sus propias obras, e imagina que eso es lo que Santiago enseña. Algunos creen que Santiago escribió con el propósito de corregir "las posiciones extremas" de Pablo sobre la justificación por le fe.

Haremos bien en desechar todas esas ideas necias e impías. Nadie puede esperar llegar a una comprensión provechosa de las Escrituras a menos que aborde su estudio con la convicción de que "toda la Escritura es inspirada por Dios". El Espíritu Santo no inspira en ningún caso palabras que necesiten ser posteriormente corregidas.

La fe obra – El problema de quienes leen de esa manera las palabras de Santiago, es que suponen que el apóstol intenta decir que Abraham fue justificado por sus propias obras de fe. "¿No ves que la fe obró con sus obras?" Ese es el sello perenne de la fe viviente, tal como muestra el apóstol, en perfecta coincidencia con la declaración del apóstol Pablo. El último versículo del tercer capítulo de Romanos nos dice que mediante la fe establecemos la ley.

El mismo término "justificación" muestra que esa fe cumple los requerimientos de la ley. La fe hace del hombre un cumplidor de la ley, ya que ese es el significado de la expresión "justificación por le fe". Así, en su epístola, Santiago nos informa de que las obras de Abraham demostraron la perfección de su fe. "Y fue cumplida la Escritura que dice: Abraham creyó a Dios, y le fue imputado a justicia". El apóstol Santiago enseña, por lo tanto, el mismo tipo de justificación que Pablo. En caso contrario, o bien el uno, o el otro, si es que no ambos, quedarían desacreditados como apóstoles. La única clase de justificación que la Biblia reconoce es la justificación por le fe que obra.

Deuda y merced – "Empero al que obra, no se le cuenta el salario por merced, sino por deuda". Es importante mantener presente cuál es el propósito de lo escrito aquí por Pablo. El tema es la manera en la que es justificado el hombre. Si alguien pudiese obrar para su justificación, la recompensa –la justicia– no sería un don o merced, sino el pago de una deuda. Eso suponiendo que pudiese existir alguna justicia por las obras: en tal caso, el hombre iría a Dios a reclamar lo que se le debe.

Pero ningún hombre puede poner al Señor bajo esa obligación hacia sí. "¿Quién le dio a él primero, para que le sea pagado?" (Rom. 11:35). Si uno pudiese hacer algo por el Señor que hiciese que Él estuviese obligado hacia nosotros, entonces todas las cosas no procederían de Él. Dicho de otra manera, la justificación por las obras se opone al hecho de que Dios es el Creador de todas las cosas. Y viceversa, el reconocimiento de Dios como Creador es el reconocimiento de que solamente de Él viene la justicia.

Justificando al impío – Dios justifica al impío. Sólo el impío está necesitado de justificación. Pero observa bien que Él no justifica la impiedad. Eso sería llamar bueno a lo malo, y negarse a sí mismo. Al contrario, lo que hace es justificar o hacer justo al impío, que es precisamente lo que éste necesita. Dios justifica al pecador que cree, haciéndolo un nuevo hombre en Jesucristo, y puede hacer eso y continuar siendo justo. Hacer un nuevo hombre en justicia está en perfecta armonía con su carácter de Creador.

No por las obras – "Mas al que no obra, pero cree en aquel que justifica al impío, la fe le es contada por justicia". Mantén presente que la justificación es el tema sometido a consideración. Cuando el apóstol habla del "que no obra", se refiere evidentemente al que no obra a fin de ser justificado. El hombre no es hecho justo por las obras, pero el hombre justo obra, aunque obre siempre por la fe. "El justo vivirá por la fe". Es la fe lo que le hace continuar viviendo en justicia. La realidad de las obras de la fe se hace más manifiesta en la última parte de este capítulo.

Descripción de la bienaventuranza – La bienaventuranza del hombre a quien Dios imputa justicia sin obras es la bienaventuranza del perdón de los pecados, y de la libertad del poder del pecado. Dios no imputará pecado a aquel que vive por la fe en Cristo, de manera que las obras de Cristo sean sus obras. "De la manera que habéis recibido al Señor Jesucristo, así andad en él... porque en Cristo habita corporalmente toda la plenitud de la Deidad... y vosotros estáis completos en Él" (Col. 2:6-10).

Bendiciones al judío y al gentil – La bendición alcanza por igual a la circuncisión y a la incircuncisión. Encontramos aquí una repetición de la verdad establecida en el tercer capítulo, consistente en que no hay diferencia por lo que respecta a la justificación. Abraham es el padre de la nación judía según la carne, pero la bendición que recibió, la recibió siendo aún incircunciso, como cualquier otro gentil. Por lo tanto puede ser el padre de ambos, judíos y gentiles. Recibió su bendición por la fe, de forma que "los de la fe son benditos con el creyente Abraham" (Gál. 3:9).

¿Cómo nos llega la bendición? – Hemos visto ya anteriormente que la bendición vino a Abraham mediante Cristo. El apóstol Pablo nos dice que "Cristo nos redimió de la maldición de la ley, hecho por nosotros maldición; (porque está escrito: Maldito cualquiera que es colgado en madero:) para que la bendición de Abraham fuese sobre los gentiles en Cristo Jesús; para que por le fe recibamos la promesa del Espíritu" (Gál. 3:13,14). Todo cuanto fue prometido a Abraham estaba contenido en la bendición descrita por David. Dios envió a su Hijo para bendecirnos, haciendo que nos convirtamos de nuestra maldad (Hech. 3:26). Es la cruz de Cristo la que transfiere las bendiciones de Abraham hacia nosotros. Las bendiciones son pues espirituales. Ninguna de las bendiciones prometidas a Abraham era meramente temporal. Eso evidencia que la herencia que se prometió a Abraham y a su simiente se refiere solamente a los que son hijos de Dios por la fe en Jesucristo.

La circuncisión nada es – La ventaja de los que son de la circuncisión es que a ellos les fueron encomendados los oráculos de Dios; pero eso no les vino mediante la circuncisión. La circuncisión era solamente una señal, no era la cosa en sí misma. Fue dada a Abraham como una constancia de la justicia por la fe que poseía ya previamente. Por lo tanto, tampoco pudo significar nada más para ningún otro. Si alguno de los que estaban circuncidados no poseía la justicia, entonces su circuncisión no significaba nada. "La circuncisión nada es, y la incircuncisión nada es; sino la observancia de los mandamientos de Dios" (1ª Cor. 7:19). Así, Abraham era el padre de los circuncidados, a condición de que no tuviesen solamente la mera señal externa, sino la justicia por la fe, que es lo verdaderamente necesario.

Todo en Cristo – Refiriéndose a Cristo, dice el apóstol, "todas las promesas de Dios son en él Sí, y en él Amén, por nosotros a gloria de Dios" (2ª Cor. 1:20). No hay promesa de Dios a hombre alguno, que no sea en Cristo.

La herencia y los herederos
Romanos 4:13-15

> *13| Porque no por la ley fue dada la promesa a Abraham o a su simiente, que sería heredero del mundo, sino por la justicia de la fe. 14| Porque si los que son de la ley son los herederos, vana es la fe, y anulada es la promesa. 15| Porque la ley obra ira; porque donde no hay ley, tampoco hay transgresión.*

¿Dónde está la promesa? – Una pregunta muy natural al leer el decimotercer versículo sería, '¿Dónde vemos una promesa en la que Abraham y su simiente tengan que ser herederos *del mundo*?' Muchos creen que el Antiguo Testamento no contiene una promesa tal. Pero no puede existir ninguna duda en cuanto a eso, ya que el apóstol dice que tal promesa existe. Si no la hemos hallado es por haber leído demasiado superficialmente el Antiguo Testamento, o bien con mentes condicionadas por opiniones preconcebidas. Si prestamos atención a las relaciones establecidas por Pablo, no tendremos dificultad en localizar la promesa.

¿De qué temas relacionados está hablando aquí el apóstol? De una herencia mediante la justicia de la fe, y también del hecho de que la circuncisión le fue dada a Abraham como señal de la justicia que tenía por la fe, por lo tanto como señal de la herencia que recibiría mediante ella.

¿En qué lugar del Antiguo Testamento encontramos el relato de la introducción de la circuncisión, y de una promesa dada en relación con ella? En el capítulo 17 del Génesis. Ese tiene pues que ser el buen sitio para buscar la promesa según la cual Abraham sería el heredero del mundo. Leámosla:

> "Y estableceré mi pacto entre mí y ti, y tu simiente después de ti en sus generaciones, por alianza perpetua, para serte a ti por Dios, y a tu simiente después de ti. Y te daré a ti, y a tu simiente después de ti, la tierra de tus peregrinaciones, toda la tierra de Canaán en heredad perpetua; y seré el Dios de ellos… Circuncidaréis pues la carne de vuestro prepucio, y será por señal del pacto entre mí y vosotros" (Gén. 17:7-11).

Quizá te estés diciendo: 'Sí, está claro que ahí hay una promesa; pero lo que estamos buscando es la promesa de que Abraham y su simiente heredarán *la tierra*, y no encuentro tal cosa en el pasaje. Todo lo que veo es una promesa de que heredarán la tierra de Canaán'.

Sin embargo, vamos por buen camino, y pronto veremos que esa es realmente la promesa de que Abraham y su simiente serán herederos del mundo. Tenemos que analizar los detalles de la promesa. Y primeramente debemos notar el hecho de que la herencia prometida es una herencia eterna.

Abraham mismo debería recibirla como una posesión eterna. Pero la única forma en la que ambos –Abraham y su simiente– pueden tener la posesión eterna de una herencia es recibiendo ellos mismos vida eterna. Vemos, por lo tanto, que en esa promesa a Abraham tenemos la seguridad de vida eterna con la que poder gozar la posesión.

Eso se hace todavía más evidente al considerar que la herencia es una herencia de justicia. "Porque no por la ley fue dada la promesa a Abraham o a su simiente, que sería heredero del mundo, sino por la justicia de la fe" (Rom. 4:13). Coincide precisamente con la promesa del capítulo diecisiete de Génesis, ya que ese pacto fue sellado mediante la circuncisión (versículo 11 de Génesis 17), y según Romanos 4:11, la circuncisión era el sello de la justificación por la fe.

Alguien puede decir que lo anterior no es algo evidente en el Antiguo Testamento, de manera que no se puede suponer que los judíos lo entendiesen así. Hoy disponemos del Nuevo Testamento, que arroja más luz sobre el hecho. Es cierto que en el estudio del Antiguo Testamento, debemos mucho al Nuevo, sin embargo, no hay en éste último ninguna revelación nueva. Solamente a partir del Antiguo Testamento, es posible comprender que la herencia prometida a Abraham y a su simiente lo fue solamente bajo la condición de la justicia por la fe.

Esa es la conclusión lógica a partir del hecho de que la herencia constituya una posesión eterna. Los judíos sabían bien que la vida eterna pertenece solamente a los justos. "El justo eternamente no será removido" (Prov. 10:30). "Los malignos serán talados, mas los que esperan en Jehová, ellos heredarán la tierra" (Sal. 37:9). "Los benditos de él heredarán la tierra; y los malditos de él serán talados" (versículo 22).

El quinto mandamiento dice: "Honra a tu padre ya tu madre, para que tus días sean largos en la tierra que el Señor tu Dios te da". La observancia de los mandamientos nunca ha hecho ninguna diferencia en la duración de la vida de los hombres en este mundo presente. Pero la herencia que Dios prometió a Abraham es la que será eterna por la justicia de sus poseedores.

La promesa y la resurrección – Otro punto de la promesa se registra en Génesis, si leemos con cuidado. La promesa era para Abraham y para su simiente. Ahora, Esteban declaró como un hecho bien conocido que Abraham ni siquiera puso un pie sobre la tierra prometida (Hechos 7:5). Podemos aprender esto del registro del Antiguo Testamento, porque se nos dice que tuvo que comprar a los cananeos, a quienes Dios había prometido expulsar, un lugar de tierra donde enterrar a su esposa. En cuanto a sus descendientes inmediatos, sabemos que moraron en tiendas de campaña, vagando de un lugar a otro, y que Jacob murió en la tierra de Egipto.

Aún más, leemos las palabras de David, cuyo reino se encontraba en la hora de la mayor prosperidad para los hijos de Israel en tierra de Canaán: "Oye mi oración, oh Jehová, y escucha mi clamor: No calles a mis lágrimas, porque peregrino soy para contigo, y advenedizo, como todos mis padres" (Sal. 39:12). En la oración de consagración de los dones al templo, con ocasión de la coronación de Salomón, lo vemos expresándose en términos similares (1ª Crón. 29:15).

Además, y aún más importante, tenemos las palabras de Dios a Abraham al hacerle la promesa. Después de haberle asegurado que le daría la tierra de Canaán a él y a su simiente, el Señor le dijo que su simiente habría de ser primeramente esclava en tierra extranjera. "Y tú vendrás a tus padres en paz, y serás sepultado en buena vejez. Y en la cuarta generación volverán acá" (Gén. 15:7,13-16). Sabemos pues que a Abraham se le dijo claramente que moriría antes de recibir herencia alguna en la tierra, y que al menos pasarían cuatrocientos años antes que su simiente pudiese heredarla.

Pero Abraham murió en la fe, y también su simiente. Dice Hebreos 11:13, "Conforme a la fe murieron todos éstos sin haber recibido las promesas, sino mirándolas de lejos, y creyéndolas, y saludándolas, y confesando que eran peregrinos y advenedizos sobre la tierra". Murieron en la fe, puesto que sabían que Dios no puede mentir. Pero puesto que la promesa de Dios debe cumplirse, y dado que no recibieron en esta vida la heredad prometida, la conclusión necesaria es que solamente puede obtenerse mediante la resurrección de los muertos.

Esa era la esperanza que sostuvo a los israelitas fieles. Abraham fue fiel en ofrecer a Isaac sobre el altar, debido a su fe en el poder de Dios para resucitar los muertos. Cuando Pablo estaba preso en razón de "la esperanza y la resurrección de los muertos" (Hech. 23:6) dijo, "y ahora, por la esperanza de la promesa que hizo Dios a nuestros padres, soy llamado en juicio; a la cual promesa nuestras doce tribus, sirviendo constantemente de día y de noche, esperan que han de llegar". Y entonces, para mostrar lo razonable de esa esperanza, le preguntó al rey Agripa, "¡Qué! ¿Júzgase cosa increíble entre vosotros que Dios resucite los muertos?" (Hech. 26:6-8).

La resurrección de Jesucristo es la prenda y garantía de la resurrección de aquellos que creen en Él (ver 1ª Cor. 15:13-20). Los apóstoles anunciaron "en Jesús la resurrección de los muertos" (Hech. 4:2). Y uno de ellos dice en beneficio nuestro, "Bendito el Dios y Padre de nuestro Señor Jesucristo, que según su grande misericordia nos ha regenerado en esperanza viva, por la resurrección de Jesucristo de los muertos, para una herencia incorruptible, y que no puede contaminarse, ni marchitarse, reservada en los cielos para nosotros que somos guardados en la virtud de Dios por fe, para alcanzar la salud que está aparejada para ser manifestada en el postrimero tiempo" (1ª Ped. 1:3-5).

Luego añade que esa fe se somete a prueba, a fin de que "sea hallada en alabanza, gloria y honra, cuando Jesucristo fuere manifestado". Y eso nos lleva a la conclusión del asunto, consistente en que la promesa hecha a Abraham y a su simiente de que serían herederos del mundo, es la promesa de la venida de Cristo.

El apóstol Pedro dice que es necesario recordarnos las palabras de los santos profetas, debido a que "en los postrimeros días vendrán burladores, andando según sus propias concupiscencias, y diciendo: ¿Dónde está la promesa de su advenimiento? porque desde el día en que los padres durmieron, todas las cosas permanecen así como desde el principio de la creación". Es decir, no creen para nada en la promesa.

Pero no razonan correctamente, ya que "ignoran voluntariamente que los cielos fueron en el tiempo antiguo, y la tierra que por agua y en agua está asentada, por la palabra de Dios; por lo cual el mundo de entonces pereció anegado en agua: Mas los cielos que son ahora, y la tierra, son conservados por la misma palabra, guardados para el fuego en el día del juicio, y de la perdición de los hombres impíos" (2ª Ped. 3:5-7).

Observa que la promesa no solamente tiene algo que ver con los padres, sino que afecta a toda la tierra. Los burladores aducen que desde que los padres durmieron, todas las cosas continúan como eran desde el principio de la creación. Pero el apóstol afirma que al pretender tal cosa, están cerrando los ojos al hecho de que la misma palabra que en el principio hizo los cielos y la tierra, destruyó también la tierra mediante el diluvio. De igual manera la tierra es ahora preservada por la misma palabra hasta el día del juicio y de la perdición de los impíos, cuando sea destruida por el fuego. Pero nosotros "según su promesa, esperamos un cielo nuevo y una tierra nueva, donde habita la justicia" (2ª Ped. 3:13).

¿Según qué promesa? – La promesa hecha a los padres, de que Abraham y su simiente heredarían la tierra. De acuerdo con el cómputo humano, ha pasado mucho tiempo desde que se hizo la promesa, pero "el Señor no tarda su promesa". No ha pasado tanto tiempo desde que la hizo, como para que la haya olvidado, ya que "un día delante del Señor es como mil años y mil años como un día". La razón por la que ha estado esperando tanto es porque no quiere que nadie perezca en el fuego que purificará la tierra, sino que todos procedan al arrepentimiento.

Así, vemos que tenemos en esa promesa un interés tan grande como el que Abraham mismo tenía. Esa promesa sigue todavía vigente, abierta a la aceptación de todos. Abarca toda una vida eterna de justicia en la tierra renovada, tal como era al principio. La esperanza de la promesa de Dios para los padres era la esperanza de la venida del Señor para resucitar a los muertos, y así otorgar la herencia

Cristo estuvo una vez aquí, en la tierra. Pero entonces no tenía la herencia más de lo que la tuvo Abraham. No tuvo dónde recostar su cabeza. Dios está ahora enviando a su Espíritu Santo para sellar a los creyentes para la herencia, lo mismo que hizo con Abraham. Cuando todos los fieles hayan sido sellados por el Espíritu, "enviará a Jesucristo, que os fue antes anunciado: al cual de cierto es menester que el cielo tenga hasta los tiempos de la restauración de todas las cosas, que habló Dios por boca de sus santos profetas que han sido desde el siglo" (Hech. 3:20,21).

Hemos visto lo que Abraham halló, y de qué manera lo halló. Hemos visto también lo que Dios nos ha prometido, al igual que a Abraham, si creemos su palabra. Dios ha prometido a todo aquel que cree en Él, nada menos que libertad del mundo. No se trata de algo arbitrario. No es que Dios nos haya dicho que si creemos ciertas declaraciones y dogmas nos dará a cambio una herencia eterna. La herencia es una herencia de justicia, y puesto que la fe significa recibir la vida de Cristo en el corazón, junto con su justicia, es evidente que no hay otra manera en la que se pueda recibir la herencia. Eso se hace más evidente al prestar atención a una expresión del versículo 15, que no habíamos considerado antes: "la ley obra ira".

De ahí que aquel que cree poder obtener la justicia a partir de la ley, está poniendo su confianza en aquello que lo destruirá. Dios ha prometido una tierra en herencia a todo el que la acepte con sus debidas condiciones, esto es, que acepte la justicia que viene con ella, puesto que dicha justicia es precisamente la característica de la tierra. "Cielos nuevos y tierra nueva, según sus promesas, en los cuales *mora la justicia*". Pero esa justicia puede hallarse únicamente en la vida de Dios manifestada en Cristo.

El que piensa que puede por sí mismo obtener justicia a partir de la ley, en realidad está intentando substituir la justicia de Dios por la suya propia. Está tratando de obtener la tierra de forma fraudulenta. Por lo tanto, cuando comparece ante el tribunal de juicio para reclamar su propiedad sobre la tierra, descubre que un cargo criminal pesa sobre él, y encuentra "ira" en lugar de bendición. "Donde no hay ley, tampoco hay transgresión". Pero ¡la ley está por doquiera!, y también la transgresión. Todos han pecado, de forma que la herencia no se puede obtener por la ley.

El gran gozo de creer la promesa
Romanos 4:16-25

16| Por tanto es por la fe, para que sea por gracia; para que la promesa sea firme a toda la simiente, no solamente al que es de la ley, mas también al que es de la fe de Abraham, el cual es padre de todos nosotros, 17| (Como está escrito: Que por padre de muchas gentes te he puesto) delante de Dios, al cual creyó; el cual da vida a los muertos, y llama las cosas que no son, como las que son. 18| Él creyó en esperanza contra esperanza, para venir a ser padre de muchas gentes, conforme a lo que le había sido dicho: Así será tu simiente. 19| Y no se enflaqueció en la fe, ni consideró su cuerpo ya muerto (siendo ya de casi cien años), ni la matriz muerta de Sara; 20| Tampoco en la promesa de Dios dudó con desconfianza: antes fue esforzado en fe, dando gloria a Dios, 21| Plenamente convencido de que todo lo que había prometido, era también poderoso para hacerlo. 22| Por lo cual también le fue atribuido a justicia. 23| Y no solamente por él fue escrito que le haya sido imputado; 24| Sino también por nosotros, a quienes será imputado, esto es, a los que creemos en el que levantó de los muertos a Jesús Señor nuestro, 25| El cual fue entregado por nuestros delitos, y resucitado para nuestra justificación.

"Firme a toda simiente" – Puesto que la herencia es por la justicia de la fe, viene a resultar igualmente segura para toda la simiente, e igualmente al alcance de todos.

La fe concede a todos la misma oportunidad, ya que la fe es tan fácil para una persona como para otra cualquiera. Dios repartió a cada uno "la medida de fe", la misma medida a todos, ya que la medida de la gracia es la medida de la fe, y "a cada uno de nosotros le ha sido dada la gracia conforma a la medida del don de Cristo" (Efe. 4:7). Cristo se ha dado sin reservas a todo hombre (Heb. 2:9). Puesto que se ha dado la misma medida de fe y de gracia a todo hombre, todos tienen la misma oportunidad de obtener la herencia.

Jesús es la garantía – La fe asegura la promesa a toda la simiente, ya que tiene a Cristo como único objeto, y Él es la garantía de las promesas de Dios (2ª Cor. 1:20). Leemos también acerca del juramento hecho por Dios, por el cual Jesús fue constituido sumo sacerdote. "Por eso, Jesús fue hecho fiador de un pacto mejor" (Heb. 7:22). Jesús no se dio solamente a una cierta clase, sino a todos sin distinción. "De tal manera amó Dios *al mundo*, que ha dado a su Hijo unigénito, para que todo aquel que en él cree, no se pierda, mas tenga vida eterna" (Juan 3:16). Leemos en Hebreos 2:9 que Jesús, por la gracia de Dios, gustó la muerte por todos. Jesús dice, "al que a mí viene, no le echo fuera" (Juan 6:37). Cristo mora en el corazón por la fe (Efe. 3:17). Puesto que Cristo es el fiador de la promesa, ésta es segura para todo aquel que cree.

El juramento hecho por Dios – Quizá puede parecerte algo atrevido el decir que el juramento por el que Jesús fue constituido sumo sacerdote es la garantía de la promesa hecha a Abraham. Pero un poco de reflexión te convencerá de que no puede ser de otra manera.

En el sexto capítulo de Hebreos leemos:

"Cuando Dios hizo la promesa a Abraham, no pudiendo jurar por otro mayor, juró por sí mismo, al decir: 'De cierto te bendeciré, y multiplicaré tus descendientes'... Cuando Dios quiso mostrar a los herederos de la promesa, la inmutabilidad de su propósito, interpuso un juramento; para que por dos actos inmutables, en los cuales es imposible que Dios mienta, tengamos un fortísimo consuelo, los que nos hemos refugiado en la esperanza propuesta. Esa esperanza es una segura y firme ancla de nuestra vida, que penetra más allá del velo, donde Jesús entró por nosotros como precursor, hecho Sumo Sacerdote para siempre, según el orden de Melquisedec".

Todo fue por nosotros – ¿Por qué confirmó Dios la promesa a Abraham mediante un juramento? Para que tengamos un fortísimo consuelo. No fue por Abraham, puesto que él creyó plenamente sin necesidad del juramento. Su fe se mostró perfecta antes que se hiciese el juramento. Fue por nosotros.

¿Cuándo nos da "fortísimo consuelo" ese juramento? Cuando corremos a refugiarnos en Cristo como sacerdote en el lugar santísimo. Ministra como sumo sacerdote más allá del velo, y es el juramento de Dios el que nos da ánimo para creer que su sacerdocio nos salvará. De forma que nuestro consuelo viene del sacerdocio de Cristo, y por lo tanto del juramento que lo constituyó sacerdote.

El juramento de Dios a Abraham fue idéntico al juramento que constituyó sumo sacerdote a Cristo. Eso muestra llanamente que la promesa de Dios a Abraham es tan abarcante como el evangelio de Cristo. Y es así como nuestro texto dice, referente a la justicia que le fue imputada a Abraham, "Y no solamente por él fue escrito que le haya sido imputado; sino también por nosotros, a quienes será imputado, esto es, a los que creemos en el que levantó de los muertos a Jesús Señor nuestro".

El poder de la palabra de Dios – Dios "llama las cosas que no son, como si fueran". Algunas veces el hombre hace eso mismo, pero entonces perdemos rápidamente la confianza en Él. Cuando el hombre llama a las cosas que no son como si fuesen, hay una sola palabra para definirlo: mentira. Pero Dios llama las cosas que no son como si fuesen, y es la verdad. ¿Dónde radica la diferencia? Sencillamente en esto: la palabra del hombre no tiene el poder para traer a la existencia algo que no existía antes. Puede insistir en que es así, pero eso no hace que así sea. Sin embargo, cuando Dios nombra algo, eso mismo está en la palabra pronunciada. Él habla, y el hecho ocurre. Es por ese poder de Dios que Abraham fue hecho el padre de muchas naciones, nuestro padre, si creemos que Jesús murió y resucitó.

Dando vida a los muertos – Es gracias al poder de la palabra de Dios, que llama las cosas que no son como si fueran, haciéndolas venir a la existencia, como son resucitados los muertos. Su palabra les hace vivir. Fue la fe de Abraham en la resurrección de los muertos la que le hizo el padre de muchas naciones. El juramento de Dios a Abraham tuvo lugar con ocasión del ofrecimiento de Isaac (Gén. 22:15-18). Y "por fe ofreció Abraham a Isaac cuando fue probado, y ofrecía al unigénito el que había recibido las promesas, habiéndole sido dicho:

En Isaac te será llamada simiente: Pensando que aún de los muertos es Dios poderoso para levantar; de donde también le volvió a recibir por figura" (Heb. 11:17-19).

La justicia y la resurrección de Jesús – La justicia que se imputó a Abraham, se nos imputará a nosotros también si creemos en Aquel que resucitó a nuestro Señor de los muertos. De eso se deduce que esa justicia le fue imputada a Abraham en razón de su fe en la resurrección de los muertos, que viene solamente por medio de Jesús (Hech. 4:2). Tal fue la predicación de los apóstoles: las promesas hechas a los padres. El poder por el que el hombre es hecho justo es el poder de la resurrección (Ver Fil. 3:9-11). Ese poder de la resurrección, que obra justicia en el hombre, es la seguridad de la resurrección final a la inmortalidad, en el día postrero, que es el momento en el que entra en su heredad.

Su fe no flaqueó – "ni al considerar su cuerpo ya muerto, siendo de casi cien años, ni el seno muerto de Sara". Es decir, después que Dios le hiciera la promesa, la plena conciencia de su debilidad y de todas las dificultades e imposibilidades aparentes, no lograron debilitar su fe. Para Dios no hay nada imposible, y nada es difícil para Él. Si alguna vez te sientes inclinado a dudar de la posibilidad de tu salvación, detente a considerar que Dios hizo el mundo por su palabra, y que Él resucita los muertos, y todo ello por el mismo poder por el que te salvará, así es, si lo quieres. Dudar del poder de Dios para librarnos de toda maldad es dudar de que Él creó todas las cosas por su palabra, y de que es capaz de resucitar a los muertos.

Capítulo 5

Gracia abundante

EN EL capítulo precedente vimos a Abraham como ilustración de la justicia por la fe. La fe que le fue imputada, fe en la muerte y resurrección de Cristo, nos traerá a nosotros la misma justicia, y nos hará herederos con él de la misma promesa. Pero el capítulo cuarto es en realidad un paréntesis a propósito de esa ilustración, de forma que el quinto comienza allí donde el tercero terminó:

> **1|** Justificados pues por la fe, tenemos paz para con Dios por medio de nuestro Señor Jesucristo: **2|** por el cual también tenemos entrada por la fe a esta gracia en la cual estamos firmes, y nos gloriamos en la esperanza de la gloria de Dios. **3|** Y no solo esto, mas aún nos gloriamos en las tribulaciones, sabiendo que la tribulación produce paciencia; **4|** y la paciencia, prueba; y la prueba, esperanza; **5|** y la esperanza no avergüenza; porque el amor de Dios está derramado en nuestros corazones por el Espíritu Santo que nos es dado. **6|** Porque Cristo, cuando aún éramos flacos, a su tiempo murió por los impíos. **7|** Ciertamente apenas muere alguno por un justo: con todo, podrá ser que alguno osara morir por el bueno. **8|** Mas Dios encarece su caridad para con nosotros, porque siendo aún pecadores, Cristo murió por nosotros. **9|** Luego mucho más ahora, justificados en su sangre, por él seremos salvos de la ira. **10|** Porque si siendo enemigos, fuimos reconciliados con Dios por la muerte de su Hijo, mucho más, estando reconciliados, seremos salvos por su vida.

La fe obra justicia real – El primer versículo del quinto capítulo comienza con "pues". La palabra indica que lo que sigue es una conclusión natural de lo que va antes. ¿Qué ha pasado antes? La historia de lo que Abraham obtuvo por fe. Obtuvo la justicia por fe, pero fue por fe en la promesa de que debía tener un hijo. Ese hijo era hijo de la fe. Pero la misma fe que resultó en el nacimiento de Isaac, también trajo la justicia a Abraham. Y lo mismo nos será imputado, si tenemos la misma fe. Por lo tanto, se nos enseña que la justicia de la fe es tan real como lo fue el hijo que nació de Abraham a través de la fe. La justicia por la fe no es un mito.

¿Qué es paz? – Muchos tienen la idea de que se trata de algún tipo de éxtasis. Piensan que la paz con Dios debe consistir en alguna clase de sentimiento celestial indescriptible, de forma que van siempre a la búsqueda de esa excitación sentimental como evidencia de que son aceptos por Dios.

Pero la paz con Dios significa lo mismo que la paz con el hombre: es sencillamente ausencia de guerra. Como pecadores, somos enemigos de Dios. Él no es nuestro enemigo, pero nosotros somos sus enemigos. Él no lucha contra nosotros, pero nosotros sí lo hacemos contra Él. ¿Cómo podemos llegar a tener paz con Él? Sencillamente dejando de luchar, deponiendo nuestras armas. Podemos hallar la paz en el momento en que estemos dispuestos a dejar de combatir contra Él.

"Paz para con Dios" – Observa que cuando tenemos paz para con Dios, no es solamente que estemos en paz con Él, sino que además tenemos su paz. Esa paz ha sido depositada en la tierra en beneficio del hombre, ya que dijo el Señor, "La paz os dejo, mi paz os doy" (Juan 14:27). Él nos la ha dado, por lo tanto, ya es nuestra. Siempre fue nuestra. El único problema es que no lo hemos creído así. Tan pronto como creemos las palabras de Cristo, tenemos verdaderamente la paz que Él dio. Y se trata de paz con Dios, ya que encontramos la paz en Cristo, "que está en el seno del Padre" (Juan 1:18).

Paz y justicia – "Mucha paz tienen los que aman tu ley" (Sal. 119:165). "¡Ojalá miraras tú a mis mandamientos! fuera entonces tu paz como un río, y tu justicia como las ondas de la mar" (Isa. 48:18). La justicia es paz, ya que nuestra lucha contra el Señor consistía en los pecados que acariciábamos. La vida de Dios es justicia, y Él es el Dios de paz. Puesto que la enemistad es la mente carnal y sus malas obras, la paz debe de ser lo opuesto, es decir, la justicia. Debido a eso, la afirmación de que al ser justificados por la fe tenemos paz para con Dios, no deja de ser la constatación de un hecho obvio. La justicia que nos es dada por la fe, trae con ella la paz. Es imposible separar ambas cosas.

Paz *versus* sentimientos – ¿Puede uno tener paz para con Dios, sin tener el sentimiento de la paz? ¿Qué responde la Escritura? "Justificados pues por la fe, tenemos paz para con Dios". ¿Qué trae la paz? La fe. Pero la fe no es un sentimiento. Si la paz debiera ir siempre acompañada de un determinado sentimiento, entonces podríamos saber que no estábamos justificados, en el caso de carecer de tal sentimiento. De esa manera, la justificación vendría a ser una cuestión de sentimientos, y no de fe. Los versículos que siguen a continuación nos indican que podemos tener paz en medio de las tribulaciones, tanto como cuando todo va bien.

Nos gloriamos en las tribulaciones – No dice que debamos procurar el martirio, como dedujeron algunos en los primeros siglos. Lo que dice es que en medio de las tribulaciones, nuestra paz y gozo continúan imperturbables. No puede ser de otra manera con la paz que viene por la fe. La paz que depende del sentimiento, nos abandonará tan pronto como comience la tribulación. Pero nada puede alterar la paz que viene de la fe. "Estas cosas os he hablado para que en mí tengáis paz. En el mundo tendréis aflicción: mas confiad, yo he vencido al mundo" (Juan 16:33).

La tribulación produce paciencia – ¿Qué es la paciencia? Es resistir el sufrimiento. La palabra "paciencia" está etimológicamente relacionada con el sufrimiento. Cuando alguien está enfermo decimos que es un "paciente". En otras palabras, es un sufriente. La gente excusa a menudo su mal genio diciendo que tiene tanto y tanto que soportar. Muchos creen que serían pacientes en el caso de que su sufrimiento fuera menos intenso. Pero no. No lo serían. No puede haber paciencia donde no hay sufrimiento. La tribulación no destruye la paciencia, sino que la desarrolla.

Cuando la aflicción parece acabar con la paciencia de alguien, en realidad se está demostrando que esa persona no tenía paciencia.

¿Cuándo obra? – El versículo dice que la tribulación produce paciencia. Sin embargo, muchos se irritan en proporción directa con la tribulación que padecen. En ellos no produce paciencia. ¿Por qué? Sencillamente porque no están en la situación que el apóstol describe. Es solamente en los que están justificados por la fe en los que la tribulación produce paciencia. Nada que no sea la fe en Dios puede mantenerle a uno perfectamente paciente bajo cualquier circunstancia.

¿Obrará siempre? – Sí, invariablemente. Quizá te estés diciendo, 'estoy seguro de que todos llegarían a ser impacientes si tuvieran que resistir tanto como yo tengo que sufrir'. Permíteme que te pregunte: ¿Llegaría Cristo a estar impaciente si tuviera que resistir tanto como lo que tú tienes que sufrir? ¿Acaso no sufrió eso, y mucho más? Habrás de admitir que sí. ¿Acabó por mostrar impaciencia? "Angustiado y afligido, no abrió su boca" (Isa. 53:7). Por lo tanto, si estuviese en tu lugar, Cristo sería paciente. ¿Por qué no le permites, pues, que esté en tu lugar?

La fe trae a Cristo al corazón, de manera que se identifica con nosotros y lleva así las cargas. "Echa sobre Jehová tu carga, y él te sustentará" (Sal. 55:22).

"Toda paciencia" – No hay límites a la paciencia que viene por la fe en Cristo. "Que andéis como es digno del Señor, agradándole en todo, llevando fruto en toda buena obra, y creciendo en el conocimiento de Dios; fortalecidos con todo poder, conforme a la potencia de su gloria, para toda paciencia y longanimidad; con gozo dando gracias…" (Col. 1:10-12). Es decir, podemos ser hasta tal punto fortalecidos por el glorioso poder por el que Cristo resistió el sufrimiento, que podemos manifestar toda paciencia, incluso bajo el peor sufrimiento, y podemos alegrarnos en medio de éste.

"La paciencia produce un carácter aprobado" – ¿Aprobado en qué? En la paz de Dios mediante nuestro Señor Jesucristo.

Muchos confunden la experiencia cristiana con la profesión de cristianismo. Refieren haber vivido tantos años de "experiencia cristiana", mientras que puede muy bien ser que no hayan experimentado realmente jamás la bendición de la vida de Cristo, sino que se tratase de una mera profesión de religión. La experiencia genuina significa la demostración del poder de la vida de Cristo. Cuando alguien posee esa experiencia, ese "carácter aprobado", no le resultará difícil compartir algo de ella, al presentarse la ocasión.

No avergüenza – La esperanza no avergüenza. ¿Por qué? Porque el amor de Dios está derramado en nuestros corazones. "Ahora, hijos, permaneced en él, para que cuando aparezca, tengamos confianza, y no nos avergoncemos ante él en su venida" (1ª Juan 2:28). "En esto se perfecciona el amor en nosotros, para que tengamos plena confianza en el día del juicio. Porque como él es, así somos nosotros en este mundo" (1ª Juan 4:17). No puede haber día de mayor prueba que el día del juicio. Por lo tanto los que en esa ocasión no estén avergonzados ni atemorizados, manifestarán ahora confianza. Y el que está confiado ante Dios, no tiene ciertamente nada que temer del hombre.

"El amor de Dios" – La razón por la que la esperanza no avergüenza, es que el amor de Dios está derramado en nuestros corazones por el Espíritu Santo. Observa que no se trata de amor a Dios, sino del amor *de* Dios. ¿En qué consiste el amor de Dios? "Este es el amor de Dios, que guardemos sus mandamientos" (1 Juan 5:3). El Espíritu Santo, por consiguiente, pone en nuestros corazones la obediencia a la ley de Dios, y eso es lo que nos da confianza en el día del juicio, y en todos los demás días. Es el pecado el que produce temor en el hombre. Al ser quitado el pecado, el temor desaparece. "Huye el impío sin que nadie lo persiga, pero el justo está confiado como un león" (Prov. 28:1).

Cristo murió por los impíos – "Palabra fiel y digna de ser recibida de todos: que Cristo Jesús vino al mundo para salvar a los pecadores, de los cuales yo soy el primero" (1ª Tim. 1:15). "Éste recibe a los pecadores" (Luc. 15:2). Extraña cosa que la gente permita que el sentido de su pecaminosidad los mantenga apartados del Señor, dado que Cristo vino precisamente a fin de recibirlos y salvarlos. Puede salvar eternamente a los que por medio de Él se allegan a Dios (Heb. 7:25), y les dice: "al que viene a mí, nunca lo echo fuera" (Juan 6:37).

"Cuando aún éramos débiles" – Fue cuando todavía éramos débiles que Cristo murió por los impíos. Así hubo de ser, pues era su propósito el que fuésemos fortalecidos con poder en el hombre interior por su Espíritu. Si hubiese esperado a que adquiriésemos cierta fortaleza antes de darse por nosotros, estaríamos perdidos. ¿Cuándo éramos aún débiles? Precisamente ahora, y ahora se nos presenta a Cristo, como crucificado entre nosotros (Gál. 3:1). "Volveos a mí y sed salvos... de mi boca ha salido la justicia... jurará toda lengua, diciendo: Sólo en Yahveh tengo salvación y fuerza" (Isa. 45:23,24 Versión *Cantera Iglesias*).

"Justo" y "bueno" – "Ciertamente apenas muere alguno por un justo: con todo, podrá ser que alguno osara morir por el bueno". En nuestro lenguaje es difícil la distinción entre los dos términos. El hombre justo es el que es recto, el que da escrupulosamente a cada uno lo que le debe. El bueno es el que es benevolente, el que nos ha hecho muchos favores, el que hace por nosotros más de lo que estrictamente merecemos. Pues bien, por más justo que un hombre pueda ser, su integridad de carácter difícilmente llevará a alguien a morir por él. Pero es posible que alguien estuviese dispuesto a morir por un hombre caracterizado por su gran bondad.

El mayor amor – Esa es la medida más alta de amor entre los hombres. Que uno pueda dar su vida por sus amigos, "pero Dios nos muestra su amor hacia nosotros, en que, siendo aún pecadores", y por lo tanto enemigos, "Cristo murió por nosotros". "Porque el amor de Dios es más amplio que la medida de la mente del hombre, y el corazón del Eterno es maravillosamente bueno".

Reconciliados por su muerte – Dios no es nuestro enemigo, pero nosotros somos o hemos sido enemigos de Él. Por lo tanto, no necesita reconciliarse con nosotros, pero necesitamos reconciliación con Él. Y Él mismo, en la bondad de su corazón, hace la reconciliación.

Nosotros "somos hechos cercanos por la sangre de Cristo". Efe. 2:13. ¿Cómo es eso? Porque fue el pecado el que nos separó de Él, y nos hizo enemigos; y "la sangre de Jesucristo su Hijo nos limpia de todo pecado". 1ª Juan 1: 7. Al ser limpiados del pecado, debemos reconciliarnos necesariamente con Dios.

El don de la vida – "La vida de la carne en la sangre está". "La vida de toda carne es su sangre" (Lev. 17:11,14). Puesto que Cristo derramó su sangre *por* nosotros, dio su vida por nosotros. Pero puesto que su sangre nos es aplicada a nosotros, para limpiarnos de todo pecado, nos da su vida a nosotros. Por lo tanto, en la muerte de Cristo, si somos crucificados con Él, recibimos su vida a cambio de la nuestra pecaminosa, que Él toma sobre sí. Por la fe en su sangre se nos remiten los pecados, no como un gesto arbitrario, sino por que mediante la fe intercambiamos nuestra vida con la suya, y esa vida que recibimos a cambio no tiene pecado. Nuestra vida pecaminosa queda absorbida en su vida infinita, puesto que Él tiene vida tan abundante que puede morir por nuestras transgresiones, y vivir de nuevo para darnos la vida a nosotros.

"Salvos por su vida" – Cristo no conoció en vano los horrores de la muerte, ni dio su vida por nosotros con la intención de retirarla después. Al darnos su vida, lo hizo para que la tuviéramos por siempre. ¿Cómo la recibimos? Por la fe. ¿Cómo la conservamos? Por la misma fe. "De la manera que habéis recibido al Señor Jesucristo, andad en él" (Col. 2:6). Su vida nunca puede terminar, pero podemos perderla por nuestra incredulidad.

Recordemos que no tenemos esa vida en nosotros mismos, sino que "esta vida está en su Hijo". "El que tiene al Hijo, tiene la vida: el que no tiene al Hijo de Dios, no tiene la vida" (1ª Juan 5:11,12). Tenemos la vida eterna teniendo a Cristo. Es de lógica que si hemos sido reconciliados con Dios por la muerte de Cristo, si se nos ha dado su vida para remisión de nuestros pecados, ¡cuánto más seremos salvos por esa vida que ha resucitado de los muertos!

A veces algunos dicen que pueden creer en que Dios perdona sus pecados, pero encuentran difícil creer que Él los puede guardar del pecado. Pero si alguna cosa es más fácil que otra, es esta última, puesto que el perdón de pecados requiere la muerte de Cristo, mientras que salvarnos de nuestros pecados solamente su vida continua.

¿Cuál es la vida por la que somos salvos? – Por la vida de Cristo, y Él tiene solamente una. Él es "el mismo ayer, y hoy, y por los siglos" Heb. 13: 8. Es por su vida presente que somos salvos, es decir, por su vida en nosotros de día en día. Pero la vida que ahora vive es la misma vida que vivió en Judea hace mil ochocientos años. Tomó de nuevo la misma vida que él puso. Piensa lo que había en la vida de Cristo, como tenemos el registro en el Nuevo Testamento, y sabremos lo que debería ser en nuestras vidas ahora. Si le permitimos morar en nosotros, vivirá como lo hizo entonces. Si hay algo en nuestras vidas que no estaba entonces en el suyo, podemos estar seguros que él no lo está viviendo en nosotros ahora..

Una serie de contrastes
Romanos 5:12-19

12| De consiguiente, vino la reconciliación por uno, así como el pecado entró en el mundo por un hombre, y por el pecado la muerte, y la muerte así pasó a todos los hombres, pues que todos pecaron. 13| Porque hasta la ley, el pecado estaba en el mundo; pero no se imputa pecado no habiendo ley. 14| No obstante, reinó la muerte desde Adam hasta Moisés, aun en los que no pecaron a la manera de la rebelión de Adam; el cual es figura del que había de venir. 15| Mas no como el delito, tal fue el don: porque si por el delito de aquel uno murieron los muchos, mucho más abundó la gracia de Dios a los muchos, y el don por la gracia de un hombre, Jesucristo. 16| Ni tampoco de la manera que por un pecado, así también el don: porque el juicio a la verdad vino de un pecado para condenación, mas la gracia vino de muchos delitos para justificación. 17| Porque, si por un delito reinó la muerte por uno, mucho más reinarán en vida por uno sólo, Jesucristo, los que reciben la abundancia de la gracia, y el don de la justicia. 18| Así que, de la manera que por un delito

> vino la culpa a todos los hombres para condenación, así por una justicia vino la gracia a todos los hombres para justificación de vida. **19|** *Porque como por la desobediencia de un hombre los muchos fueron constituidos pecadores, así por la obediencia de uno los muchos serán constituidos justos.*

Alegría en Dios - El versículo undécimo debería haber sido incluido en la lección de la semana pasada, ya que el pensamiento es el mismo que en los versículos anteriores. Por la misma vida por la cual recibimos la reconciliación y la salvación, "Y no sólo esto, sino que también nos alegramos en Dios por el Señor nuestro Jesucristo,...". La vida de Cristo es una vida gozosa. Cuando David cayó, él oró, "Vuélveme el gozo de tu salvación; y el espíritu libre me sustente", Salm. 51:12. El brillo de los cielos, la belleza de la infinita variedad de flores con las que Dios viste la tierra y los alegres cantos de las aves, indican que Dios se deleita en alegría y belleza. El brillo y el canto no son sino las expresiones naturales de su vida. "...En ti se regocijen los que aman tu nombre" (Sal. 5:11).

Posiblemente no haya en Romanos un pasaje más difícil de comprender que el de los versículos 12 al 19. Eso es debido a la existencia de un tan largo paréntesis en medio de la afirmación principal, junto a la repetición de una expresión recurrente. En nuestro estudio no nos detendremos en cada detalle, sino que prestaremos atención a la idea principal presente a lo largo del razonamiento. A ti corresponde la posterior lectura y estudio pormenorizados.

Principios fundamentales – En el versículo 12, el apóstol retrocede hasta el mismo principio. "El pecado entró en el mundo por un hombre, y por el pecado la muerte, y la muerte así pasó a todos los hombres, pues que todos pecaron". Nunca puede haber ninguna presentación del evangelio, si estos hechos son ignorados.

Muerte debida al pecado – La muerte entró por el pecado, porque el pecado es muerte. El pecado, cuando se desarrolló plenamente, engendró la muerte (Sant. 1:15). "La inclinación de la carne es muerte" (Rom. 8:6). "El aguijón de la muerte es el pecado" (1ª Cor. 15:56). De no haber pecado, no podría existir la muerte. El pecado lleva [el veneno de] la muerte en su seno. No fue un acto arbitrario de Dios el que la muerte viniese como consecuencia del pecado: no podía ser de otra manera.

Justicia y vida – "La inclinación del Espíritu es vida y paz" (Rom. 8:6). "Ninguno es bueno sino uno, es a saber, Dios" (Mat. 19:17). Él es la bondad misma. La bondad es su vida. La justicia es simplemente la manera de ser de Dios, por lo tanto, justicia es vida. No se trata meramente de una concepción de lo que es recto o justo, sino de la rectitud o justicia misma. La justicia es activa. De la misma manera que el pecado y la muerte son inseparables, lo son también la justicia y la vida. "Mira, yo he puesto delante de ti hoy la vida y el bien, la muerte y el mal" (Deut. 30:15).

La muerte pasó a todos los hombres – Observa la justicia en esto: La muerte pasó a todos los hombres, "pues que todos pecaron". "El alma que pecare, esa morirá: el hijo no llevará por el pecado del padre, ni el padre llevará por el pecado del hijo: la justicia del justo será sobre él, y la impiedad del impío será sobre él" (Eze. 18:20). Y es también una consecuencia necesaria del hecho de que el pecado lleva la muerte en sí mismo, y la muerte no puede venir de ninguna otra manera que no sea por el pecado.

La conclusión – El versículo 12 comienza una afirmación que no se completa allí. Los versículos 13 al 17 constituyen un paréntesis, debiendo avanzar hasta el 18 para llegar a la conclusión. Pero dado que tras tan largo paréntesis se pierde fácilmente el hilo de la primera parte de la declaración, el apóstol repite la esencia de la misma, a fin de que podamos percibir la fuerza de la conclusión. De forma que la primera parte del versículo 18 es paralela al versículo 12. "Así como el pecado entró en el mundo por un hombre, y por el pecado la muerte, y la muerte así pasó a todos los hombres… para condenación", la conclusión es que "así por una justicia vino la gracia a todos los hombres para justificación de vida".

El reino de la muerte – "Reinó la muerte desde Adam hasta Moisés". Eso no significa que no reinase de igual manera a partir de Moisés. Lo que se destaca con esa expresión es que Moisés representa la introducción de la ley. "La ley por Moisés fue dada" (Juan 1:17). Puesto que la muerte reina por el pecado, y no se imputa pecado allí donde no hay ley, es evidente que la ley estaba en el mundo antes del Sinaí, tanto como después de él. "El aguijón de la muerte es el pecado, y la potencia del pecado, la ley" (1ª Cor. 15:56). Donde no hay ley, no se puede imputar el pecado, y allí donde hay pecado, reina la muerte.

Adán como figura – "No obstante, reinó la muerte desde Adán hasta Moisés, aun en los que no pecaron a la manera de la transgresión de Adán; el cual es figura del que había de venir". ¿Cómo es Adán una figura de El que iba a venir, a saber, Cristo? Así como los siguientes versículos indican, es decir, Adán era una figura de Cristo en que su acción involucró a muchos más que a sí mismo.

Es evidente que Adán no podía dar a sus descendientes ninguna naturaleza superior a la que él mismo tenía, por lo que el pecado de Adán hizo inevitable que todos sus descendientes nacieran con naturalezas pecaminosas. Sin embargo, la sentencia de muerte no les pasa por eso, sino porque han pecado.

Una figura por contraste – Adán es una figura de Cristo, pero sólo por contraste. "No como el delito, tal fue el don gratuito". A través de la ofensa de uno muchos están muertos; pero por la justicia de Uno, muchos reciben la vida". El juicio fue por uno a condenación, pero el don gratuito es de muchas ofensas para justificación". Porque si por la ofensa de un hombre la muerte reinó por uno; mucho más los que reciben abundancia de gracia y del don de justicia, reinarán en la vida por Uno, Jesucristo". Todo el que ha venido a través de la caída de Adán se ha deshecho en Cristo, o, mejor aún, todo el que fue perdido en Adán, es restaurado en Cristo.

"Mucho más" – Podemos considerar que es esa la expresión clave del capítulo. No solamente queda restaurado en Cristo todo lo que se perdió en Adán, sino "mucho más". "Si siendo enemigos, fuimos reconciliados con Dios por la muerte de su Hijo, mucho más, estando reconciliados, seremos salvos por su vida".

Y no hay ninguna posibilidad de encontrar fallas en el hecho inevitable de que somos herederos de una naturaleza pecaminosa a través de Adán. No podemos quejarnos de que somos tratados injustamente. Es verdad que no tenemos la culpa de tener una naturaleza pecaminosa, y el Señor reconoce el hecho. Así que Él provee que así como en Adán fuimos hechos partícipes de una naturaleza pecaminosa, así también en Cristo seremos hechos partícipes de la naturaleza divina

Pero "mucho más" – "Porque si por la ofensa de un hombre reinó la muerte por uno, mucho más los que reciben abundancia de gracia y de don de justicia, reinarán en la vida por Uno, Jesucristo". Es decir, la vida de la cual somos hechos partícipes en Cristo es mucho más fuerte para la justicia que la vida que recibimos de Adán es por injusticia. Dios no hace las cosas a medias. Él da "abundancia de gracia".

La condenación – "La muerte pasó a todos los hombres", o, como leemos más adelante, "vino la condenación a todos los hombres". "La paga del pecado es muerte" (Rom. 6:23). Todos han pecado, por consiguiente, todos están bajo condenación. No ha vivido ningún hombre en la tierra sobre el que no reinara la muerte, ni lo habrá hasta el final de este mundo. Enoc y Elías, lo mismo que aquellos que sean trasladados cuando el Señor venga, no constituyen una excepción.

No hay excepciones, ya que la Escritura afirma que "la muerte pasó a todos los hombres". El reino de la muerte es simplemente el reino del pecado. "Elías era hombre sujeto a semejantes pasiones que nosotros". Enoc fue justo solamente por la fe; su naturaleza fue tan pecaminosa como la de cualquier otro hombre. Así, la muerte reinó sobre ellos tanto como sobre los demás. Recuerda que el actual descanso en el sepulcro, común a todos los hombres, no es el castigo por el pecado. Es sencillamente la evidencia de nuestra mortalidad. Buenos y malos mueren por igual. Esa no es la condenación, ya que hay hombres que mueren gozándose en el Señor, incluso entonando cantos de triunfo.

"Justificación de vida" – "Por una justicia vino la gracia a todos los hombres para justificación de vida". No hay aquí ninguna excepción. Así como la condenación vino a todos los hombres, también la justificación. Cristo gustó la muerte por todos. Se dio a sí mismo por todos, se dio a cada uno. El don gratuito vino sobre todos. El hecho de que sea un don gratuito es evidencia de que no hay excepción alguna. Si hubiese venido solamente sobre aquellos que hubiesen tenido alguna calificación especial, no habría sido un don gratuito.

Por lo tanto, es un hecho claramente establecido en la Biblia que el don de la justicia y de la vida en Cristo ha venido sobre todo hombre en el mundo. No hay la más mínima razón por la que todo hombre que jamás haya vivido tenga que dejar de ser salvo para vida eterna, excepto porque no lo reciba. ¡Cuántos desprecian el don que se ofrece tan generosamente!

"La obediencia de Uno" – Por la obediencia de Uno los muchos serán constituidos justos. El hombre no es salvo mediante su propia obediencia, sino mediante la obediencia de Cristo. Eso es lo que hace cavilar al escéptico, a quien parece que la obediencia de un hombre no puede ser contada por obediencia en otro hombre. Pero aquel que rechaza el consejo del Señor, nada sabe de justicia, y no está calificado para juzgar sobre el caso.

La enseñanza de la Biblia no es que Dios nos llama justos simplemente porque Jesús de Nazaret fue justo hace dos mil años. No. Lo que dice es que por su obediencia somos *hechos* justos. Observa que es tiempo verbal presente: se trata de justicia actual. El problema de aquellos que objetan el hecho de que la justicia de Cristo sea imputada al creyente es que no toman en consideración el hecho de que Jesús vive. Vive hoy, tan ciertamente como cuando estuvo en Judea. "Está siempre vivo", y "es el mismo ayer, y hoy, y por los siglos". Su vida está tan perfectamente en armonía con la ley ahora, como lo estuvo entonces. Y vive en los corazones de aquellos que creen en Él.

Por lo tanto, es la obediencia actual de Cristo en el creyente la que lo hace justo. El hombre no puede por sí mismo hacer nada, por lo tanto, Dios en su amor lo hace en él.

Es decir: "Con Cristo estoy crucificado, y ya no vivo yo, sino que Cristo vive en mí. Y lo que ahora vivo en la carne, lo vivo por la fe en el Hijo de Dios, quien me amó, y se entregó a sí mismo por mí" (Gál. 2:20).

¿Por qué no todos? – Dice el texto que "por la obediencia de Uno los muchos serán constituidos justos".

Alguien puede preguntarse, '¿Por qué no son todos constituidos justos por la obediencia de Uno?' La razón es que no todos lo desean así. Si los hombres fuesen tenidos por justos simplemente debido a que Uno fue justo hace dos mil años, entonces todos deberían ser justos igualmente. No habría ninguna justicia en contar como justo a alguien, y no a todos los demás. Pero ya hemos visto que no sucede así.

El hombre no es simplemente contado como justo, sino que es hecho realmente justo por la obediencia de Cristo, quien es tan justo hoy como siempre lo fue, y quien vive hoy en aquellos que se entregan a Él. Su capacidad para morar en cualquier ser humano se demuestra en el hecho de que tomó la carne humana hace dos mil años. Lo que Dios hizo en la persona del Carpintero de Nazaret, está deseoso y dispuesto a hacerlo por todo aquel que cree. El don gratuito viene sobre todos, pero no todos lo aceptan; por consiguiente, no todos son hechos justos por él. No obstante, "muchos" serán constituidos justos por su obediencia.

Para el estudio de los dos versículos que vienen a continuación bastará para nuestro actual propósito el recordar que el pensamiento principal que discurre a lo largo de todo el capítulo es la vida y la justicia. El pecado es muerte, y la justicia es vida. La muerte pasó a todos los hombres, puesto que todos han pecado, y el don de la justicia vino sobre todos los hombres en la vida de Cristo. No se imputa pecado donde no hay ley, sin embargo, se imputó pecado a Adán y a todos los que vivieron después de él, incluso antes de haberse dado la ley, en los días de Moisés.

Gracia y verdad
Romanos 5:20,21

20| La ley empero entró para que el pecado creciese; mas cuando el pecado creció, sobrepujó la gracia; 21| Para que, de la manera que el pecado reinó para muerte, así también la gracia reine por la justicia para vida eterna por Jesucristo Señor nuestro.

La ley entró – La frase indica que antes del tiempo específicamente referido como de la entrada de la ley, ya existía pecado. Si tomamos en consideración los versículos 13 y 14, no habrá dificultad en comprender que se refiere a la proclamación de la ley en Sinaí. "Hasta la ley", se refiere evidentemente al tiempo de Moisés y a la introducción de la ley.

"El pecado creciese" – La ley entró para que el pecado que ya existía, "se agrandara". "Pero no se imputa pecado no habiendo ley". Por lo tanto, debemos admitir que la ley estaba en el mundo antes del tiempo referido como de la entrada de la ley, es decir, antes que se la proclamara en el Sinaí. Así lo muestran los versículos 13 y 14. Es imposible que la ley produjese más pecado del que ya existía. Lo que hizo fue señalarlo y ponerlo en evidencia, es decir, mostrar más plenamente su verdadera naturaleza.

Como leemos en Romanos 7:13, fue "para que por el Mandamiento se viera la malignidad del pecado". Nadie tuvo más de la ley de Dios, tras haber sido pronunciada en el Sinaí, que antes de ello; ni hubo nadie que fuese justo anteriormente y que se convirtiese en pecador por haberse dado la ley; tampoco hubo acto pecaminoso que se hiciese más pecaminoso aún, al darse la ley. Pero las circunstancias bajo las cuales se pronunció la ley mostraron lo espantoso del pecado, e impresionaron a los presentes con un sentido de su pecaminosidad, mayor que nunca antes.

La gracia sobreabundó – Estaría bien si cada persona supiera este hecho. Debemos escuchar menos hablar de desaliento porque somos tan pecadores. ¿Está el corazón lleno de pecado? Sepan que donde abunda el pecado, abunda la gracia. Esto se demuestra en el hecho de que Cristo, que está lleno de gracia, está a la puerta del corazón que es el pecado mismo, y llama para entrar. Vea Apocalipsis 3:15-20. "Palabra fiel y digna de ser recibida por todos; que Cristo Jesús vino al mundo para salvar a los pecadores, de los cuales yo soy el primero". 1ª Tim. 1:15. Cuando Wesley cantó, "La plenitud gracia que encuentro en ti, gracia para cubrir todo mi pecado", él basaba la autoridad de Romanos 5:20 para ello.

La gracia en el Sinaí – La ley entró para que el pecado abundase. En ningún otro momento se había puesto de manifiesto con más fuerza el horror del pecado. Pero "donde se agrandó el pecado, tanto más sobreabundó la gracia", por lo tanto, está claro que la gracia debió sobreabundar al darse la ley desde el Sinaí.

Es pues un error suponer que el designio de Dios era que se obtuviese la justicia mediante las propias obras de obediencia del hombre. Al contrario, la ley fue promulgada para destacar la sobreabundante gracia de Dios al perdonar el pecado, y al obrar la justicia en el hombre.

La ley y el trono de Dios – Leemos que "Justicia y juicio son el asiento de su trono" (Sal. 97:2). En su trono mora la justicia. Es su mismo fundamento. La ley de Dios es justicia, su propia justicia. Así lo muestra Isaías 51:6 y 7, donde Dios dice, "Oídme los que conocéis justicia, pueblo en cuyo corazón está mi ley". Solamente conocen su justicia aquellos en cuyo corazón está su ley. De manera que su ley es su justicia. La afirmación de que la justicia es el asiento o fundamento de su trono implica que la ley de Dios está en su trono. Él está sentado sobre el trono de justicia.

Evidencia del santuario – El santuario que Moisés construyó tenía por objeto la morada de Dios. "Hacerme han un santuario, y yo habitaré entre ellos" (Éxo. 25:8). En el lugar santísimo del santuario estaba el arca del testamento. Se la describe en Éxodo 25:10 al 22. La cubierta del arca recibía el nombre de propiciatorio. Sobre el mismo estaban los dos querubines de oro. En el interior del arca, bajo el propiciatorio, estaban las tablas de la ley (ver Éxo. 25:16-21 y Deut. 10:1-5). Entre los dos querubines, sobre el propiciatorio y por encima de las tablas de la ley, es donde se manifestaba la gloria de Dios, y desde donde hablaba Dios al pueblo (Éxo. 25:22). En 2º de Reyes 19:15 y también en Salmos 80:1 se describe a Dios como estando entre los dos querubines.

Vemos por lo tanto que el arca del testamento, con su propiciatorio, era una representación del trono de Dios. De la misma forma en que los Diez Mandamientos estaban en el arca, en el santuario terrenal, así también constituyen el fundamento mismo del trono de Dios en el cielo. Por cierto, dado que el santuario terrenal era una figura del verdadero santuario celestial, la ley, tal como está en el cielo, en el trono de Dios, es idéntica a la ley que fue proclamada desde el Sinaí, y que Dios escribió sobre las tablas de piedra que se depositaron en el arca.

El trono de Dios y el Sinaí – Hemos visto que la ley de Dios es el fundamento mismo de su trono. Eso no debiera sorprender a nadie, pues el fundamento de todo gobierno es su ley, y el trono representa simplemente a esa ley.

Al ser dada la ley, el monte Sinaí fue el asiento de la ley de Dios. Representaba el terror de la ley, puesto que nadie podía tocarlo sin morir. Allí estaba el Señor con todos sus ángeles (ver Deuteronomio 33:2 y Hechos 7:53). Por lo tanto, cuando se dio la ley, el monte Sinaí representaba el trono de Dios. Lo fue verdaderamente en aquella ocasión, el lugar del que procedió la ley, del que procedían "relámpagos y truenos y voces" (Apoc. 4:5), y alrededor del cual se reunían millares de millares y millones de millones de ángeles. Vemos una vez más aquí que la justicia que mora en el trono de Dios es la misma justicia descrita por los Diez Mandamientos, tal como fueron proclamados desde el Sinaí, y que podemos leer en Éxodo 20:3-17.

El trono de gracia – Pero si bien el trono de Dios es el depositario de su ley –ley que significa muerte para los pecadores–, con todo eso, es un trono de gracia. Se nos exhorta a acercarnos "con segura confianza al trono de la gracia, para alcanzar misericordia y hallar gracia para el oportuno socorro" (Heb. 4:16). Observa que debemos acercarnos para obtener misericordia. La cubierta del arca del testimonio se llamaba propiciatorio, o lugar de la misericordia. Era el lugar desde el cual hablaba Dios a su pueblo, porque el arca del santuario terrenal no solamente representaba al trono donde estaba confinada la ley, sino que representaba a ese trono como el trono de la gracia.

La ley y el mediador – Se nos dice que la ley fue ordenada "en la mano de un mediador" (Gál. 3:19). ¿Quién era el mediador por cuya mano se promulgó la ley? "Porque hay un Dios, asimismo un mediador entre Dios y los hombres, Jesucristo hombre; el cual se dio a sí mismo en precio del rescate por todos" (1ª Tim. 2:5,6). La ley, por consiguiente, fue dada en el Sinaí por Cristo mismo, quien es y fue siempre la manifestación de Dios al hombre. Es el Mediador, es decir, Aquel mediante el cual son traídas al hombre las cosas de Dios. Mediante Jesucristo se otorga al hombre la justicia de Dios. La declaración de que la ley se dio por mano de un Mediador nos recuerda que allí donde abunda el pecado, mucho más sobreabundó la gracia.

El hecho de que la ley fuese dada en el Sinaí por la mano de un Mediador, indica: (1) Que Dios no previó que nadie supusiera que podía obtener la justicia a partir de la ley, por sus propia fuerza, sino solamente a través de Cristo. (2) Que el evangelio de Cristo fue desplegado en el Sinaí, tanto como en el Calvario. (3) Que la justicia de Dios que se revela en el evangelio de Cristo es idéntica a la justicia que describe la ley dada en el Sinaí. Es la misma justicia que obtenemos en Cristo.

El manantial de vida – Leemos en el Salmo 36:7-9: "Oh Dios, ¡cuán precioso es tu invariable amor! Por eso los hombres se amparan bajo la sombra de tus alas. Serán plenamente saciados de la abundancia de tu casa, y tú les das a beber del torrente de tus delicias. Porque de ti brota el manantial de la vida, y en tu luz vemos la luz".

Dios es el manantial de vida, y puede dar de beber del torrente de sus delicias a los que confían en Él.

¿Cuál es ese torrente? "Después me mostró un río limpio de agua de vida, resplandeciente como cristal, que salía del trono de Dios y del Cordero" (Apoc. 22:1). ¡Piensa en él! Un río que procede del trono de Dios, quien es el manantial de la vida. Se invita a todo el que esté sediento a beber de esa agua de balde. Apocalipsis 22:17, Juan 4:10 al 14, y 7:37 al 39 serán de ayuda para comprender el tema. Tomamos del agua de vida al recibir el Espíritu Santo.

Bebiendo de la justicia – El Salvador dice, "Bienaventurados los que tienen hambre y sed de justicia: porque ellos serán hartos" (Mat. 5:6). Cuando alguien tiene sed, ¿cómo puede ser saciado, si no es bebiendo? Por lo tanto el Salvador indica que podemos beber la justicia, si estamos sedientos de ella. Si recuerdas que el trono de Dios es un asiento de justicia, y que a partir de él sale el río de vida, no te resultará difícil tener la seguridad de poder beber de él.

Puesto que el trono es el asiento de justicia, el río que procede del trono debe, por así decirlo, estar lleno de la justicia de la ley. El que cree, pues, en Cristo, y bebe de su Espíritu, bebe ciertamente de la justicia de la ley tal como existe en el trono, o tal como fue proclamada en Sinaí.

Bebiendo en el Sinaí – Quien lea Éxodo 17:1 al 6, junto a Deuteronomio 4:10 al 12 (que muestra que Horeb y Sinaí son el mismo monte) podrá ver que cuando se proclamó la ley en Sinaí hubo un río de agua que corría desde su base. Ese río procedía de Cristo (1ª Cor. 10:4). Cristo, la Roca viviente, estuvo en el desierto en aquella roca de la que brotó el agua para calmar la sed del pueblo. En Él está la fuente de vida. En el Sinaí encontramos pues la semejanza completa del trono de Dios. Se trataba de la personificación de la ley de Dios, de forma que nadie podía aproximarse a ella sin resultar muerto, y sin embargo todos podían beber de las aguas vivas que de allí manaban. Y en esa figura vemos una vez más que la justicia que se da a beber a aquellos que aceptan la invitación de Cristo es la justicia descrita en los Diez Mandamientos.

El corazón de Cristo – Por medio de David, Cristo dijo de su venida a esta tierra, "Entonces dije: 'Aquí vengo, en el rollo del libro está escrito de mí. Dios mío, me deleito en hacer tu voluntad, y tu Ley está en medio de mi corazón' " (Sal. 40:7,8). Dijo que había guardado los mandamientos de su Padre (Juan 15:10). Tan fielmente guardó los mandamientos, que observó el sábado (séptimo día), tan frecuentemente estigmatizado como 'el sábado judío'.

El canónigo Knox-Little dijo, "Con toda certeza nuestro Señor, cuando estuvo en esta tierra guardó el sábado, no guardó el domingo" (*Sacerdotalism*, p. 75).

Eso no es así porque lo diga el canónigo Knox-Little, claro, sino porque la Escritura lo enseña de esa manera. Es un hecho tan claro que no requiere mayor discusión. Jamás hemos oído de nadie que tenga la audacia de aseverar que Jesús observase otro día que no fuese el séptimo, el señalado por el cuarto mandamiento. El guardar "el sábado, conforme al mandamiento" formó parte de la justicia que había en el corazón de Cristo. Y dado que "Jesucristo es el mismo ayer, y hoy, y por los siglos", continúa estando hoy en su corazón.

Vida eterna mediante Cristo – "Así también la gracia reine por la justicia para vida eterna por Jesucristo Señor nuestro". La vida de Cristo fue ofrecida por nosotros y para nosotros en la cruz. Es siendo crucificados con Él como vivimos con Él (Gál. 2:20; Rom. 6:8). "Dios estaba en Cristo reconciliando el mundo a sí" (2ª Cor. 5:19). La ley estaba en su corazón, de manera que el corazón de Cristo era verdaderamente el trono de Dios. "Lleguémonos pues confiadamente al trono de la gracia".

Cuando Cristo pendía de la cruz, "uno de los soldados le abrió el costado con una lanza, y en el acto salió sangre y agua" (Juan 19:34). Ahí estaba la fuente de la vida, manando abundantemente para todos. Procedía del corazón de Cristo, donde estaba la ley de Dios. Vemos pues que el Sinaí, el Calvario y el monte de Sión presentan la misma Verdad. El Sinaí y el Calvario no se oponen el uno al otro, sino que están unidos. Presentan ambos el mismo evangelio y la misma ley. La vida que desde el Calvario fluye hacia nosotros, nos trae la justicia de la ley que fue proclamada en Sinaí.

La gracia reina por la justicia – Vemos cómo la gracia reina por la justicia, para vida eterna. La vida eterna está en Cristo, ya que su vida es la vida de Dios, que existe por sí mismo "desde el siglo hasta el siglo". Pero la vida de Dios es la ley. La gracia de Dios fluye hacia nosotros mediante la vida de Cristo, y nos trae la justicia de ella. Así, en Cristo recibimos la ley, según el propósito para el que fue ordenada: dar vida.

Aceptar el don incomparable de la gracia de Dios, es sencillamente someternos o entregarnos a Él, a fin de que Cristo pueda morar en nosotros, y vivir en nosotros la justicia de la ley tal como fue proclamada en Sinaí, y atesorada en el trono de Dios. Desde el costado herido de Cristo, sigue hoy manando para ti ese manantial de agua viva. Acéptalo, y será en ti una fuente de agua que salte para vida eterna.

Ven a Jesús, ven a Jesús,
ven a los pies de la cruz sin tardar;
paz y perdón te ofrece.
Ven, no le dejes pasar.

Capítulo 6

El yugo de Cristo es fácil, y ligera su carga

AL INICIAR el estudio del sexto capítulo de Romanos, debemos recordar que es continuación del quinto, cuyo tema principal es la gracia superabundante, el don de la vida, y la justicia por la gracia. Como pecadores, somos enemigos de Dios. Pero somos reconciliados, es decir, somos liberados del pecado, al recibir la justicia de la vida de Cristo, que no conoce límites. No importa lo mucho que el pecado pueda abundar, la gracia sobreabunda "mucho más".

Crucificados, sepultados y resucitados con Cristo
Romanos 6:1-11

1| ¿Pues qué diremos? Perseveraremos en pecado para que la gracia crezca? 2| En ninguna manera. Porque los que somos muertos al pecado, ¿cómo viviremos aún en él? 3| ¿O no sabéis que todos los que somos bautizados en Cristo Jesús, somos bautizados en su muerte? 4| Porque somos sepultados juntamente con él a muerte por el bautismo; para que como Cristo resucitó de los muertos por la gloria del Padre, así también nosotros andemos en novedad de vida. 5| Porque si fuimos plantados juntamente en él a la semejanza de su muerte, así también lo seremos a la de su resurrección: 6| Sabiendo esto, que nuestro viejo hombre juntamente fue crucificado con él, para que el cuerpo del pecado sea deshecho, a fin de que no sirvamos más al pecado. 7| Porque el que es muerto, justificado es del pecado. 8| Y si morimos con Cristo, creemos *que también viviremos con él;* **9|** *Sabiendo que Cristo, habiendo resucitado de entre los muertos, ya no muere: la muerte no se enseñoreará más de él.* **10|** *Porque el haber muerto, al pecado murió una vez; mas el vivir, a Dios vive.* **11|** *Así también vosotros, pensad que de cierto estáis muertos al pecado, mas vivos a Dios en Cristo Jesús Señor nuestro.*

Una pregunta importante – "¿Perseveraremos en pecado para que la gracia crezca?" Sin duda te viene a la memoria la pregunta equivalente planteada en los versículos 5 y 7 del capítulo tercero, y que halla respuesta en los versículos 6 y 8. Se trata de otra forma de decirse, "¿Por qué no hacer el mal, para que venga el bien?" La respuesta es inequívoca: "¡De ninguna manera!".

Aunque la gracia sobreabunda allí donde el pecado abundó, no hay razón para acumular pecado voluntariamente. Eso sería recibir la gracia de Dios rematadamente en vano (2ª Cor. 6:1).

La razón de ello – "Los que somos muertos al pecado, ¿cómo viviremos aún en él?" Sencillamente, imposible. Realmente no procede preguntarse si deberíamos o no hacerlo, puesto que si estamos muertos al pecado, no podemos vivir en él al mismo tiempo. Un hombre no puede estar a la vez muerto y vivo.

El capítulo precedente ha establecido el hecho de que estamos reconciliados con Dios por la muerte de Cristo, y somos salvos por su vida.

Reconciliación con Dios significa ser liberados del pecado, de forma que ese ser "salvos por su vida" significa "que hemos pasado de muerte a vida". La vida de pecado era la enemistad, a la que se puso fin en la vida de Cristo.

"Bautizados en Cristo Jesús" – El bautismo es el símbolo de ser incorporados en Cristo. "Todos los que habéis sido bautizados en Cristo, de Cristo estáis vestidos" (Gál. 3:27). "Porque así como el cuerpo es uno, y tiene muchos miembros, pero todos los miembros del cuerpo, siendo muchos, son un solo cuerpo, así también Cristo. Porque por un solo Espíritu fuimos todos bautizados para formar un solo cuerpo, sean judíos o griegos, sean esclavos o libres; y a todos se nos dio a beber de un mismo Espíritu." (1ª Cor. 12:12,13).

Dónde nos toca Cristo – Es en la muerte en la que tomamos contacto con Cristo. Nos afecta en el punto más bajo posible. Eso asegura nuestra salvación. La asegura para todos sin excepción. La muerte y la enfermedad son tributarias del pecado. La muerte es la suma de todos los males posibles para el hombre, es la más honda profundidad imaginable, y es allí donde Cristo entra en contacto con nosotros. Es por la muerte como nos unimos a Él. En virtud del principio universal de que lo mayor incluye a lo menor, el hecho de que Cristo se humilló a sí mismo hasta la muerte demuestra que no hay mal que pueda afectarnos, que Él no tomase sobre sí.

"Bautizados en su muerte" – "Los que somos bautizados en Cristo Jesús, somos bautizados en su muerte". ¿Qué significa ser bautizados en su muerte? Versículo 10: "Porque el haber muerto, al pecado murió una vez". Murió al pecado, *no al suyo*, pues no tenía ninguno, sino que "llevó *nuestros* pecados en su cuerpo sobre el madero" (1ª Ped. 2:24). "Él herido fue por nuestras rebeliones, molido por nuestros pecados" (Isa. 53:5). En lo que murió, al pecado murió; por lo tanto si somos bautizados en su muerte, morimos también al pecado.

Una vida nueva – "Cristo, habiendo resucitado de entre los muertos, ya no muere". "Y si morimos con Cristo, creemos que también viviremos con él". Fue imposible que el sepulcro retuviera a Cristo (Hech. 2:24). Por consiguiente, tan ciertamente como somos bautizados en la muerte de Cristo, seremos resucitados desde una vida de pecado hasta una vida de justicia en Él. "Si fuimos plantados juntamente en él a la semejanza de su muerte, así también lo seremos a la de su resurrección".

Crucificados con Él – Puesto que Cristo fue crucificado, ser bautizado en su muerte significa que somos crucificados con Él. Así leemos, "Con Cristo estoy juntamente crucificado, y vivo, no ya yo, mas vive Cristo en mí" (Gál. 2:20). Crucificado pero vivo, ya que soy crucificado con Cristo, y Cristo vive. En cierta ocasión dijo,

"Yo vivo, y vosotros también viviréis" (Juan 14:19). ¿Cómo podemos vivir una nueva vida? No tenemos de nosotros mismos ningún poder, pero Cristo fue resucitado de los muertos por la gloria del Padre, y en su oración al Padre, dijo: "Y yo, la gloria que me diste les he dado" (Juan 17:22).

Por lo tanto, el poder que resucitó a Jesús de los muertos se pone en acción para resucitarnos de la muerte del pecado. Si estamos dispuestos a permitir que sea crucificada nuestra antigua vida, podemos estar seguros de la nueva.

Nuestro "viejo hombre", crucificado – Seremos hechos en la semejanza de su resurrección. Si somos crucificados con Cristo, nuestros pecados deben haber sido igualmente crucificados con Cristo, puesto que forman parte de nosotros. Nuestros pecados estuvieron sobre Él cuando fue crucificado, de manera que están ciertamente crucificados si nosotros lo estamos con Él.

Pero hay aquí una diferencia entre nosotros y nuestros pecados, al ser crucificados. Somos crucificados a fin de que podamos volver a vivir, mientras que nuestros pecados lo son con el propósito de ser destruidos. Cristo no es "ministro de pecado" (Gál. 2:17). Fue la vida de Dios la que le resucitó de los muertos, y en esa vida no hay pecado.

Separación del pecado – Observarás que la separación del pecado se produce mediante muerte. Eso es así porque la muerte está en el pecado. "El pecado, una vez cumplido, engendra muerte" (Sant. 1:15). Por lo tanto, nada menor que la muerte puede efectuar esa separación. No podemos separarnos a nosotros mismos del pecado, ya que el pecado era nuestra propia vida. Si nos hubiese sido posible efectuar la destrucción del pecado, lo habría sido únicamente por la cesión de nuestras vidas, lo que habría significado nuestro fin. Esa es la razón por la que no existe futuro para los malvados que mueran en sus pecados. Al cesar (o al serles retirada) la vida, dejarán de ser. Pero Cristo tenía el poder para deponer su vida, y para volverla a tomar; por lo tanto, cuando depositamos nuestras vidas en Él, somos resucitados en virtud de su vida indisoluble.

Recuerda que no se trata de que nos devuelva nuestra anterior vida, sino que Él nos da su propia vida. En esa vida no hubo jamás un pecado, de manera que el ser crucificados y resucitar con Él significa que se separa el pecado de nosotros. Es preciso mantener ese pensamiento en la mente al abordar el estudio del próximo capítulo.

Sepultados con Él en el bautismo – El bautismo, por lo tanto, es un entierro. Si la gente quisiera seguir la clara instrucción de las Escrituras, nunca se habría cuestionado la forma de llevar a la práctica el bautismo. Nadie que lea la Biblia puede concebir una idea diferente a la de que el bautismo es inmersión. "Sepultados juntamente con Él en el bautismo, en el cual también resucitasteis con Él, por la fe de la operación de Dios que le levantó de los muertos" (Col. 2:12). El bautismo representa la muerte y resurrección de Cristo, y mediante él mostramos nuestra aceptación de su sacrificio; el acto mismo es de hecho un entierro, a fin de hacer más prominente la enseñanza.

¿Por qué se cambió el bautismo? – ¿Cómo ocurrió el cambio del bautismo bíblico al rito de la aspersión? La respuesta es bien fácil. El bautismo es un memorial de la resurrección de Cristo. Pero "la iglesia", entendiendo por ella los obispos que amaban más la alabanza de los hombres que la alabanza de Dios, y que buscaban el favor de la clase influyente entre los paganos, adoptó la festividad pagana del sol. A fin de justificarse a sí mismos en ese proceder, declararon que el sol naciente que los paganos adoraban era un símbolo de la resurrección del "Sol de justicia", es decir, de Cristo, y que observando el domingo celebraban su resurrección.

Pero ahora se encontraban con dos memoriales para la resurrección, de forma que abandonaron el que Dios había dado.

Eso sí, para que no pareciese que despreciaban el bautismo, declararon que la costumbre pagana de asperjar con "agua bendita", propia de la festividad del sol, constituía el bautismo que presentan las Escrituras.

El pueblo confiaba en "los padres" en lugar de consultar personalmente la Biblia, de forma que era muy fácil hacerles creer que estaban obedeciendo a Dios. Es cierto que algunos siguen la Palabra en lo referente al bautismo por inmersión, a la vez que observan el domingo; pero eso es inconsistente. Es un contrasentido ignorar la Palabra en un particular (observancia del domingo) a fin de proveer un memorial para algo que ya se está celebrando de acuerdo con la Biblia (el bautismo). El bautismo bíblico está cayendo en desuso entre muchos observadores del primer día de la semana. Antes o después tendrán que decidirse enteramente por una de las dos opciones.

Instrumentos de justicia
Romanos 6:12-23

12| para que le obedezcáis en sus concupiscencias; 13| Ni tampoco presentéis vuestros miembros al pecado por instrumentos de iniquidad; antes presentaos a Dios como vivos de los muertos, y vuestros miembros a Dios por instrumentos de justicia. 14| Porque el pecado no se enseñoreará de vosotros; pues no estáis bajo la ley, sino bajo la gracia. 15| ¿Pues qué? ¿Pecaremos, porque no estamos bajo de la ley, sino bajo de la gracia? En ninguna manera. 16| ¿No sabéis que a quien os prestáis vosotros mismos por siervos para obedecerle, sois siervos de aquel a quien obedecéis, o del pecado para muerte, o de la obediencia para justicia? 17| Empero gracias a Dios, que aunque fuisteis siervos del pecado, habéis obedecido de corazón a aquella forma de doctrina a la cual sois entregados; 18| Y libertados del pecado, sois hechos siervos de la justicia. 19| Hablo en términos humanos, por vuestra humana debilidad; que así como para iniquidad presentasteis vuestros miembros como siervos a la inmundicia y a la iniquidad, así ahora para santificación presentad vuestros miembros como siervos a la justicia. 20| Porque cuando erais esclavos del pecado, erais libres respecto a la justicia. 21| ¿Qué fruto teníais entonces en aquellas cosas de las cuales ahora os avergonzáis? Porque el fin de ellas es muerte. 22| Mas ahora que habéis sido libertados del pecado y hechos siervos de Dios, tenéis por vuestro fruto la santificación, y como fin, la vida eterna. 23| Porque la paga del pecado es muerte, mas la dádiva de Dios es vida eterna en Cristo Jesús Señor nuestro.

El reino del pecado – Aprendimos en el quinto capítulo que el reino del pecado es el reino de la muerte, puesto que la muerte viene por el pecado. Pero aprendimos también que se ofrece a todos el don de la vida, de tal manera que el que tiene a Cristo tiene la vida. En los tales no reina la muerte, sino que ellos mismos "reinarán en vida por uno solo, por Jesucristo".

La exhortación, "no reine, pues, el pecado en vuestro cuerpo mortal", equivale, por lo tanto, a una exhortación a morar en Cristo, a atesorar su vida. Obtuvimos la vida por fe, y así es como tenemos que mantenerla.

¿De quién sois siervos? – Eso es muy fácil de responder: "sois siervos de aquel a quien obedecéis". Si nos entregamos al pecado, entonces somos siervos del pecado, porque "el que comete pecado es siervo del pecado". Juan 8:34. Pero si nos rendimos a la justicia, entonces somos siervos de la justicia. "Ningún hombre puede servir a dos amos". Mateo 6:24. No podemos servir tanto al pecado como a la justicia al mismo tiempo. Ningún hombre puede ser a la vez pecador y justo. El pecado o la justicia deben gobernar.

Instrumentos – Nos encontramos en este capítulo con dos términos que describen a las personas: siervos e instrumentos. El pecado y la justicia son los gobernantes. Nosotros no somos más que instrumentos en sus manos. El carácter de la obra que realiza un instrumento viene enteramente determinado por aquel que lo usa.

¿Qué clase de obra realizará un buen lápiz? Buena, en las manos de un escritor experto. Muy deficiente, si lo maneja alguien torpe. Un hombre bueno escribirá con él sólo lo que es bueno; pero empleado por el malvado, propiciará una exhibición de maldad. Ahora bien, el hombre no es una simple herramienta. No ciertamente. Los instrumentos comunes no pueden elegir quién los empleará, mientras que el hombre tiene plena libertad de elección en lo relativo a quién servirá. Tiene que someterse, no sólo una vez, sino continuamente. Si se somete al pecado, cometerá pecado. Si se somete a Dios, para ser un instrumento en sus manos, no puede hacer otra cosa que no sea el bien, por tanto tiempo como esté sometido a Él.

Un paralelo – En el versículo decimonoveno se nos exhorta a someternos como siervos de la justicia, de la misma forma en que nos sometimos como siervos del pecado. Haciendo tal cosa, en los versículos que siguen se nos asegura que tan ciertamente como el fruto era pecado y muerte cuando éramos siervos del pecado, vendrá a ser santidad al hacernos siervos de la justicia. Eso es seguro, eternamente seguro, ya que "donde se agrandó el pecado, tanto más sobreabundó la gracia; para que, así como el pecado reinó para muerte, la gracia reine por medio de la justicia, para vida eterna, mediante nuestro Señor Jesucristo". La justicia es más fuerte que el pecado, tanto como Dios lo es más que Satanás. Dios puede arrebatar de las manos de Satanás el alma que clama por liberación. Pero nadie puede arrebatar a los hijos de Dios de sus manos.

No estáis bajo la ley – Muchos se guardan cuidadosamente de citar ese pasaje para pretender que quedan absueltos de la obediencia a la ley de Dios. Por extraño que parezca, lo emplean como una negación selectiva de la observancia del cuarto mandamiento. Léele el cuarto mandamiento a alguien que rechace el sábado del Señor –el séptimo día–, y te dirá: 'No estamos bajo la ley'.

Sin embargo, el mismo que así te responde, citará el tercer mandamiento a alguien que tome el nombre de Jehová en vano, o el primero y el segundo a un idólatra pagano. Reconocerá asimismo el sexto, séptimo y octavo mandamientos. Parece, pues, que no creen realmente que esa declaración de que no estamos bajo la ley signifique que tenemos libertad para quebrantarla. Estudiemos el versículo en conjunto, y en sus diferentes partes.

¿Qué es pecado? – "Todo el que comete pecado, quebranta la Ley, pues el pecado es la transgresión de la Ley" (1ª Juan 3:4). "Toda mala acción es pecado" (1ª Juan 5:17).

Está muy claro. Establezcámoslo bien en la mente.

¿Qué es justicia? – Lo opuesto al pecado, ya que "toda injusticia es pecado" (1ª Juan 5:17). Pero "el pecado es la transgresión de la Ley", por lo tanto, justicia es guardar la ley. Así, cuando se nos exhorta a someter nuestros miembros a Dios como instrumentos de justicia, se nos exhorta a someternos a la obediencia a la ley.

El dominio del pecado – El pecado no tiene dominio sobre aquellos que se someten a sí mismos como siervos de la justicia, u obediencia a la ley –ya que pecado es transgresión de la ley–. Ahora lee el versículo decimocuarto en su integridad: "Porque el pecado no se enseñoreará de vosotros; pues no estáis bajo la ley, sino bajo la gracia". Es decir, la transgresión de la ley no halla ningún lugar entre aquellos que no están bajo la ley. Por lo tanto, los que no están bajo la ley son precisamente los que obedecen la ley. Los que la quebrantan, están bajo ella. No puede resultar más claro.

Bajo la gracia – "No estáis bajo la ley, sino bajo la gracia". Hemos visto que los que no están bajo la ley son los que la guardan. Por lo tanto, los que están bajo la ley son los que la quebrantan, estando por ello bajo la condenación de la ley. Pero "donde se agrandó el pecado, tanto más sobreabundó la gracia". La gracia libra del pecado.

Nos sentimos acongojados por las amenazas de la ley que hemos quebrantado y buscamos refugio, corriendo hacia Cristo, quien está "lleno de gracia y de verdad". Allí encontramos liberación del pecado. En Él encontramos, no solamente gracia para cubrir todo nuestro pecado, sino que encontramos la justicia de la ley –puesto que Él está lleno de verdad, y la ley es la verdad (Sal. 119:142)–. La gracia "reina" por la justicia (u obediencia a la ley) para vida eterna por Jesucristo nuestro Señor.

La paga del pecado – Vimos en el segundo capítulo que los que rechazan la bondad de Dios están acumulando ira contra sí mismos. Ahora bien, la ira viene solamente sobre los hijos de desobediencia (Efe. 5:6). Los que pecan están decidiendo su propia paga. "La paga del pecado es muerte". El pecado lleva en sí mismo la muerte, "el pecado, siendo cumplido, engendra muerte". El pecado no puede tener un fin distinto de la muerte, ya que el pecado es la ausencia de justicia, y la justicia es la vida y carácter de Dios. Por lo tanto, la elección persistente y definitiva del pecado significa elegir la completa separación de la vida de Dios, y por ello de toda posible vida, ya que no hay otra, aparte de la que de Él proviene. Cristo, quien es sabiduría de Dios, dice "Todos los que me aborrecen, aman la muerte" (Prov. 8:36). Los que sufran finalmente la muerte serán solamente aquellos que hayan obrado para la muerte.

La dádiva de Dios – Ahora bien, no obramos para la vida eterna. Ninguna obra que pudiéramos hacer significaría el más mínimo pago por ella. Es el don de Dios. Cierto, viene solamente por la justicia, pero la justicia es un don. "Por gracia sois salvos por la fe; y esto no de vosotros, pues es don de Dios: No por obras, para que nadie se gloríe. Porque somos hechura suya, creados en Cristo Jesús para buenas obras, las cuales Dios preparó para que anduviésemos en ellas" (Efe. 2:8-10).

"¡Cuán grande es tu bondad, que has guardado para los que te honran, que concedes a los que se refugian en ti, ante los hombres!" (Sal. 31:19). El que peca, recibe simplemente aquello que busca. Pero a quien se entrega como siervo de justicia, Dios le provee justicia, y le da con ella la vida eterna, todo como un don gratuito. "El camino de los prevaricadores es duro", pero el yugo de Cristo es fácil, y ligera su carga.

Capítulo 7

Casados con el mal marido

TODO el capítulo siete de Romanos está realmente contenido en el sexto. Quien comprende el capítulo anterior, no tendrá problemas con el actual. Somos hechos justos por la obediencia de Cristo. Eso se debe a que se nos da su vida ahora: Él vive en nosotros.

Llegamos a esa unión con Cristo al ser crucificados con Él. En esa muerte queda destruido el cuerpo de pecado, a fin de que a partir de entonces no sirvamos más al pecado, o dicho de otra manera, no transgredamos más la ley. Estamos tan estrechamente identificados con el pecado, que siendo éste nuestra vida, no puede ser destruido sin que muramos.

Pero en Cristo no hay pecado, de forma que cuando somos resucitados con Él, el pecado permanece muerto. Siendo pues resucitados con Él, vivimos con Él, algo que era imposible anteriormente debido al pecado: el pecado no puede morar con Él.

Una ilustración sorprendente
Romanos 7:1-7

1| ¿Acaso ignoráis, hermanos (pues hablo a los que conocen la ley), que la ley se enseñorea del hombre entretanto que éste vive? 2| Porque la mujer casada está sujeta por la ley al marido mientras éste vive; pero si el marido muere, ella queda libre de la ley del marido. 3| Así que, si en vida del marido se une a otro varón, será llamada adúltera; pero si su marido muere, es libre de esa ley, de tal manera que si se une a otro marido, no será adúltera. **4|** Así que, hermanos míos, también vosotros habéis muerto a la ley mediante el cuerpo de Cristo, para que seáis de otro, del que resucitó de los muertos, a fin de que llevemos fruto para Dios. **5|** Porque mientras estábamos en la carne, las pasiones pecaminosas despertadas por la ley, actuaban en nuestros miembros llevando fruto para muerte. **6|** Pero ahora estamos libres de la ley, por haber muerto para aquella en que estábamos sujetos, de modo que sirvamos bajo el régimen nuevo del Espíritu y no bajo el régimen viejo de la letra. **7|** ¿Qué diremos, pues? ¿Es la ley pecado? ¡En ninguna manera! Pero yo no conocí el pecado sino por la ley; porque tampoco habría sabido lo que es la concupiscencia, si la ley no dijera: No codiciarás.

La ilustración – Es algo sencillo, que todos pueden comprender. La ley de Dios dice del hombre y la mujer, "y serán dos en una carne". Estando vivo el marido, casarse con otro significaría el adulterio para ambos. La ley nunca sancionaría una unión tal.

Debido a razones que se harán evidentes más adelante, la ilustración contempla solamente el caso de la mujer que dejase a su marido. La ley une al marido y a la mujer. Mantiene a ésta sujeta a su marido por tanto tiempo como él vive. Si ella se uniese en matrimonio con otro hombre, se encontraría bajo la condenación de la ley. Pero si muere su marido, entonces puede unirse a otro, y estar perfectamente libre de condenación.

En ese caso la mujer "es libre de la ley", aunque la ley en nada haya variado. Lejos de haber sido abolida, la misma ley que mantenía a la mujer sujeta a su primer marido, y que la habría condenado por casarse con otro hombre en vida del primero, ahora la une con el otro, y la mantiene sujeta a él tan estrechamente como la mantuvo a su primer marido. Si nos atenemos a esa sencilla ilustración, no encontraremos dificultad con lo que sigue.

La aplicación – De igual forma que en la ilustración hay cuatro personajes, así también en la aplicación: la ley, la mujer, el primer marido, y el segundo.

Nosotros estamos representados por la mujer. Está claro en la afirmación de que "seáis de otro, a saber, del que resucitó de los muertos", que es Cristo. Cristo resulta pues ser el segundo marido. El primero se describe en el versículo 5: "mientras estábamos en la carne, los afectos de los pecados que eran por la ley, obraban en nuestros miembros fructificando para muerte". La muerte es el fruto del pecado. El primer marido, por lo tanto, era la carne, o "el cuerpo del pecado".

"Muertos a la ley" – Esa es la expresión que a tantos preocupa. Pero no hay motivo alguno de preocupación, si tenemos presente la ilustración y la naturaleza de las partes en esa negociación. ¿Para qué estamos muertos a la ley? Para poder casarnos con otro. ¿Cómo puede ser que morimos a fin de poder casarnos con otro? En la ilustración es el primer marido quien muere antes que la mujer pueda casarse con otro. Lo mismo sucede aquí, como después veremos.

"Una carne" – La ley del matrimonio consiste en que "los dos vendrán a ser una sola carne". ¿Cómo sucede aquí? El primer marido es la carne, el cuerpo de pecado. Verdaderamente éramos una carne con él. Estábamos por naturaleza perfectamente unidos al pecado. Era nuestra vida. Nos controlaba. Hacíamos lo que el pecado dictaba. Pudimos hacerlo a veces sin darnos cuenta, pero sea como fuere lo hacíamos. El pecado reinaba en nuestros cuerpos mortales, de manera que le obedecíamos en sus concupiscencias. Los deseos del pecado eran ley para nosotros. Éramos una carne con él.

En procura de divorcio – Llega entonces un momento en nuestra experiencia en el que quisiéramos liberarnos del pecado. Sucede cuando comenzamos a vislumbrar algo de la belleza de la santidad. En algunos, tal deseo es meramente ocasional; en otros, más constante. Sea que lo reconozcan o no, es Cristo quién les está llamando a dejar el pecado, y a unirse con Él, a fin de vivir con Él. Entonces se esfuerzan por hacer una separación. Pero el pecado no va a consentir. A pesar de todo cuanto podamos hacer, sigue aferrándose a nosotros. Somos "una carne", y existe una unión de por vida, puesto que se trata de una unión de nuestra vida con el pecado. En ese matrimonio no cabe el divorcio.

Libertad en la muerte – No hay esperanza alguna de poder separarse del pecado siguiendo métodos ordinarios. No importa lo mucho que podamos desear estar unidos con Cristo, no puede ocurrir tal cosa mientras permanecemos unidos al pecado. La ley nunca aprobaría una unión tal, y Cristo jamás participaría en una unión que no fuese lícita.

Si pudiésemos lograr que el pecado muriese, entonces quedaríamos libres, pero el pecado se niega a morir. Hay una sola forma en la que podemos ser liberados de esa siniestra unión, que es muriendo nosotros mismos. Si anhelamos la liberación hasta el punto de consentir en que nuestro yo sea crucificado, entonces tendrá lugar. La separación se hace efectiva en la muerte, ya que es por el cuerpo de Cristo como "nosotros" somos muertos. Somos crucificados con Él. El cuerpo de pecado queda también crucificado. Pero si bien el cuerpo de pecado es destruido, somos resucitados en Cristo. La misma circunstancia que nos libra del primer marido, nos une al segundo.

Nueva criatura – Vemos ahora en qué consiste ser muertos a la ley. Fuimos muertos en Cristo, y resucitados en Él. Ahora bien, "si alguno está en Cristo, nueva criatura es: las cosas viejas pasaron; he aquí todas son hechas nuevas. Y todo esto es de Dios" (2ª Cor. 5:17,18). Podemos ahora estar unidos con Cristo, y la ley dará testimonio y aprobación de esa unión. No es solamente que el primer marido murió, sino que nosotros mismos lo hicimos; de forma que aunque vivamos, no somos la misma criatura que fuimos antes. "Con Cristo estoy juntamente crucificado, y vivo, no ya yo, mas vive Cristo en mí" (Gál. 2:20). Somos uno. La misma ley que al principio nos declaraba pecadores, ahora nos mantiene unidos a Cristo.

Un servicio diferente – Ahora que se ha efectuado la unión con Cristo, servimos en novedad de espíritu y no en vejez de letra. En el matrimonio, la mujer debe estar sujeta al marido. Así, cuando estábamos unidos al pecado, estábamos sujetos a él en todo respecto. Por un tiempo se trataba de un servicio voluntario; pero cuando vimos al Señor y sentimos su atracción, se convirtió en un servicio tedioso. Intentábamos guardar la ley de Dios, pero estábamos maniatados y no podíamos. Pero ahora somos liberados. El pecado ya no nos recluye más, y nuestro servicio es libertad. Rendimos alegremente a Cristo todo el servicio que la ley requiere de nosotros. Lo rendimos debido a la perfecta unión existente. Su vida es la nuestra, puesto que fuimos resucitados exclusivamente por el poder de su vida. Por lo tanto, nuestra obediencia es sencillamente su lealtad y fidelidad en nosotros.

El pecado por la ley – Dice el apóstol que "mientras estábamos en la carne, los afectos de los pecados que eran por la ley, obraban en nuestros miembros fructificando para muerte". ¿Qué diremos entonces? ¿La ley es pecado? De ninguna manera. La ley es justicia. Pero es solamente por la ley como se conoce el pecado. "No se imputa pecado no habiendo ley". "El aguijón de la muerte es el pecado, y la potencia del pecado, la ley" (1ª Cor. 15:56). "El pecado es la transgresión de la ley". Así, no puede haber pecado sin ley. Pero la ley no es pecado; si lo fuese, no podría reprobar el pecado. Convencer de pecado es la obra del Espíritu Santo, no la de Satanás. Este último querría hacernos creer que el pecado está bien.

"No codiciarás" – Podría parecerte extraño que el apóstol cite sólo este mandamiento, al exponer cómo fue convicto de pecado. La razón es sencilla: ese mandamiento incluye a todos los demás. Sabemos (Col. 3:5) que la codicia es idolatría. Así, la ley termina de la misma forma que comienza. Traza un círculo completo que incluye todo deber de toda persona en el universo entero. "Tampoco conociera la concupiscencia" –o deseo ilícito–, "si la ley no dijera: No codiciarás". Ahora bien, la concupiscencia es el principio de todo pecado, ya que "la concupiscencia, después que ha concebido, pare el pecado" (Sant. 1:15). Y el pecado es la transgresión de la ley.

Pero el décimo mandamiento es el que prohibe la concupiscencia, o deseo ilícito. Por lo tanto, si se lo guarda perfectamente, se guardan también los otros. Y si no se guarda, entonces no se guarda ninguna parte de la ley. Vemos pues que al citar el décimo mandamiento como el que le convenció de pecado, el apóstol incluye realmente toda la ley.

Viviendo con Él – Antes de finalizar esta sección hemos de prestar atención a la fuerza de lo expresado en el octavo versículo del capítulo sexto: "Si morimos con Cristo, creemos que también viviremos con él". Podemos ver cuán apropiado es eso, al comprender que es nuestra muerte con Cristo la que nos libra de la unión con el monstruo del pecado, y nos une en matrimonio con Cristo. Las personas se casan con el propósito de vivir juntas. Así, nos unimos con Cristo a fin de poder vivir con Él aquí y en el mundo venidero. Si queremos vivir con Él en el mundo venidero, hemos de vivir con Él en este mundo.

En los primeros siete versículos del capítulo siete de Romanos hemos visto la relación que por naturaleza mantenemos con el pecado, y la que –mediante la gracia– mantenemos después con Cristo, representadas bajo la figura del casamiento con el primer y el segundo maridos. La unión con el segundo marido no puede tener lugar mientras vive el primer marido. El matrimonio es tan perfecto, siendo ambas partes literalmente una carne y una sangre, que no puede morir el uno sin el otro. Tenemos que morir con el pecado, antes de poder separarnos de él.

Pero morimos *en* Cristo, y dado que Él vive, aunque fue muerto, nosotros también vivimos *con Él*. Pero en su vida no hay pecado, de forma que el cuerpo del pecado resulta deshecho, mientras que *nosotros* somos resucitados. Así, en la muerte somos separados del primer marido: el pecado, y unidos al segundo: Cristo.

En los versículos que siguen el apóstol describe la lucha con el pecado, una vez que éste se ha convertido en algo aborrecible. Es en realidad un desarrollo de cuanto se ha presentado en los primeros versículos:

La lucha por la liberación
Romanos 7:8-25.

8| Mas el pecado, tomando ocasión, obró en mí por el mandamiento toda concupiscencia: porque sin la ley el pecado está muerto. 9| Así que, yo sin la ley vivía por algún tiempo: mas venido el mandamiento, el pecado revivió, y yo morí. **10|** Y hallé que el mandamiento intimado para vida, para mí era mortal: **11|** Porque el pecado, tomando ocasión, me engañó por el mandamiento, y por él me mató. **12|** De manera que la ley a la verdad es santa, y el mandamiento santo, y justo, y bueno. **13|** ¿Luego lo que es bueno, vino a ser muerte para mí? ¡En ninguna manera!, sino que el pecado, para mostrarse pecado, produjo en mí la muerte por medio de lo que es bueno, a fin de que por el mandamiento el pecado llegase al extremo de la pecaminosidad. **14|** Porque sabemos que la ley es espiritual; mas yo soy carnal, vendido a sujeción del pecado. **15|** Porque lo que hago, no lo entiendo; ni lo que quiero, hago; antes lo que aborrezco, aquello hago. **16|** Y si lo que no quiero, esto hago, apruebo que la ley es buena. **17|** De manera que ya no obro aquello, sino el pecado que mora en mí. **18|** Y yo sé que en mí (es a saber, en mi carne) no mora el bien: porque tengo el querer, mas efectuar el bien no lo alcanzo. **19|** Porque no hago el bien que quiero; mas el mal que no quiero, este hago. **20|** Y si hago lo que no quiero, ya no lo obro yo, sino el pecado que mora en mí. **21|** Así que, queriendo yo hacer el bien, hallo esta ley: Que el mal está en mí. **22|** Porque según el hombre interior, me deleito en la ley de Dios: **23|** Mas veo otra ley en mis miembros, que se rebela contra la ley de mi espíritu, y que me lleva cautivo a la ley del pecado que está en mis miembros. **24|** ¡Miserable hombre de mí! ¿quién me librará del cuerpo de esta muerte? **25|** Gracias doy a Dios, por Jesucristo Señor nuestro. Así que, yo mismo con la mente sirvo a la ley de Dios, mas con la carne a la ley del pecado.

Una personificación del pecado – Es preciso observar que a lo largo de todo el capítulo se representa al pecado como a una persona: se trata del primer marido al que estamos unidos. Pero la unión se ha vuelto insufrible, pues tras haber visto a Cristo y habiendo sido atraídos hacia Él por su amor, nos hemos dado cuenta de que estábamos unidos a un esperpento. La unión matrimonial se ha convertido en un amargo yugo, y nuestro único pensamiento es cómo librarnos del monstruo al que estamos unidos y que nos está arrastrando a una muerte segura. La escena que describe este capítulo es una de las más vívidas de toda la Biblia.

La fuerza del pecado – "El aguijón de la muerte es el pecado, y la potencia del pecado, la ley" (1ª Cor. 15:56). "Sin la ley el pecado está muerto". "No se imputa pecado no habiendo ley". "Donde no hay ley, tampoco hay transgresión". Y es así como "el pecado, tomando ocasión, obró en mí por el mandamiento toda concupiscencia". El pecado es sencillamente la ley transgredida, ya que "el pecado es la transgresión de la ley" (1ª Juan 3:4). El pecado no tiene fuerza alguna, por lo tanto, salvo la que le concede la ley. La ley no es pecado, sin embargo nos mantiene unidos al pecado, es decir, testifica del pecado y no nos provee ninguna escapatoria, por la sencilla razón de que no puede dar falso testimonio.

La ley de vida y la ley de muerte – "El mandamiento intimado para vida, para mí era mortal". La ley de Dios es la vida de Dios. "Sed, pues, vosotros perfectos, como vuestro Padre que está en los cielos es perfecto" (Mat. 5:48). Su vida es la norma para todas sus criaturas. Aquellos en quienes se hace perfectamente manifiesta la vida de Dios, guardan su ley. Es por lo tanto muy evidente que el designio de la ley es la vida, puesto que es vida ella misma. Pero lo opuesto a la vida es la muerte. Por lo tanto, la transgresión de la ley significa muerte para el transgresor.

El enemigo mortal – "Tomando ocasión por el Mandamiento, el pecado me engañó, y por él me mató". El enemigo no es la ley, sino el pecado. Es el pecado quien mata, ya que "el aguijón de la muerte es el pecado". El pecado lleva en él el veneno de la muerte. El pecado nos engañó de tal manera que por un tiempo nos hizo creer que era nuestro amigo, y nos aferramos a él, deleitándonos en esa unión. Pero cuando la ley nos ilumina, descubrimos que el abrazo del pecado es el abrazo de la muerte.

La ley, exonerada – La ley señaló el hecho de que el pecado nos estaba matando. "De manera que la ley a la verdad es santa, y el mandamiento santo, y justo, y bueno". No tenemos más motivo para denostar la ley del que tendríamos para odiar a la persona que nos informase de que lo que estamos comiendo confiadamente, es en realidad un veneno. El tal es nuestro amigo: no lo sería si nos ocultara el peligro. El hecho de que no sea capaz de curar la enfermedad que el veneno ingerido ocasiona, no lo hace menos amigo nuestro. Nos advirtió del peligro, y podemos ahora solicitar asistencia del médico. Así, al fin y al cabo, la ley misma no fue muerte para nosotros, sino que su función es hacer el "pecado sobremanera pecante por el mandamiento".

"La ley es espiritual" – "Porque sabemos que la ley es espiritual". Si ese hecho fuese más ampliamente reconocido, existiría mucha menos legislación religiosa entre las así llamadas naciones cristianas. Nadie trataría de imponer por la fuerza los mandamientos de Dios. Puesto que la ley es espiritual, solamente se la puede obedecer mediante el poder del Espíritu de Dios. "Dios es Espíritu" (Juan 4:24), por lo tanto, la ley es la naturaleza de Dios. Espiritual es lo opuesto a carnal, o de la carne. Por eso sucede que los que están en la carne no pueden agradar a Dios.

Un esclavo – "Mas yo soy carnal; vendido a sujeción del pecado". El que está vendido es un esclavo; y la evidencia de la esclavitud está muy clara en esa expresión. Los hombres libres hacen aquello que quieren hacer. Solamente los esclavos realizan aquello que no quisieran, y se les impide continuamente que hagan aquello que desean. "Lo que hago, no lo entiendo; ni lo que quiero, hago; antes lo que aborrezco, aquello hago". Es imposible imaginar una situación más desgraciada que esa. La vida, en ese estado, no puede ser otra cosa más que una carga.

Convicción, pero no conversión – "Y si lo que no quiero, esto hago, apruebo que la ley es buena". El hecho de que no quisiéramos hacer los pecados que cometemos, muestra que reconocemos la justicia de la ley que los prohibe. Pero ser convicto no es estar convertido, aunque sea un paso muy necesario para la conversión. No basta con desear hacer lo recto. Se pronuncia la bendición sobre aquellos que cumplen sus mandamientos; no sobre aquellos que quisieran cumplirlos, como tampoco siquiera sobre aquellos que intentan cumplirlos. Verdaderamente, si no fuera posible para el profeso seguidor de Dios una posición más elevada que la descrita en ese versículo, éste resultaría estar en una situación mucho peor que la del pecador empedernido. Ambos son esclavos, sólo que el último está tan endurecido que encuentra placer en su esclavitud. Si es que uno debe ser esclavo por toda la vida, es preferible que sea inconsciente de su esclavitud, a que pase la vida consumiéndose continuamente en el conocimiento del hecho inevitable. Pero hay algo mejor, por lo tanto, es una bendición el que seamos convictos (o convencidos) de pecado, y que nuestra esclavitud venga con ello a resultar tan desagradable como sea posible.

Dos "leyes" – "Queriendo yo hacer el bien, hallo esta ley: que el mal está en mí. Porque según el hombre interior, me deleito en la ley de Dios: mas veo otra ley en mis miembros, que se rebela contra la ley de mi espíritu, y que me lleva cautivo a la ley del pecado que está en mis miembros". Considéralo junto al versículo 5.

Recuerda también que todo lo anterior está escrito para aquellos que conocen la ley. No va dirigido a los paganos que la ignoran, sino a los que profesan conocer a Dios. Habiendo conocido la ley, estamos unidos en matrimonio con el pecado. El pecado está en nuestra carne, puesto que los que están casados son hechos una sola carne. Es la ley la que da testimonio de que somos pecadores, y eso no nos supone ningún medio de escapar al hecho. Somos esclavos. Cualquiera que comete pecado, es siervo del pecado (Juan 8:34). La ley, pues, en esa situación, no nos permite ser otra cosa que lo que somos, manteniéndonos en esa servidumbre. Mientras permanecemos en esa condición, no es para nosotros una ley de libertad.

El cuerpo de muerte – Estamos unidos en matrimonio con el pecado. Pero el pecado lleva en sí mismo la muerte, ya que "el aguijón de la muerte es el pecado". El pecado es aquello con lo que la muerte nos mata. Por lo tanto, el cuerpo del pecado al que estamos unidos, mientras estamos en la carne, es ni más ni menos que un cuerpo de muerte. ¡Terrible condición! Estamos juntos en esa unión estrecha, y somos una sola carne con aquello que es la muerte misma: una muerte en vida.

"Y la potencia del pecado, la ley" – La ley da testimonio de nuestra unión con el pecado, y nos mantiene así en esa esclavitud de muerte. Si es que no hubiese esperanza de escapar, bien podríamos maldecir la ley por no permitir que muramos en la ignorancia. Pero aunque parecería que la ley esté desprovista de piedad, no obstante, es nuestro mejor amigo. Nos lleva a sentir el carácter mortífero de nuestra esclavitud, hasta que clamamos angustiados, "¡Miserable hombre de mí! ¿quién me librará del cuerpo de esta muerte?" Si no nos libra alguien, perecemos.

Hay un Libertador – Dice un proverbio secular que Dios ayuda a los que se ayudan a sí mismos. Sin embargo, la verdad es que Dios ayuda a quienes no pueden ayudarse a sí mismos. "Estaba yo postrado, y me salvó". Nadie que clame por socorro clamará en vano. Si clamamos por auxilio, allí está el Libertador, a la mano. Aunque el pecado está obrando muerte en nosotros por el poder de la ley, podemos exclamar, "Gracias a Dios, que nos da la victoria por el Señor nuestro Jesucristo" (1ª Cor. 15:57). "Vendrá de Sión el Libertador, que quitará de Jacob la impiedad" (Rom. 11:26). "Habiendo Dios resucitado a su Hijo, lo envió primero a vosotros, para que os bendijese, a fin de que cada uno se convierta de su maldad" (Hech. 3:26). "Gracias a Dios por su don inefable".

Un hombre dividido – "Con la mente sirvo a la ley de Dios, mas con la carne a la ley del pecado". Eso es así, por supuesto, mientras se está en la condición descrita en los versículos precedentes. En propósito, sirve a la ley de Dios, pero en la práctica real sirve a la ley del pecado. Como leemos en otro lugar, "la carne desea contra el Espíritu, y el Espíritu contra la carne. Los dos se oponen entre sí, para que no hagáis lo que quisierais" (Gál. 5:17). No es un estado de servicio real a Dios, ya que leemos en el siguiente capítulo que "los que están en la carne no pueden agradar a Dios". Se trata de un estado del que bien puede uno clamar por ser liberado, de tal forma que pueda servir al Señor no sólo con la mente, sino con el ser entero. "Y el mismo Dios de paz os santifique por completo; y todo vuestro ser: espíritu, alma y cuerpo, sea guardado sin culpa para la venida de nuestro Señor Jesucristo. El que os llamó es fiel, quien también lo hará" (1ª Tes. 5:23,24).

Capítulo 8

Libertad gloriosa de un mal "matrimonio"

LLEGAMOS aquí al desenlace del motivo principal. La epístola alcanza el punto culminante en este capítulo. El séptimo presenta la deplorable condición del hombre que ha sido despertado por la ley al sentido de su verdadera situación: atado al pecado con cuerdas que sólo la muerte puede desatar. Concluye con una vislumbre del Señor Jesucristo como el único que puede liberarnos del cuerpo de muerte.

Liberados de la condenación
Romanos 8:1-9

1| Ahora, pues, ninguna condenación hay para los que están en Cristo Jesús, [los que no están andando conforme a la carne, sino conforme al Espíritu]. 2| Porque la ley del Espíritu de vida en Cristo Jesús me ha librado de la ley del pecado y de la muerte. 3| Porque lo que era imposible para la ley, por cuanto era débil a causa de la carne, Dios, enviando a su propio Hijo en semejanza de carne de pecado y en lo concerniente al pecado, condenó al pecado en la carne; 4| para que la justicia de la ley se cumpliese en nosotros, los que no andamos conforme a la carne, sino conforme al Espíritu. 5| Porque los que son conforme a la carne, ponen su mente en las cosas de la carne; pero los que son conforme al Espíritu, en las cosas del Espíritu. 6| Porque la mentalidad de la carne es muerte, pero la mentalidad del Espíritu es vida y paz. 7| Por

> cuanto la mentalidad de la carne es enemistad contra Dios; porque no se somete a la ley de Dios, ya que ni siquiera puede; **8|** y los que viven según la carne no pueden agradar a Dios. **9|** Mas vosotros no vivís según la carne, sino según el Espíritu, si es que el Espíritu de Dios mora en vosotros. Y si alguno no tiene el Espíritu de Cristo, el tal no es de él.

"Ninguna condenación" – No hay condenación para los que están en Cristo ¿Por qué? Porque Él recibió la condenación de la ley, a fin de que la bendición nos pudiera llegar a nosotros. Mientras estemos en Él, nada puede ocurrirnos, que no le ocurra antes a Él; pero en Él toda maldición queda convertida en bendición, y la justicia desplaza al pecado. Su vida infinita triunfa sobre todo aquello que contra Él venga. Estamos "completos en él".

Puestos los ojos en Jesús – Alguien podrá decir, 'no encuentro que esa Escritura se cumpla en mi caso, puesto que cada vez que me miro a mí mismo encuentro algo que me condena'. Así debe ser, ya que la liberación de la condenación no se encuentra en nosotros mismos, sino en Cristo Jesús. Es a Él a quien debemos mirar, y no a nosotros mismos. Si obedecemos sus órdenes y le damos nuestra confianza, Él se encarga de hacernos aprobados ante la ley. Nunca habrá un tiempo en el que uno no encuentre condenación al mirarse a sí mismo.

La caída de Satanás se debió a que miró hacia sí mismo. La restauración de aquellos a quienes hizo caer, descansa en mirar solamente a Jesús. "Como Moisés levantó la serpiente en el desierto, así es necesario que el hijo del hombre sea levantado" (Juan 3:14). Se erigió la serpiente a fin de que los hombres la mirasen. Los que así hacían, resultaban sanados. Tal sucede también con Cristo. En el mundo venidero, los siervos del Señor "verán su cara": no serán nuevamente atraídos hacia sí mismos. La luz del rostro de Jesús será su gloria, y es esa misma luz la que nos ha de llevar hasta ese glorioso estado.

Convicción, no condenación – El texto no dice que los que están en Cristo Jesús jamás serán reprendidos. – ¿Crees que él no me reprende? ¡Qué amigo tan falso sería! ¡Si nunca, nunca me dijera de la faltas que debo ver!.

name, oh Dios, y conoce mi corazón: pruébame y reconoce mis pensamientos: y ve si hay en mí camino de perversidad, y guíame en el camino eterno. (Sal. 139:23,24)

Ir a Cristo es sólo el principio, no el final de la vida cristiana. Es la admisión en la escuela donde vamos a aprender de Él. Cristo toma al hombre impío, con todos sus malos hábitos, y perdona todos sus pecados, de forma que se lo tiene como si nunca hubiese pecado. Entonces Cristo continúa dándole a él su propia vida, por medio de la cual puede vencer sus malos hábitos.

La asociación con Cristo nos revelará más y más nuestros defectos, lo mismo que nuestra asociación con un hombre instruido nos haría conscientes de nuestra ignorancia. Como un testigo fiel, nos dice nuestros puntos débiles. Pero no lo hace con el objeto de condenarnos. Recibimos de Él simpatía, no condenación. Es su simpatía la que nos infunde ánimo, y la que nos capacita para vencer.

Cuando el Señor señala un defecto en nuestros caracteres, es como si nos dijese, 'Estás necesitado de algo que Yo tengo para darte'. Cuando aprendemos a ver de ese modo un reproche, será un motivo de gozo para nosotros, y no de desánimo.

La ley de vida en Cristo – La ley sin Cristo significa muerte. La ley en Cristo significa vida. Su vida es la ley de Dios, ya que del corazón mana la vida, y la ley estaba en el corazón de Cristo. La ley del pecado y muerte obra en nuestros miembros. Pero la ley del Espíritu de vida en Cristo nos libra de ella. Observa que es la vida de Cristo la que lo efectúa. No nos libra de la obediencia a la ley, ya que tal era nuestro estado previo, y eso era esclavitud –no libertad–. De lo que nos libra es de la transgresión de la ley.

La obra de Cristo – Está claramente expuesta en los versículos 3 y 4. Dios envió a su Hijo en semejanza de carne de pecado, y a causa del pecado, "para que la justicia de la ley fuese cumplida en nosotros". "La ley a la verdad es santa, y el mandamiento santo, y justo, y bueno". No hay en la ley defecto alguno: el defecto está en nosotros por haberla transgredido. La obra de Cristo no consiste en cambiar la ley en el más mínimo particular, sino en cambiarnos a nosotros en todo particular. Consiste en poner la ley en nuestros corazones en su perfección, en el lugar de la malograda y quebrantada copia de ella.

La imposibilidad de la ley – La ley es poderosa para condenar. Sin embargo, es débil, incluso incapaz, en lo que respecta a la mayor necesidad del hombre: la salvación. Era y es "débil por la carne". La ley es buena, santa y justa, pero el hombre no tiene poder para obedecerla. Es como un hacha bien afilada y del mejor acero, pero que es incapaz de cortar el árbol debido a que los brazos que la asen carecen de la fuerza necesaria. Así la ley de Dios no puede por si misma obrar. Señala el deber del hombre, y le toca a él cumplirlo. Pero éste no puede, motivo por el que vino Cristo para realizarlo en el hombre. Lo que la ley no podía hacer, Dios lo hizo mediante su Hijo.

Semejanza de carne de pecado – Está extendida la idea de que eso significa que Cristo simuló tener carne de pecado, que no tomó realmente sobre sí la carne de pecado, sino solamente una apariencia de ella. Pero las Escrituras no enseñan tal cosa. "Debía ser en todo semejante a sus hermanos, para venir a ser compasivo y fiel Sumo Sacerdote ante Dios, para expiar los pecados del pueblo" (Heb. 2:17). El Hijo de Dios fue "nacido de mujer, nacido bajo la Ley, para redimir a los que estaban bajo la Ley" (Gál. 4:4,5).

Tomó la misma carne que tienen todos los que son nacidos de mujer. En 2ª de Corintios 5:21 encontramos un texto paralelo al de Romanos 8:3,4. Éste dice que Cristo fue enviado en semejanza de carne de pecado "para que la justicia de la ley fuese cumplida en nosotros". Aquel dice que, "al que no tenía pecado, Dios lo hizo pecado por nosotros, para que nosotros fuésemos hechos justicia de Dios en él".

"Rodeado de flaqueza" – Todo el aliento que podemos obtener de Cristo se basa en saber que Él fue hecho en todas las cosas como nosotros. De otra forma, vacilaríamos en contarle nuestras debilidades y fracasos. El sacerdote que ofrece sacrificios por los pecados, debe ser alguien "que se pueda compadecer de los ignorantes y extraviados, pues que él también esta rodeado de flaqueza" (Heb. 5:2).

Eso se aplica perfectamente a Cristo, ya que "no tenemos un Sumo Sacerdote incapaz de simpatizar con nuestras debilidades; sino al contrario, fue tentado en todo según nuestra semejanza, pero sin pecado" (Heb. 4:15). Esa es la razón por la que podemos acercarnos con segura confianza al trono de la gracia, para alcanzar misericordia. Tan perfectamente se identificó Cristo con nosotros, que hasta el día de hoy siente nuestros sufrimientos.

La carne y el espíritu – "Los que viven conforme a la carne, de las cosas que son de la carne se ocupan; mas los que conforme al espíritu, de las cosas del espíritu". Observa que esa afirmación depende de la que la precede: "para que la justicia de la ley fuese cumplida en nosotros, que no andamos conforme a la carne, mas conforme al espíritu". Las cosas del Espíritu son los mandamientos de Dios, ya que la ley es espiritual. La carne sirve a la ley del pecado (como hemos visto en la descripción de las obras de la carne que hace el capítulo precedente, y también Gálatas 5:19-21). Pero Cristo vino en esa misma carne, para demostrar el poder del Espíritu sobre la carne. "Los que están en la carne no pueden agradar a Dios. Mas vosotros no estáis en la carne, sino en el espíritu, si es que el Espíritu de Dios mora en vosotros".

Nadie pretenderá que, tras la conversión, la carne del hombre sea en nada diferente de lo que fue anteriormente. Menos aun lo pretenderá el propio hombre convertido, ya que tiene evidencia continua de su perversidad. Pero si está realmente convertido, y el espíritu de Cristo mora en él, no está más a merced del poder de la carne. El propio Cristo vino en la misma carne pecaminosa, sin embargo no pecó jamás, al ser dirigido siempre por el Espíritu.

La enemistad – "La intención de la carne es enemistad contra Dios; porque no se sujeta a la ley de Dios, ni tampoco puede". La carne nunca se convierte. Es enemistad contra Dios, y dicha enemistad consiste en oposición a su ley.

Por lo tanto, todo el que se opone a la ley de Dios está luchando contra Él. Pero Cristo es nuestra paz, y vino a predicar paz. "A vosotros también, que erais en otro tiempo extraños y enemigos de ánimo en malas obras, ahora empero os ha reconciliado en el cuerpo de su carne por medio de muerte, para haceros santos, y sin mancha, e irreprensibles delante de él" (Col. 1:21,22). Abolió la enemistad en su propia carne, de forma que todos los que están crucificados con Él están en paz con Dios; es decir, están sujetos a su ley, que se encuentra en los corazones de ellos.

"Vida y paz" – "La intención de la carne es muerte; mas la intención del espíritu, vida y paz". Tener una mente espiritual es tener una mente controlada por la ley de Dios, "porque sabemos que la ley es espiritual". "Mucha paz tienen los que aman tu ley" (Sal. 119:165). "Justificados –hechos justos– por la fe, tenemos paz para con Dios por medio de nuestro Señor Jesucristo" (Rom. 5:1). La mente carnal es enemistad contra Dios, por lo tanto, tener una mente carnal significa la muerte. Pero Cristo "abolió la muerte, y sacó a la luz la vida y la inmortalidad por medio del evangelio" (2ª Tim. 1:10). Abolió la muerte destruyendo el poder del pecado en todos quienes creen en Él, ya que la muerte sólo tiene poder mediante el pecado: "El aguijón de la muerte es el pecado" (1ª Cor. 15:56). Por lo tanto podemos decir con gozo, incluso ya ahora: "A Dios gracias, que nos da la victoria por el Señor nuestro Jesucristo".

El capítulo octavo de Romanos está lleno de las cosas gloriosas que Dios ha prometido a aquellos que le aman. Caracterizan este capítulo expresiones como: Libertad, el Espíritu de vida en Cristo, hijos de Dios, herederos de Dios junto a Cristo.

Hijos de Dios
Romanos 8:9-17

9| Mas vosotros no vivís según la carne, sino según el Espíritu, si es que el Espíritu de Dios mora en vosotros. Y si alguno no tiene el Espíritu de Cristo, el tal no es de él. 10| Pero si Cristo está en vosotros, el cuerpo en verdad está muerto a causa del pecado, mas el espíritu vive a causa de la justicia. 11| Y si el Espíritu de aquel que levantó de los muertos a Jesús habita en vosotros, el que levantó de los muertos a Cristo Jesús vivificará también vuestros cuerpos mortales por medio de su Espíritu que habita en vosotros. 12| Así que, hermanos, somos deudores, no a la carne, para que vivamos conforme a la carne; 13| porque si vivís conforme a la carne, vais a morir; mas si por el Espíritu hacéis morir las obras de la carne, viviréis. 14| Porque todos los que son guiados por el Espíritu de Dios, éstos son hijos de Dios. 15| Pues no habéis recibido espíritu de servidumbre para recaer en el temor, sino que habéis recibido espíritu de adopción como hijos, por el cual clamamos: ¡Abbá, Padre! 16| El Espíritu mismo da juntamente testimonio a nuestro espíritu, de que somos hijos de Dios. 17| Y si hijos, también herederos; herederos de Dios y coherederos con Cristo, si es que padecemos juntamente con él, para que juntamente con él seamos glorificados.

Fuerzas contrapuestas – La carne y el Espíritu están en continua oposición. El Espíritu no se somete jamás a la carne, y ésta nunca se convierte. La carne tendrá la naturaleza del pecado hasta que nuestros cuerpos sean transformados en la venida del Señor. El Espíritu contiende con el hombre pecador, pero éste[hombre] se rinde a la carne, siendo así un esclavo del pecado.

Un hombre tal no está bajo la dirección del Espíritu, si bien el Espíritu no por ello lo abandona. La carne es lo mismo en un hombre convertido que en un pecador, pero la diferencia es que ahora no tiene poder, ya que el hombre convertido se rinde al Espíritu, que controla la carne. Aunque la carne del hombre es precisamente la misma que era antes de convertirse, se dice que no está "en la carne", sino "en el Espíritu", ya que por medio del Espíritu "hace morir" las obras de la carne.

Vida en la muerte – "Si Cristo está en vosotros, el cuerpo a la verdad está muerto a causa del pecado; mas el espíritu vive a causa de la justicia". Encontramos aquí a los dos hombres de los que habla el apóstol en 2ª de Corintios 4:7-16. "Porque nosotros que vivimos, siempre estamos entregados a muerte por Jesús, para que también la vida de Jesús sea manifestada en nuestros cuerpos". Más adelante añade: "aunque éste nuestro hombre exterior se va desgastando, el interior empero se renueva de día en día". Aunque nuestro cuerpo se debilite y envejezca, el hombre interior –Cristo Jesús– está siempre nuevo. Y Él es nuestra auténtica vida. "Muertos sois, y vuestra vida está escondida con Cristo en Dios" (Col. 3:3).

Esa es la razón por la que nada tenemos que temer de aquellos que pueden solamente destruir el cuerpo, y después no hay ya nada más que puedan hacer. Aunque nuestro cuerpo arda en la pira, atado a una estaca, los hombres malvados no pueden tocar la vida eterna que tenemos en Cristo, quien no puede ser destruido. Ningún hombre puede desposeerle de la vida.

La seguridad de la resurrección – "Si el Espíritu de aquel que levantó de los muertos a Jesús mora en vosotros, el que levantó a Cristo Jesús de los muertos, vivificará también vuestros cuerpos mortales por su Espíritu que mora en vosotros". Dijo Jesús del agua que dio, que es el Espíritu Santo, que sería en nosotros una fuente de agua que mana para vida eterna (Juan 4:14; 7:37-39). Es decir, la vida espiritual que ahora vivimos en la carne gracias al Espíritu, constituye la seguridad del cuerpo espiritual que se nos otorgará en la resurrección, cuando la vida de Cristo se nos manifieste en cuerpos incorruptibles.

No somos deudores a la carne – "Así que, hermanos, deudores somos, no a la carne, para que vivamos conforme a la carne". Somos verdaderamente deudores. Pero no le debemos nada a la carne. No ha hecho nada por nosotros, ni puede hacerlo. Todo lo que la carne puede hacer resulta ser nada, ya que sus obras son pecado y significan la muerte. Sin embargo, somos deudores al Señor Jesucristo, "que se dio a sí mismo por nosotros". En consecuencia, debemos rendirlo todo a su vida. "Porque si viviereis conforme a la carne, moriréis; mas si por el espíritu mortificáis las obras de la carne, viviréis".

Hijos de Dios – Aquellos que se rinden a las luchas del Espíritu, y continúan cediendo, son guiados por el Espíritu; y ellos son los hijos de Dios. Son tomados en la misma relación con el Padre que el Hijo unigénito ocupa. "Mirad cuál amor nos ha dado el Padre, que seamos llamados hijos de Dios; por esto el mundo no nos conoce, porque no le conoció a Él. Amados, ahora somos hijos de Dios, y aún no se ha manifestado lo que hemos de ser; pero sabemos que cuando Él apareciere, seremos semejantes a Él, porque le veremos como Él es". Si somos guiados por el Espíritu de Dios, ahora somos tanto los hijos de Dios como siempre podremos ser

Hijos ahora – Algunas personas sostienen que ningún hombre nace de Dios hasta la resurrección. Sin embargo, es un hecho de que ahora somos hijos de Dios. Quizá dirá alguien, – "aún no nos hemos manifestado como hijos". Cierto, y tampoco fue Cristo cuando estuvo en la tierra. Pocos eran los que sabían que era el Cristo, el Hijo del Dios viviente. Y lo sabían sólo por revelación de Dios. El mundo no nos conoce, porque no lo conoció a Él. Decir que los creyentes no son hijos de Dios ahora porque no hay nada en su apariencia que lo indique, es traer la misma acusación contra Jesucristo Pero Jesús era verdaderamente el Hijo de Dios cuando estaba en el pesebre de Belén, como lo es ahora que está sentado a la diestra de Dios.

El testimonio del Espíritu – ""El Espíritu mismo da testimonio con nuestro espíritu, que somos hijos de Dios". ¿Cómo el Espíritu testifica? Esto se contesta en Hebreos 10:14-17, el apóstol dice: que por una ofrenda ha perfeccionado a los santificados, y luego dice que el Espíritu Santo es un testigo de este hecho cuando dice: "Este es el pacto que haré con ellos después de esos días, dice el Señor, pondré mis leyes en sus corazones, y en su mente las escribiré, y sus pecados e iniquidades no recordaré más". Es decir, el testimonio del Espíritu es la palabra. Sabemos que somos hijos de Dios, porque el Espíritu nos asegura ese hecho en la Biblia. El testimonio del Espíritu no es ningún arrobado sentimiento de éxtasis, sino una declaración concreta. No somos hijos de Dios porque *sintamos* que lo somos, sino *porque el Señor así lo afirma*. El que cree, tiene la palabra morando en sí mismo, y es así como "el que cree en el Hijo de Dios, tiene el testimonio en sí mismo" (1ª Juan 5:10).

Sin temor – "No habéis recibido el espíritu de servidumbre para estar otra vez en temor; mas habéis recibido el espíritu de adopción, por el cual clamamos, Abba, Padre". "No nos ha dado Dios el espíritu de temor, sino el de fortaleza, y de amor, y de templanza"

(2ª Tim. 1:7). "... Dios es amor; y el que permanece en amor, permanece en Dios, y Dios en él. En esto es perfeccionado el amor en nosotros, para que tengamos confianza en el día del juicio; pues como Él es, así somos nosotros en este mundo. En el amor no hay temor; mas el perfecto amor echa fuera el temor, porque el temor conlleva castigo. Y el que teme no ha sido perfeccionado en el amor" (1ª Juan 4:16-18).

Cristo se dio a sí mismo para liberar a aquellos que por temor a la muerte fueron toda su vida sujetos a la servidumbre. Heb. 2:15. El que conoce y ama al Señor no puede tenerle miedo; y el que no teme al Señor no tiene necesidad de temer a ninguna otra persona o cosa. Una de las mayores bendiciones del evangelio es la liberación del miedo, ya sea real o imaginario. "Busqué al Señor, y él me oyó, y me libró de todos mis miedos" (Sal. 34:4).

Herederos de Dios – No dice solamente que seamos herederos de lo que Dios *tiene*, sino que somos herederos de *Dios mismo*. ¡Maravillosa herencia! Teniéndolo a Él, lo tenemos todo, por supuesto. Pero la bendición consiste en tenerlo a Él. "El Eterno es la porción de mi herencia y de mi copa" (Sal. 16:5). Ese es el hecho. Algo digno de profunda meditación, más que de explicación.

Coherederos con Cristo – Si somos hijos de Dios, pisamos el mismo terreno que Jesucristo. Él mismo dijo que el Padre nos ama como lo ama a Él (Juan 17:23). Queda demostrado por el hecho de que nos fue dada su vida. Por lo tanto, el Padre no tiene nada por su Hijo unigénito que no tenga por nosotros. No solamente eso, sino que el ser coherederos con Cristo significa que Él no puede poseer su heredad antes que nosotros. Él está sentado a la diestra de Dios, pero Dios, en su gran amor por nosotros, "nos dio vida juntamente con Cristo… y juntamente nos resucitó, y asimismo nos hizo sentar en los cielos con Cristo Jesús" (Efe. 2:4-6). Cristo comparte con nosotros la gloria que Él tiene (Juan 17:22). ¡Significa mucho, ser coherederos juntamente con Jesucristo! No es maravilla que el apóstol exclame, "Mirad cuál amor nos ha dado el Padre, que seamos llamados hijos de Dios".

Sufrir con Él – "Si empero padecemos juntamente con él, para que juntamente con él seamos glorificados". "Porque en cuanto él mismo padeció siendo tentado, es poderoso para socorrer a los que son tentados" (Heb. 2:18). Sufrir con Cristo significa, por lo tanto, resistir la tentación con Él. El sufrimiento es el que deriva de la lucha contra el pecado. El sufrimiento autoinfligido carece de valor. No hay honra alguna en satisfacer la carne (Col. 2:23). Cristo no se torturó a sí mismo a fin de ganar la aprobación del Padre. Pero cuando sufrimos con Cristo, somos hechos perfectos en Él. El poder por medio del cual venció Cristo las tentaciones del enemigo es el mismo poder por el que hemos de vencer nosotros. Su vida en nosotros gana la victoria.

En los versículos precedentes del octavo capítulo de Romanos hemos visto cómo somos adoptados en la familia de Dios como hijos, y cómo somos hechos coherederos con Jesucristo. El Espíritu Santo establece el vínculo de relación. Es el "Espíritu de adopción", el Espíritu procedente del Padre, como representante del Hijo, el que verifica nuestra aceptación como hermanos de Jesucristo. Los que son guiados por el Espíritu deben ser como Cristo fue en el mundo, y se les asegura de esa manera igual suerte en la herencia con Cristo, "porque el mismo Espíritu da testimonio a nuestro espíritu que somos hijos de Dios".

Juntamente glorificados
Romanos 8:17-25

17| Y si hijos, también herederos; herederos de Dios y coherederos con Cristo, si es que padecemos juntamente con él, para que juntamente con él seamos glorificados. 18| Pues considero que las aflicciones del tiempo presente no son comparables con la gloria venidera que ha de manifestarse en nosotros. 19| Porque el anhelo ardiente de la creación es el aguardar la revelación de los hijos de Dios. 20| Porque la creación fue sometida a vanidad, no por su propia voluntad, sino por causa del que la sometió, en esperanza 21| de que también la creación misma será liberada de la servidumbre de la corrupción, a la gloriosa libertad de los

> hijos de Dios. **22|** *Porque sabemos que toda la creación gime a una, y a una está con dolores de parto hasta ahora;* **23|** *y no sólo esto, sino que también nosotros mismos, que tenemos las primicias del Espíritu, nosotros también gemimos dentro de nosotros mismos, esperando la adopción, la redención de nuestro cuerpo.* **24|** *Porque en esperanza fuimos salvos; pero la esperanza que se ve, no es esperanza; porque lo que alguien ve, ¿a qué esperarlo?* **25|** *Pero si esperamos lo que no vemos, mediante la paciencia lo aguardamos.*

¿Por qué el sufrimiento? – La vida de Cristo en la tierra fue una vida de sufrimiento. Fue "varón de dolores, experimentado en quebranto". "Padeció siendo tentado", pero sus sufrimientos no fueron solamente psicológicos. Conoció el dolor físico, "Él mismo tomó nuestras enfermedades, y llevó nuestras dolencias" (Mat. 8:17). Padeció hambre en el desierto, y sus obras de amor no fueron realizadas sin considerable fatiga y dolor. Los sufrimientos que padeció de manos de los rudos soldados, en su escarnecimiento y crucifixión, fueron la continuación, en otra forma, de lo que había sufrido durante toda su vida en la tierra.

Gloria más allá del sufrimiento – Por medio de todos los profetas, el Espíritu de Cristo daba testimonio de "las aflicciones que habían de venir a Cristo, y las glorias después de ellas" (1ª Ped. 1:11). Cuando Cristo, después de su resurrección, hablaba a sus dos discípulos en el camino a Emmaús, les dijo, "¿No era necesario que el Cristo padeciera estas cosas, y que entrara en su gloria? Y comenzando desde Moisés, y de todos los profetas, declarábales en todas las Escrituras lo que de él decían" (Luc. 24:26,27). Sabemos que se cumplió la primera parte de esas profecías, motivo por el que podemos estar seguros del cumplimiento de lo que resta. La gloria venidera es tan cierta y real como lo fueron los sufrimientos de Cristo.

Sufriendo juntamente con Él – El nuestro debe ser un sufrimiento "juntamente con él". No se trata de que suframos solos. Ahora bien, no podemos sufrir dos mil años hacia atrás, antes que naciésemos, de lo que se deduce que Cristo sufre hoy todavía. De otra forma, no podríamos sufrir con Él. Lee lo que se nos asegura en relación con el antiguo Israel: "En toda angustia de ellos él fue angustiado" (Isa. 63:9). Así, en Mateo 25:35-40 vemos que Cristo sufre o es aliviado en su sufrimiento cuando sus discípulos sufren o son aliviados. Él es la cabeza del cuerpo.

Si cuando sufre un miembro todos los demás se conduelen con él (1ª Cor. 12:26), ¡cuánto más cierto debe ser con respecto a la Cabeza! Leemos por tanto, de Cristo, que incluso ahora, como sumo sacerdote, puede "compadecerse de los ignorantes y extraviados, puesto que él también está rodeado de flaqueza" (Heb. 5:1,2). Vemos que Cristo nunca se despojó de la naturaleza humana que tomó sobre sí, sino que sigue identificado con los hombres sufrientes y pecadores. Es una gloriosa verdad, digna de ser conocida y confesada, el que "Jesucristo ha venido en carne" (1ª Juan 4:2).

Glorificados juntamente con Él – "Padecemos juntamente con él, para que juntamente con él seamos glorificados". Cristo no tiene nada que no sea igualmente para nosotros. Su oración fue: "Padre, aquellos que me has dado, quiero que donde yo estoy, ellos estén también conmigo" (Juan 17:24). Y dice, "Al que venciere, yo le daré que se siente conmigo en mi trono" (Apoc. 3:21). Todo lo suyo es nuestro, y lo tenemos en el momento en que es suyo, puesto que somos coherederos juntamente con Cristo.

Hay gloria, ahora – A primera vista podría parecerte exagerada la afirmación precedente. La idea predominante es que Cristo es glorificado mucho antes de lo que lo somos sus coherederos. Bastará un texto para aclarar el tema: "Ruego a los ancianos que están entre vosotros, yo anciano también con ellos, y testigo de las aflicciones de Cristo, que soy también participante de la gloria que ha de ser revelada" (1ª Ped. 5:1). Pedro se declaró a sí mismo participante de la gloria. Así tuvo que ser, pues creyó las palabras de Cristo en su oración por los discípulos: "Yo, la gloria que me diste, les he dado" (Juan 17:22). Si Cristo tiene hoy gloria, la comparte con sus discípulos. Tenemos aún las palabras del apóstol Pedro hablando de Cristo,

"Al cual, no habiendo visto, le amáis; en el cual creyendo, aunque al presente no lo veáis, os alegráis con gozo inefable y glorificado" (1ª Ped. 1:8).

Gracia y gloria inesperadas – El apóstol Juan nos dice que aunque somos ahora hijos de Dios, el mundo no nos conoce, puesto que no conoció a Cristo. Nada había en la apariencia física de Cristo, cuando estuvo en la tierra, que indicase que era el Hijo de Dios. La carne y la sangre no lo revelaban a nadie. Su apariencia era enteramente la de un hombre ordinario. Sin embargo, tuvo gloria en todo momento.

Leemos que cuando convirtió el agua en vino, "manifestó su gloria" (Juan 2:11). Su gloria se manifestaba en forma de gracia. "Y aquel Verbo fue hecho carne, y habitó entre nosotros (y vimos su gloria, gloria como del unigénito del Padre), lleno de gracia y de verdad" (Juan 1:14). La gracia con la que Dios fortalece a su pueblo, es "conforme a las riquezas de su gloria" (Efe. 3:16). Todos los que están en Cristo son escogidos "para alabanza de la gloria de su gracia" (Efe. 1:6). La gracia es gloria, pero gloria velada con el fin de que los ojos mortales no sean deslumbrados por ella.

Gloria que se ha de revelar – "Lo que en este tiempo se padece, no es de comparar con la gloria venidera que en nosotros ha de ser manifestada". Debemos poseer la gloria ahora. Sin embargo, se revelará solamente en la venida de Cristo. Es entonces cuando se revelará su gloria (1ª Ped. 4:13), y entonces nuestra prueba será "hallada en alabanza, gloria y honra".

Excepción hecha de aquella manifestación a los tres escogidos en el monte de la transfiguración, la gloria de Cristo todavía no se ha revelado. En esa ocasión se permitió que brillara la gloria que Cristo poseía ya. Apareció entonces con el mismo aspecto que tendrá en su venida. Pero para el hombre en general, no hay ahora mayor evidencia de que Jesús es el Hijo de Dios, de la que había cuando estaba ante el tribunal de Pilato.

Sin embargo, aquellos que lo ven por la fe, y que no se avergüenzan de compartir sus sufrimientos, comparten igualmente su gloria velada; y cuando Él aparezca en su gloria, "entonces los justos resplandecerán como el sol en el reino de su Padre" (Mat. 13:43). Tal será "la manifestación de los hijos de Dios". Entonces Cristo se manifestará por primera vez ante el mundo como el Hijo de Dios, y los suyos se manifestarán con Él.

La esperanza de la creación – El término "criatura", en los versículos 19 al 21 significa creación (como traduce la versión Reina Valera de 1990). En el versículo 22 se describe a toda la creación gimiendo, esperando ser liberada de aquello a lo que fue sujeta. Cuando el hombre pecó, la tierra fue maldita por su causa (ver Gén. 3:17). La tierra no había cometido pecado alguno, pero tuvo que participar de la caída del hombre, a quien había sido dada. Una tierra perfecta no podía ser la morada del hombre pecador. Pero fue sujeta (a vanidad) en esperanza. Dios había hecho la tierra perfecta. "...no la creó en vano, para que fuese habitada la creó..." (Isa. 45:18). Y Él "hace todas las cosas según el propósito de su voluntad" (Efe. 1:11). Por lo tanto, es seguro que la tierra ha de ser glorificada tal como lo fue en el principio. "La misma creación será librada de la esclavitud de la corrupción, para participar de la gloriosa libertad de los hijos de Dios".

Adopción y redención – Tanto la tierra como nosotros, estamos "esperando la adopción, es a saber, la redención de nuestro cuerpo". La tierra lo espera, ya que no puede librarse de la maldición hasta tanto no seamos establecidos como hijos de Dios, y por lo tanto, como legítimos herederos. El Espíritu Santo es la garantía o prenda de ese derecho de herencia. El Espíritu nos sella como herederos "para el día de la redención" (Efe. 4:30).

Es para nosotros un Testigo de que somos hijos de Dios, si bien el mundo no acepta ese testimonio. El mundo no conoce a los hijos de Dios. Pero cuando se revele esa gloria que nos ha dado, y nuestros cuerpos sean redimidos de la destrucción y brillen a semejanza de su cuerpo glorioso, entonces no habrá duda ninguna en la mente de nadie. Hasta el mismo Satanás se verá obligado entonces a reconocer que somos hijos de Dios, y por lo tanto, legítimos herederos de la tierra glorificada.

Esperanza y paciencia – La esperanza, en sentido bíblico, significa más que el mero deseo de algo. Implica certeza, ya que el terreno sobre el que se basa la esperanza del cristiano es la promesa de Dios, reafirmada por su juramento. Nada hay que diga a nuestros ojos que somos hijos de Dios. No podemos ver nuestra propia gloria, y es por eso que no se nos encarga que la procuremos aquí. Tampoco podemos ver a Cristo, sin embargo sabemos que es el Hijo de Dios. Esa es la garantía de que nosotros somos también hijos de Dios. Si hubiese alguna incertidumbre, entonces no podríamos esperar con paciencia. Habríamos de esperar con inquietud y preocupación. Pero aunque los ojos físicos sean incapaces de apreciar ningún indicio de que somos propiedad de Dios, la fe y la esperanza así nos lo aseguran, por lo tanto, esperamos con paciencia aquello que no vemos.

Algo que vale la pena saber
Romanos 8:26-28

26| Y asimismo también el Espíritu ayuda nuestra flaqueza: porque qué hemos de pedir como conviene, no lo sabemos; sino que el mismo Espíritu pide por nosotros con gemidos indecibles. 27| Mas el que escudriña los corazones, sabe cuál es el intento del Espíritu, porque conforme a la voluntad de Dios, demanda por los santos. 28| Y sabemos que a los que a Dios aman, todas las cosas les ayudan a bien, es a saber, a los que conforme al propósito son llamados.

Orar "con el Espíritu" – El corazón es engañoso más que todas las cosas, y nadie puede conocerlo, excepto Dios mismo (Jer. 17:9,10). Esa es ya en sí misma una razón suficiente por la que no sabemos pedir como conviene.

Además, no sabemos las cosas que Dios tiene para darnos; y de saberlas, nuestros labios no las podrían describir, puesto que "cosas que ojo no vio, ni oído oyó, ni han subido en corazón humano, son las que Dios ha preparado para los que le aman. Pero Dios nos lo reveló por el Espíritu, porque el Espíritu lo explora todo, aun lo profundo de Dios. Porque ¿quién de los hombres conoce lo íntimo del hombre, sino el espíritu del hombre que está en él? Así también, nadie conoció las cosas de Dios, sino el Espíritu de Dios. Y nosotros no hemos recibido el espíritu del mundo, sino el Espíritu que viene de Dios, para conocer los dones que Dios nos ha dado gratuitamente" (1ª Cor. 2:9-12).

Dios anhela darnos "mucho más abundantemente de lo que pedimos o entendemos" (Efe. 3:20). Por supuesto, es imposible expresar en palabras el alcance de esas cosas. La frase que sigue, no obstante, especifica que es "por la potencia que obra en nosotros", y el versículo dieciséis aclara que esa potencia que obra en nosotros es el Espíritu. Lo encontramos también en el capítulo octavo de Romanos, o en el segundo de 1ª de Corintios.

"El Espíritu todo lo escudriña, aun lo profundo de Dios". De manera que el Espíritu sabe exactamente lo que el Señor tiene para nosotros. Los pensamientos más profundos están por encima de lo que el lenguaje puede expresar, así que el Espíritu hace intercesión en nuestro favor con gemidos indecibles que es imposible describir. Pero, si bien no se trata propiamente de palabras, "el que sondea los corazones, sabe cuál es la intención del Espíritu, y él intercede por los santos conforme a la voluntad de Dios". El Espíritu clama precisamente por las cosas que el Señor tiene para otorgar. El Espíritu intercede por los santos de acuerdo con la voluntad de Dios. Y sabemos que se nos concede todo lo que pedimos de acuerdo con la voluntad de Dios (1ª Juan 5:14,15).

Observa la forma en la que ese texto relativo a la oración armoniza con los pasajes precedentes en Romanos ocho. Dios nos ha concedido su Espíritu para que habite en nosotros, para que nos guíe y dirija nuestras vidas. El que poseamos el Espíritu Santo demuestra que somos hijos de Dios. Siendo hijos, podemos allegarnos a Él pidiéndole que nos dé lo que necesitamos, con la misma confianza con la que un niño se dirige a su padre. Pero no obstante esa confianza, nuestros pensamientos son tan inferiores a los de Dios como lo es la tierra en relación con los cielos (Isa. 55:8,9).

Si nuestros pensamientos son deficientes, nuestro lenguaje lo es aún mucho más. Ni siquiera encontramos la manera de describir con propiedad nuestros pequeños actos cotidianos. Pero si somos los hijos de Dios, tenemos en nosotros a su mismo representante, quien nos auxilia en la enfermedad, y quien es capaz de tomar de las cosas de Dios a fin de dárnoslas. Qué tremenda confianza debiera darnos eso al orar a Dios, particularmente a quienes menos facilidades encuentran para expresarse en palabras. Poco importa si tu vocabulario es limitado, si tartamudeas, o aún si eres mudo. Si oras en el Espíritu, está seguro de recibir todo cuanto necesitas, y aún más de lo que puedas pedir o pensar.

Teniendo presentes esos hechos, cuánta fuerza adquiere la exhortación del apóstol, "Orando en todo tiempo con toda deprecación y súplica en el Espíritu, y velando en ello con toda instancia y suplicación por todos los santos" (Efe. 6:18).

Todas las cosas obran para el bien – "Sabemos que a los que a Dios aman, todas las cosas les ayudan a bien". Si no lo supiésemos, no podríamos tener una confianza en la oración como la que es nuestro privilegio tener, en vista de lo expresado en los versículos precedentes. Todo el que conozca al Señor lo amará, puesto que Dios es amor. El Espíritu nos lo revela tal como es. Todo el que sepa que "de tal manera amó Dios al mundo, que ha dado a su Hijo unigénito, para que todo aquel que en él cree, no se pierda, mas tenga vida eterna", encontrará imposible dejar de amarle, y en esa circunstancia, todas las cosas le ayudan a bien.

Observa que el versículo no dice que sabemos que a los que a Dios aman, todas las cosas les *ayudarán* a bien, sino que les ayudan a bien ya actualmente. Venga lo que venga, es bueno para los que aman al Señor y confían en Él. Muchos pierden la bendición que les daría esa seguridad, al leer el versículo como si estuviese reservado al futuro. Intentan aceptar resignadamente las pruebas que les llegan, pensando que con el transcurso del tiempo, algún día les reportarán algún bien. Pero al hacer así, no están recibiendo el bien que Dios les da hoy.

Por último, observa que el texto no dice que sabemos cuál es la manera en la que todas las cosas ayudan a bien a los que a Dios aman. Algunos exclaman, entre suspiros piadosos, '¡Supongo que será para bien, aunque no veo cómo!' Cierto que no, y para nada se han de preocupar de ello. Es Dios quien hace que obren para bien, puesto que sólo Él tiene el poder.

Por lo tanto, no necesitamos saber la manera en la que eso ocurre. Nos basta con conocer el hecho. Dios puede trastocar todos los planes del diablo, y puede hacer que la ira del hombre redunde en alabanza para Él. Nuestra parte es creer. ¿Dónde queda la confianza en el Señor, si necesitamos ver la manera en la que lo hace todo? Los que necesitan ver la forma en la que el Señor obra, demuestran que no pueden confiar en el Señor sin que participe la vista, y lo deshonran así ante el mundo.

Llamados por Dios – Dios ha llamado a todos a venir a Él. "El Espíritu y la Esposa dicen: Ven. Y el que oye, diga: Ven. Y el que tiene sed, venga: y el que quiere, tome del agua de la vida de balde" (Apoc. 22:17). Dios no hace acepción de personas; desea que todos sean salvos, por lo tanto, los llama a todos.

No sólo nos llama, sino que nos atrae. Nadie podría acudir a Él sin esa atracción. Cristo fue levantado de la tierra a fin de atraer a todos a Dios. Él gustó la muerte por todo hombre (Heb. 2:9), y mediante Él todo hombre tiene acceso a Dios. Deshizo en su propio cuerpo la enemistad –el muro que separa al hombre de Dios–, de manera que nada puede apartar de Dios al hombre, si es que éste no reedifica la barrera.

El Señor nos atrae, pero no emplea la fuerza. Él llama, pero no conduce. Queda por lo tanto, para nosotros hacer nuestra "vocación y elección segura" *sometiéndonos a la influencia que Dios proyecta nuestro alrededor*. Él nos dice: "Sígueme", y debemos hacer la llamada eficaz siguiéndolo.

"Con cuerdas humanas los atraje, con cuerdas de amor;" (Oseas 11:4)

Propósito del llamado – Dios nos llama "a la gracia de Cristo" (Gál. 1:6). "Según nos escogió en él antes de la fundación del mundo, para que fuésemos santos y sin mancha delante de él en amor" (Efe. 1:4). Más aún, leemos que nos "llamó con vocación santa, no conforme a nuestras obras, mas según el intento suyo y gracia, la cual nos es dada en Cristo Jesús antes de los tiempos de los siglos" (2ª Tim. 1:9). En el texto considerado en Romanos vimos que los que a Dios aman, "han sido llamados según su propósito". Su propósito es que seamos santos y sin mancha ante Él en amor. Si nos *sometemos* a su propósito, Él lo cumplirá.

Dios diseñó al hombre como compañero para sí mismo. Pero no hay compañerismo verdadero donde haya restricción. Por lo tanto, para que el hombre pudiera asociarse con Él en términos de intimidad, hizo la voluntad del hombre tan libre como la suya. Dios no puede obrar contra su propio propósito; y por lo tanto, Él no puede ni quiere forzar la voluntad libre del hombre. Todo hombre es tan absolutamente libre de elegir como lo es Dios mismo; y cuando el hombre elige someterse al llamado de Dios, su propósito de gracia es forjado en ellos por el poder con el cual, Él es capaz de hacer que todas las cosas trabajen juntas para el bien.

Hemos considerado nuestra relación con Dios, mediante el Espíritu, y el auxilio que éste nos da en la oración, tanto como la seguridad de que "a los que a Dios aman, todas las cosas les ayudan a bien, es a saber, a los que conforme al propósito son llamados". Las bases de esa seguridad están sólidamente establecidas en los versículos que siguen.

El don inefable
Romanos 8:29-32

> *29| Porque a los que de antemano conoció, también los predestinó a ser modelados conforme a la imagen de su Hijo, para que él sea el primogénito entre muchos hermanos. 30| Y a los que predestinó, a éstos también llamó; y a los que llamó, a éstos también justificó; y a los que justificó, a éstos también glorificó. 31|*

> ¿Qué, pues, diremos a esto? Si Dios está por nosotros, ¿quién contra nosotros? **32**| El que no eximió ni a su propio Hijo, sino que lo entregó por todos nosotros, ¿cómo no nos dará también con él todas las cosas?

Tener el preconocimiento no significa predeterminar – Se han escrito volúmenes sin fin sobre los términos predeterminar o predestinar, pero muy pocas palabras bastarán para aclarar los hechos. Con respecto a ese, como a los otros atributos de Dios, nos basta con saber que el hecho existe. No nos es dado entrar en su explicación.

En la Escritura está claramente expuesto el hecho de que Dios conoce todas las cosas. No solamente conoce las cosas del pasado, sino que el futuro le resulta igualmente transparente. "Conocidas son a Dios desde el siglo todas sus obras" (Hech. 15:18). "Oh Jehová, tu me has examinado y conocido. Tú has conocido mi sentarme y mi levantarme, has entendido desde lejos mis pensamientos" (Sal. 139:1,2). Así, Dios conoce incluso hasta lo que las personas que aún no han nacido harán y dirán.

Eso no hace a Dios *responsable* del mal que ellas obren. Algunos han pensado que era necesario defender al Señor y liberarlo de la acusación según la cual, puesto que Él es omnisciente, es responsable del mal en caso de no hacer lo necesario para evitarlo. La extraña forma de defenderlo consiste en pretender que Él podría tener conocimiento si así lo deseara, pero elige no saber muchas cosas. Una "defensa" tal de Dios es absurda e impía a la vez. Da por cierto que Dios sería responsable por el mal, en caso de que lo conociera con antelación y no hiciera lo necesario para evitarlo. Y supone que a fin de colocarse en una posición en la que no pueda tomar medidas para evitar ese mal, deliberadamente elige taparse los ojos al mismo. Esa "defensa", por lo tanto, hace a Dios responsable de toda la maldad. No sólo eso, sino que lo limita. Lo rebaja a la altura del hombre.

Dios conoce todas las cosas, no mediante el estudio y la investigación, que es como el hombre llega a conocer lo poco que sabe, sino porque es Dios. Él habita la eternidad (Isa. 57:15). No podemos comprender la forma en la que eso es así, más de lo que podemos entender la eternidad. Debemos aceptar el hecho y estar, no sólo conformes, sino felices de que Dios sea mayor que nosotros. Todo tiempo, el pasado, presente y futuro, es igual para Él. Para Dios siempre es "ahora".

El hecho de que Dios conociese el mal que el hombre obraría, incluso antes de la fundación del mundo, no lo hace responsable, lo mismo que el hombre que observa mediante un telescopio lo que otro realiza a cinco kilómetros de distancia no es responsable de las acciones de éste. Desde el principio Dios puso ante los hombres advertencias contra el pecado, y les proveyó de todos los medios para que lo evitaran. Pero Él no puede interferir con el derecho y libertad de elegir del hombre sin privarle de su humanidad, para convertirlo en algo así como un autómata.

La libertad para hacer el bien implica la libertad para hacer el mal. Si el hombre hubiese sido hecho de tal manera que no pudiese obrar el mal, no tendría en absoluto libertad, ni siquiera para hacer el bien. Sería menos que un animal. No hay virtud alguna en la obediencia forzada, ni habría virtud alguna en hacer lo correcto en el caso de que fuese imposible obrar de otra manera. Además, no podría existir ningún placer ni satisfacción en la amistad que se profesan dos personas, en el caso de que la asociación de una de ellas a la otra se debiera a la imposibilidad de evitarla. El gozo del Señor en el compañerismo con su pueblo radica en que por su propia libre elección éste lo escoge a Él por encima de todo lo demás. Y el gozo del Señor es el gozo de su pueblo.

Los mismos que vituperan a Dios por no atajar los males que Él ve con antelación (dado que es omnipotente), serían los primeros en acusarle de crueldad si interfiriese arbitrariamente con su libertad y les hiciese hacer aquello que es contrario a su elección. Un tal curso de acción convertiría a todos en seres infelices y descontentos. Lo más sabio que podemos hacer es no intentar penetrar en los caminos del Altísimo, y aceptar el hecho de que todo cuanto Él hace es correcto. "Perfecto es el camino de Dios" (Sal. 18:30).

¿Qué hay acerca de la predestinación? – El texto dice que "a los que antes conoció, también predestinó para que fuesen hechos conformes a la imagen de su Hijo". Los pensamientos de Dios hacia el hombre son pensamientos de paz, y no de mal (Jer. 29:11). Ha dispuesto paz sobre nosotros (Isa. 26:12). Nada leemos a propósito de que los hombres hayan sido predestinados para la destrucción. Lo único para lo que han sido predestinados es para que fuesen hechos conformes a la imagen de su Hijo.

Pero es solamente *en Cristo* que somos hechos conforme a su imagen. Es en Él en quien llegamos "a la medida de la edad de la plenitud de Cristo" (Efe. 4:13). Por lo tanto, el hombre está predestinado solamente en Cristo. Todo el asunto se nos presenta en el siguiente pasaje de la Escritura:

"Bendito sea el Dios y Padre de nuestro Señor Jesucristo, el cual nos ha bendecido con toda bendición espiritual en los lugares celestiales en Cristo, según nos escogió en Él antes de la fundación del mundo, para que fuésemos santos y sin mancha delante de Él, en amor, habiéndonos predestinado para ser adoptados hijos suyos por medio de Jesucristo, según el beneplácito de su voluntad, para alabanza de la gloria de su gracia, en la cual nos hizo aceptos en el Amado" (Efe. 1:3-6).

Todo es en Cristo – En Él recibimos toda bendición espiritual; en Él somos elegidos para santidad; en Él predestinados a la adopción de hijos; somos aceptos en Él, y en Él tenemos redención por su sangre. "Porque no nos ha puesto Dios para ira, sino para alcanzar la salvación por medio de nuestro Señor Jesucristo" (1ª Tes. 5:9).

Tal es el propósito y determinación de Dios con respecto al hombre. Más aún, "a los que antes conoció, también predestinó para que fuesen hechos conformes a la imagen de su Hijo". ¿A quiénes conoció? No puede haber límite; debió conocerlos a todos. Si hubiese excepciones, entonces Dios no sería infinito en conocimiento. Si es que conoce con antelación a una persona, las conoce a todas ellas. No hay ni una sola persona que haya nacido en este mundo, de la que Dios no supiera. "Y no hay cosa creada que no sea manifiesta en su presencia; antes todas las cosas están desnudas y abiertas a los ojos de Aquél a quien tenemos que dar cuenta".

Por lo tanto, puesto que cada persona ha sido conocida por Dios desde antes de la fundación del mundo, y aquellos a quienes antes conoció predestinó para ser conformados a la imagen de su Hijo, se deduce que Dios *ha propuesto la salvación para cada alma que haya entrado el mundo*. Su amor abarca a todos, sin acepción de la persona.

–'Luego todos serán salvos, no importa lo que hagan', dirá alguno. No es así. Recuerda que el propósito de Dios es en Cristo. Solamente en Él somos predestinados. Somos libres de elegir si lo aceptaremos o no. Al hombre se le ha dado por siempre libertad de elección, y hasta Dios mismo se abstiene de interferir en ella. Él respeta como sagrada la elección y albedrío de cada persona. No es su plan cumplir su propósito en contra de la voluntad del hombre. Es su deseo dar al hombre aquello que éste decide como su preferencia.

Dios expone ante el hombre la vida y la muerte, el bien y el mal, e invita al hombre a que elija lo que va a tener. Dios sabe lo que es mejor, y lo ha elegido y preparado para el hombre. Ha ido tan lejos como para asegurarlo de manera que no exista la más mínima posibilidad de fallo; para garantizar que el hombre reciba ese bien, si así lo *elige*. Pero la maravillosa delicadeza y amabilidad del gran Dios quedan aquí patentes, puesto que Él declina ante el deseo del hombre, respetando su elección. Si éste, a su vez, declina en favor del deseo de Dios y acepta lo que Dios ha dispuesto para él, tendrá lugar entre ambos el compañerismo de amor más maravilloso y sublime.

Llamados, justificados, glorificados – "Y a los que predestinó, a éstos también llamó; y a los que llamó, a éstos también justificó; y a los que justificó, a éstos también glorificó". Se trata de una acción completa. No tenemos por qué tropezar en ello, si recordamos que todo es *en Cristo*. En Él hemos sido ya bendecidos con toda bendición espiritual. Todos los hombres son llamados a aquello que Dios ha preparado para ellos. Pero no "han sido llamados según su propósito" a menos que hayan hecho firme su vocación y elección sometiéndose a su voluntad. Los tales están predestinados a salvarse. Nada en el universo puede impedir la salvación del alma que acepta y confía en el Señor Jesucristo.

Y los tales son justificado. La muerte de Cristo nos reconcilia con Dios. "Él es la propiciación por nuestros pecados, y no sólo por los nuestros, sino también por los pecados de todo el mundo". 1ª Juan 2:2. Su muerte a asegurado perdón y vida para todos. Nada puede impedir la salvación el hombre, excepto su propia voluntad perversa. El hombre debe escapar de la mano de Dios, a fin de perderse.

Así, los que aceptan el sacrificio, son justificados. "Dios demuestra su amor hacia nosotros, en que siendo aún pecadores, Cristo murió por nosotros. Así, siendo que hemos sido justificados por su sangre, con más razón ahora, seremos salvos de la ira. Porque si cuando éramos enemigos, fuimos reconciliados con Dios por la muerte de su Hijo; mucho más, habiendo sido reconciliados, seremos salvos por su vida".

"Y a los que justificó, a éstos también glorificó". ¿Acaso no hemos oído en la oración que Cristo hizo por sus discípulos, no solamente por los que estaban con Él en el huerto, sino por todos los que creerían por la palabra de ellos, y por lo tanto por nosotros, "la gloria que me diste les he dado"? Pedro dijo que era participante de la gloria que había de ser revelada. Dios no ha dejado nada por hacer. Todo lo que Cristo tiene es nuestro, si lo aceptamos a Él. Todo cuanto resta es que sea revelado. "El continuo anhelar de las criaturas espera la manifestación de los hijos de Dios". Cuando Dios pregunte, en relación con su pueblo, "¿Qué más se había de hacer a mi viña, que yo no haya hecho en ella?", ¿osará alguien decir que faltó alguna cosa?

Todas las cosas son nuestras – Pero nos hemos anticipado al apóstol. Prestémosle atención: "El que aun a su propio Hijo no perdonó, antes le entregó por todos nosotros, ¿cómo no nos dará también con él todas las cosas?". Es decir, ¿cómo podía no dárnoslas? Al dar a Cristo *por* y *a* nosotros, Dios no podía hacer de otra manera que no fuese darnos todas las cosas, "Porque en él fueron creadas todas las cosas, las que hay en los cielos y las que hay en la tierra, visibles e invisibles; sean tronos, sean dominios, sean principados, sean potestades; todo fue creado por medio de él y para él. Y él es antes de todas las cosas, y todas las cosas en él subsisten;" (Col. 1:16,17).

"Así que, ninguno se gloríe en los hombres; porque todo es vuestro. Sea Pablo, sea Apolos, sea Cefas, sea el mundo, sea la vida, sea la muerte, sea lo presente, sea lo por venir; todo es vuestro; y vosotros de Cristo, y Cristo de Dios" (1ª Cor. 3:21-23). Eso responde, por lo tanto, a la pregunta, "¿quién contra nosotros?" Todo va en nuestro favor. "Y todo esto es para vuestro beneficio" (2ª Cor. 4:15).

Un general puso cierta vez un telegrama a su central de operaciones, diciendo: 'Hemos encontrado al enemigo. Ya es nuestro'. Eso es lo que todo hijo de Dios tiene el privilegio de decir. "A Dios gracias, que nos da la victoria por el Señor nuestro Jesucristo" (1ª Cor. 15:57).

"Esta es la victoria que vence al mundo, nuestra fe" (1ª Juan 5:4). Eso es lo que nos hace saber que todas las cosas ayudan a bien a los que a Dios aman. No importa lo oscuras y amenazantes que puedan parecer, si estamos en Cristo, son por nosotros, no contra nosotros.

Llegamos ahora al final del octavo capítulo de Romanos. Es la cumbre de Pisga de la epístola, pues desde él divisa el ojo de la fe, en toda certidumbre, la tierra prometida. En este punto quizá sea provechoso hacer un breve resumen del terreno que ya hemos recorrido. El siguiente puede ser un esquema sucinto de lo estudiado hasta aquí:

En el primer capítulo encontramos el tema de la epístola expresado en breves palabras, el evangelio de Cristo, el poder de Dios para salvación. Salvación tanto para judíos como para gentiles, dada a conocer a todos mediante las obras de Dios. Se describe entonces la condición de aquel que rehusa saber de Dios.

El segundo capítulo nos muestra que en el fondo todos son iguales; que todos han de ser juzgados por una misma y única norma; y que el conocimiento y la elevada profesión no recomiendan a nadie ante Dios. La obediencia a la ley de Dios es la única señal del verdadero israelita y heredero de Dios.

El capítulo tercero enfatiza los puntos anteriores, especialmente que no hay quien sea obediente. "Por las obras de la ley ninguna carne se justificará delante de él; porque por la ley es el conocimiento del pecado". Sin embargo, hay esperanza para todos, dado que la justicia de la ley es puesta *en* y *sobre* todo aquel que cree en Cristo, de manera que el hombre queda convertido en un hacedor de la ley por la fe. Un solo Dios justifica a ambos, judíos y gentiles, por medio de la fe. La fe no es un sustituto de la obediencia a la ley, sino lo que asegura su cumplimiento.

En el capítulo cuarto encontramos a Abraham como ilustración de la justicia obtenida por la fe. Vemos también allí que la fe en la muerte y resurrección de Cristo es la única manera de heredar la promesa hecha a los padres, promesa que abarca nada menos que la posesión de la tierra nueva. La bendición de Abraham, es la bendición que viene por la cruz de Cristo. Y puesto que la promesa hecha a Israel no fue más que la repetición de la que se hizo a Abraham, vemos que Israel está constituido por aquellos, de entre toda nación, que ganan la victoria sobre el pecado mediante la cruz de Cristo.

El amor y gracia abundantes, y la salvación mediante la vida de Cristo, constituyen las líneas maestras del capítulo quinto.

El capítulo sexto dirige la mente del lector al hecho de la nueva criatura como pensamiento clave. Considera la muerte, sepultura, resurrección y vida con Cristo.

En el capítulo séptimo vemos lo estrecha que es la unión entre Cristo y los creyentes. Están desposados con Él, de manera que son "miembros de su cuerpo, de su carne y de sus huesos". Se describen vívidamente las luchas mediante las cuales se logra la liberación del primer marido: el cuerpo de pecado.

El capítulo octavo, la cúspide de la carta, describe las bendiciones del hijo de Dios nacido a libertad. La esperanza de la futura inmortalidad constituye la posesión, mediante el Espíritu, de la vida y gloria presentes en Cristo. Los que están en Cristo están predestinados a la gloria eterna.

Llegamos de esa manera a:

La exclamación triunfal; la gloriosa convicción
Romanos 8:31-39

31| ¿Qué, pues, diremos a esto? Si Dios está por nosotros, ¿quién contra nosotros? 32| El que no eximió ni a su propio Hijo, sino que lo entregó por todos nosotros, ¿cómo no nos dará también con él todas las cosas? 33| ¿Quién acusará a los escogidos de Dios? Dios es el que justifica. 34| ¿Quién es el que condena? Cristo es el que murió; más aún, el que también resucitó, el que además está a la diestra de Dios, el que también intercede por nosotros. 35| ¿Quién nos separará del amor de Cristo? ¿Tribulación, o angustia, o persecución, o hambre, o desnudez, o peligro, o espada? 36| Como está escrito: Por tu causa somos muertos todo el día; Somos considerados como ovejas de matadero. 37| Pero en todas estas cosas somos más que vencedores por medio de aquel que nos amó. 38| Porque estoy persuadido de que ni la muerte, ni la vida, ni ángeles, ni principados, ni potestades, ni lo presente, ni lo por venir, 39| ni lo alto, ni lo profundo, ni ninguna otra cosa creada nos podrá separar del amor de Dios, que es en Cristo Jesús nuestro Señor.

Todo a nuestro favor – El apóstol acaba de preguntar, "Si Dios por nosotros, ¿quién contra nosotros?" La única respuesta es: 'Nadie'. Dios es el mayor, y nadie puede arrebatarle nada de la mano. Si Aquel que tiene poder para hacer que todas las cosas ayuden a bien es con nosotros, entonces todo tiene que estar a favor nuestro.

Pero a menudo se suscita en la mente de muchos la pregunta, '¿Está realmente Dios por nosotros?' Algunos le acusan injustamente de estar contra ellos. Algunas veces hasta los propios profesos cristianos piensan que Dios obra en contra de ellos. Al llegar la prueba, imaginan que Dios está luchando contra ellos. Pero un sólo hecho debería bastar para aclarar por siempre el asunto: es Dios quien se da a sí mismo por nosotros, y quien justifica.

¿Quién acusará a los escogidos de Dios? ¿Lo hará Dios mismo, que es quien los justifica? Imposible. Pues bien, Dios es el único en todo el universo que tiene el derecho de acusar de algo a alguien; y puesto que Él justifica en lugar de condenar, quedamos libres. Así es, si así lo creemos. ¿A quiénes justifica Dios? "Al impío". Eso no deja ninguna duda de que es a nosotros a quienes justifica.

Y ¿qué diremos de Cristo? ¿nos condenará Él? ¿cómo podría hacerlo, siendo que se dio a sí mismo por nosotros? Pero se dio de acuerdo con la voluntad de Dios (Gál. 1:4). "No envió Dios a su hijo al mundo para que condene al mundo, mas para que el mundo sea salvo por él" (Juan 3:17). Ha resucitado para nuestra justificación, y está en favor nuestro, a la derecha de Dios. Se interpone entre nosotros y la muerte que merecemos. Por lo tanto, no hay ninguna condenación para los que están en Cristo Jesús.

"Pero", alguno dirá, "Satanás viene a mí y me hace sentir que soy un pecador tal que Dios está enojado conmigo, y que no hay esperanza para mí". Bueno, y ¿por qué le escuchas? Conoces su carácter: "Él es un mentiroso y padre de la mentira". ¿Qué tienes que ver con él? Que acuse todo lo que quiera; él no es el juez. *Dios es el juez, y Él que justifica.* El único propósito de Satanás es engañar a los hombres y seducirlos en el pecado, haciéndoles creer que es correcto. Él se asegura de no decirle a un hombre que ha sido perdonado; en vez de eso le dice: "que es un gran pecador, y que su pecado no puede ser perdonado". Pero, Dios por medio de su Espíritu es quien nos convence, para que el culpable acepte el perdón que ofrece Él ofrece gratuitamente.

El asunto queda pues de esta manera: cuando Dios dice al hombre que es pecador, lo hace con el fin de que éste pueda recibir su perdón. Si Dios afirma que un hombre es pecador, lo es sin duda, y debiera reconocerlo, pero "la sangre de Jesucristo su Hijo nos limpia de todo pecado". Eso es cierto, al margen de quién nos diga que somos pecadores. Supón que Satanás nos dijese que somos pecadores. No necesitamos parlamentar con él, ni detenernos a discutir la cuestión. Olvidemos la acusación y cobremos valor con la seguridad de que "la sangre de Jesucristo su Hijo nos limpia de todo pecado".

Dios no nos condena, ni siquiera al convencernos de pecado. Y a nadie más incumbe el condenarnos. Si otros condenan, su condenación equivale a nada. No hay ninguna condenación para aquellos que confían en el Señor. Hasta las mismas acusaciones de Satanás pueden sernos motivo de ánimo, pues podemos estar seguros de que él jamás dirá a un hombre que es pecador, mientras esté bajo su poder. Si Dios está por nosotros, todo está por nosotros.

Amor eterno – "Jehová se manifestó a mí hace ya mucho tiempo, diciendo: Con amor eterno te he amado; por tanto, te prolongué mi misericordia" (Jer. 31:3). Siendo eso así, "¿Quién nos apartará del amor de Cristo?" Su amor es eterno. No conoce variación. Y va dirigido a nosotros, por lo tanto, nada puede separarnos de Él. Nuestra deliberada elección puede rechazarlo, pero hasta en ese caso continúa amándonos, aunque hayamos renegado de Él. "Si somos infieles, él permanece fiel. No se puede negar a sí mismo" (2ª Tim. 2:13).

¿Podrá la tribulación, angustia, persecución, hambre, desnudez, peligro o espada separarnos del amor de Cristo? Imposible, puesto que en esas mismas cosas se manifestó su amor por nosotros. La muerte misma no puede separarnos de su amor, puesto que Él nos amó de tal manera que se dio a sí mismo para morir por nosotros. La muerte es la prenda de su amor. El pecado que nos separa de Dios, no nos separa de su amor, ya que "Dios demuestra su amor hacia nosotros, en que siendo aún pecadores, Cristo murió por nosotros". "Al que no tenía pecado, Dios lo hizo pecado por nosotros, para que nosotros seamos hechos justicia de Dios en él" (2ª Cor. 5:21).

"Antes en todas estas cosas hacemos más que vencer por medio de aquel que nos amó". Sólo así puede ser, dado que todas las cosas "ayudan a bien". Puesto que Cristo sufrió hambre, angustia, peligros y hasta la muerte misma a fin de poder librarnos, todas esas cosas van a favor nuestro. Fue mediante la muerte como ganó la victoria por nosotros, por lo tanto, hasta en la muerte obtenemos una gloriosa victoria. Aquellos a quienes Satanás persigue hasta la misma muerte, ganan la mayor victoria imaginable sobre él. Lo que parece ser una victoria para Satanás, significa su más aplastante derrota.

Considera la maravillosa provisión que Dios ha hecho para nuestra salvación. Es fácil darse cuenta de que si Satanás no nos perturbase para nada, nuestra salvación sería cierta. Si nuestro enemigo nos dejase totalmente en paz, cesaría el conflicto. Podríamos sentirnos seguros. Pero no nos deja de ningún modo, sino que anda a nuestro alrededor cual león rugiente buscando a quien devore. Muy bien. Pues Dios ha dispuesto que hasta sus mismos ataques para destruirnos nos sean de ayuda. La muerte es la suma de todos los males que Satanás puede infligirnos, e incluso en ella somos más que vencedores mediante Aquel que nos amó. "A Dios gracias, que nos da la victoria por el Señor nuestro Jesucristo" (1ª Cor. 15:57).

Confianza inquebrantable – "Así dijo el Señor Jehová, el Santo de Israel: En descanso y en reposo seréis salvos; en quietud y en confianza será vuestra fortaleza" (Isa. 30:15). "Porque participantes de Cristo somos hechos, con tal que conservemos firme hasta el fin el principio de nuestra confianza" (Heb. 3:14). Nuestra fe es la victoria. Sólo Dios es nuestra fuerza y salvación. Por lo tanto, nuestra fuerza consiste en confiar en Él. "Confiad en Jehová perpetuamente: porque en el Señor Jehová está la fortaleza de los siglos" (Isa. 26:4).

Ésta fue la suerte del apóstol Pablo, "azotes sin medida, en cárceles más, en muertes, muchas veces". Dijo: "De los judíos cinco veces he recibido cuarenta azotes menos uno. Tres veces he sido azotado con varas; una vez apedreado; tres veces he padecido naufragio; una noche y un día he estado en lo profundo de la mar; en caminos muchas veces, peligros de ríos, peligros de ladrones, peligros de los de mi nación, peligros de los Gentiles, peligros en la ciudad, peligros en el desierto, peligros en la mar, peligros entre falsos hermanos; en trabajo y vigilia, en muchas fatigas, en hambre y sed, en muchos ayunos, en frío y en desnudez" (2ª Cor. 11:24-27). No hay duda de que estamos ante alguien que posee la autoridad que da la experiencia. Oigamos, pues, lo que dice al respecto: "Ni la muerte, ni la vida, ni ángeles, ni principados, ni potestades, ni lo presente, ni lo por venir, ni lo alto, ni lo bajo, ni ninguna criatura nos podrá apartar del amor de Dios, que es en Cristo Jesús Señor nuestro".

Sin miedo al futuro – Sólo para aquellos que rechazan voluntariamente el amor de Dios hay "una horrenda esperanza de juicio". Cristo nos dice, "no os congojéis por el día de mañana". Él no desea que debamos tener nuestras mentes llenas de temor y ansiosos presentimientos. Algunos nunca hallan el reposo, ni siquiera bajo las circunstancias más favorables, porque temen que en el futuro pueda acontecerles algo terrible. Ahora bien, no importa lo que pueda venir, ya que ni las cosas presentes ni las venideras pueden separarnos del amor de Dios en Cristo Jesús Señor nuestro. Estamos seguros de que lo que está por venir, así como las cosas presentes, son nuestras 1ª Cor. 3:22. Por lo tanto, en Cristo podemos cantar:

"Deja que el bien o el mal llegue,
Debe ser bueno para mí,
Seguro de tenerte en todo,
De tener todo en Ti".

Capítulo 9

¿Quiénes son los verdaderos Israelitas?

Amor de Pablo por sus hermanos
Romanos 9:1-18

1| Verdad digo en Cristo, no miento, y mi conciencia da testimonio conmigo en el Espíritu Santo, **2|** de que tengo gran tristeza y continuo dolor en mi corazón. **3|** Porque desearía yo mismo ser anatema, separado de Cristo, por amor a mis hermanos, los que son mis parientes según la carne; **4|** que son israelitas, de los cuales son la adopción, la gloria, el pacto, la promulgación de la ley, el culto y las promesas; **5|** de quienes son los patriarcas, y de los cuales, según la carne, procede Cristo, el cual es Dios sobre todas las cosas, bendito por los siglos. Amén. **6|** No es que la palabra de Dios haya fallado; porque no todos los que descienden de Israel son israelitas, **7|** ni por ser descendientes de Abraham, son todos hijos; sino que: En Isaac te será llamada simiente. **8|** Esto es: no son hijos de Dios los que son hijos según la carne, sino que son los hijos según la promesa los que son contados como descendientes. **9|** Porque la palabra de la promesa es esta: Por este tiempo vendré, y Sara tendrá un hijo. **10|** Y no sólo esto, sino también Rebeca cuando concibió de uno, de Isaac nuestro padre **11|** (pues no habían aún nacido, ni habían obrado aún ni bien ni mal, para que el propósito de Dios conforme a la elección permaneciese, no en virtud de obras, sino de Aquel que llama), **12|** se le dijo: El mayor servirá al menor. **13|** Como está escrito: A Jacob amé, mas a Esaú aborrecí. **14|**

> *¿Qué, pues, diremos? ¿Acaso hay injusticia en Dios? ¡En ninguna manera!* **15|** *Pues a Moisés dice: Tendré misericordia del que yo tenga misericordia, y me compadeceré del que yo me compadezca.* **16|** *Así que no depende del que quiere, ni del que corre, sino de Dios que tiene compasión.* **17|** *Porque la Escritura dice a Faraón: Para esto mismo te he levantado, para mostrar en ti mi poder, y para que mi nombre sea anunciado por toda la tierra.* **18|** *De manera que de quien quiere, tiene compasión, y al que quiere endurecer, endurece.*

Un fragmento más bien largo de las Escrituras, pero si se aborda su estudio con diligencia a fin de comprender qué es lo que quiere exactamente decir, no resultará tan difícil como podría suponerse.

Judíos y gentiles – Aunque Pablo era el "apóstol de los gentiles", no olvidaba a sus "parientes según la carne". Allá donde iba, predicaba primeramente a los judíos. Dijo a los ancianos de Éfeso, "Nada que fuese útil he rehuido de anunciaros y enseñaros, públicamente y por las casas, testificando a los Judíos y a los Gentiles arrepentimiento para con Dios, y la fe en nuestro Señor Jesucristo" (Hech. 20:20,21). La solicitud de Pablo por todas las clases sociales, incluso por aquellas que le eran personalmente distantes muestra, más que cualquier otro buen rasgo en el apóstol, su semejanza con Jesucristo.

La ventaja de Israel – "¿Qué ventaja tiene el judío?" "Mucho, en todas maneras. Primero, que a ellos les ha sido confiada la Palabra de Dios" (Rom. 3:1,2). Leemos ahí una magnífica lista de cosas pertenecientes a Israel: la adopción, la gloria, los pactos, la entrega de la ley y el servicio de Dios, así como las promesas. Ser hallado infiel en medio de tales privilegios, debe ser algo realmente terrible.

"La salvación viene de los judíos" – Eso es lo que dijo Jesús a la samaritana, junto al pozo (Juan 4:22). "De los cuales es Cristo según la carne". La Biblia fue escrita por judíos, y una joven judía fue la madre de nuestro Señor. Como hombre, Cristo fue judío. Era de la tribu de Judá. Cuando leemos que somos "salvos por su vida", entendemos que es por su vida como judío. No hay ningún don ni bendición divina que no fuesen dado "al Judío primeramente", y por lo cual de este conocimiento no estemos en deuda con los judíos.

Nada de los gentiles – Dice el apóstol Pablo de "los Gentiles en la carne", que estaban "alejados de la república de Israel, extranjeros a los pactos de la promesa, sin esperanza y sin Dios en el mundo" (Efe. 2:11,12). Los pactos, las promesas, hasta Cristo mismo, pertenecen a los judíos y no a los gentiles. Por lo tanto, todo el que sea salvo, debe serlo como judío. "Dios primero visitó a los Gentiles, para tomar de ellos pueblo para su nombre" (Hech. 15:14).

Excluidos de Cristo – "Alejados", "ajenos", "sin Cristo" (Efe. 2:12). Se trata de la más deplorable condición que podamos imaginar. Estar sin Cristo es estar sin esperanza y sin Dios en el mundo.

Esa es la condición en la que Pablo se habría puesto de buen grado a causa de sus hermanos según la carne, si es que eso les hubiese podido traer el bien. ¿Qué muestra eso? Muestra que el Israel según la carne estaba precisamente en esa condición: Ajenos a Cristo, "sin esperanza y sin Dios en el mundo".

Y dado que todas las promesas de Dios son en Cristo (2ª Cor. 1:20), los que están alejados de Cristo no tienen parte en las promesas. Podemos pues asegurar que el Israel según la carne, como nación de la tierra, no tiene ni tuvo jamás ninguna prerrogativa ante Dios que lo sitúe por encima de las otras naciones. Dios no hizo jamás ninguna promesa especial al Israel según la carne, que no hiciera a cualquier otro pueblo.

En el deseo que Pablo formuló podemos ver cuán completamente entregado estaba al Señor, y hasta qué punto compartía su Espíritu. Cristo se dio a sí mismo por el hombre, consintiendo en separarse incluso de Dios, a fin de poder alcanzar y salvar a los perdidos. No hay otro nombre debajo del cielo, dado a los hombres, en que podamos ser salvos; por consiguiente, el que Pablo hubiese sufrido la maldición, no habría salvado a sus hermanos, como bien sabía él mismo.

Eso muestra claramente cuán desesperado era el caso de los judíos, y cuán grande la solicitud de Pablo por ellos. Si bien ningún sacrificio humano tiene valor alguno, se nos concede el privilegio de compartir los sufrimientos de Cristo por otros. Hablando de sí mismo, Pablo dijo, "me gozo en lo que padezco por vosotros, y cumplo en mi carne lo que falta de las aflicciones de Cristo por su cuerpo, que es la iglesia" (Col. 1:24).

Circuncisión convertida en incircuncisión – Ya leímos que "si eres rebelde a la ley, tu circuncisión es hecha incircuncisión" (Rom. 2:25). Este lenguaje estaba dirigido a los judíos, quienes en la misma relación fueron acusados de violar la ley Rom. 2: 17-24. En el versículo 31 de este presente capítulo también se nos dice que Israel no alcanzó la ley de justicia. Y la razón es que no aceptaron a Cristo, por quien solo la justicia de la ley puede ser obtenida.

Así, vemos una vez más que los "parientes [israelitas] [de Pablo] según la carne", no eran en absoluto israelitas, sino gentiles, sin Cristo, "sin esperanza y sin Dios en el mundo".

Ningún defecto en la promesa – Es un triste estado de cosas: todas las promesas pertenecen a Israel, no hay nada de parte de Dios hacia ninguna otra nación, y resulta que el mismo pueblo conocido como Israel está separado de Cristo. Sin embargo, la palabra de Dios no ha fallado, "porque no todos los que son de Israel son Israelitas". La incredulidad de algunos no puede anular la fidelidad de Dios (Rom. 3:3). Aunque se perdiesen todos los descendientes literales de Jacob, eso no debilitaría las promesas de Dios a Israel, puesto que los verdaderos israelitas son únicamente los que creen en las promesas.

La simiente de Abraham – "En Isaac te será llamada simiente". Isaac era el hijo según la promesa, por lo tanto, los que creen las promesas de Dios son la simiente de Abraham. Juan Bautista dijo a los judíos que se sentían seguros en razón de su ascendencia: "No penséis en vuestro interior, 'Tenemos a Abraham por padre'. Porque os digo que aun de estas piedras Dios puede levantar hijos de Abraham" (Mat. 3:9). Puede hacerlo con la misma facilidad con que hizo al principio al hombre a partir del polvo de la tierra.

La carne y la promesa – "No los que son hijos de la carne, estos son los hijos de Dios; mas los que son hijos de la promesa, son contados en la generación". Ese solo texto debería bastar para silenciar las especulaciones referentes a un supuesto retorno de los judíos a la antigua Jerusalem, a fin de posibilitar el cumplimiento de las promesas de Dios. Con mayor razón aun debería poner fin a las peregrinas suposiciones de que una nación, tal como Inglaterra o América, constituya el auténtico Israel, y sea la heredera de las promesas de Dios.

Dios conoce el futuro – Antes que nacieran Jacob y Esaú, y antes que hubiesen podido hacer el bien ni el mal, se dijo de ellos, "el mayor servirá al menor". Dios conoce el final desde el principio, y puede anticipar lo que hará cada uno. La elección fue conforme a Aquel "que nos salvó y llamó con vocación santa, no conforme a nuestras obras, mas según el intento suyo y gracia, la cual nos es dada en Cristo Jesús antes de los tiempos de los siglos" (2ª Tim. 1:9).

"A Jacob amé, mas a Esaú aborrecí" – Eso se escribió muchos años después de la muerte de Jacob y Esaú. "¿No era Esaú hermano de Jacob, dice Jehová; amé a Jacob, y a Esaú aborrecí, y torné sus montes en asolamiento, y su posesión para los chacales del desierto?" (Mal. 1:2 y 3). Según el versículo cuarto, serían llamados "Pueblo contra quien Jehová se airó para siempre" ¿Por qué?

"Así dice el Eterno: 'Por tres pecados de Edom, y por el cuarto, no desviaré su castigo; porque persiguió a espada a su hermano, ahogó toda su compasión, con furor lo robó siempre, y perpetuó el rencor'" (Amós 1:11). Jacob, por el contrario, aunque no era mejor que Esaú por naturaleza, creyó en las promesas de Dios y mediante ellas fue hecho participante de la naturaleza divina, y de ese modo heredero de Dios y coheredero con Jesucristo.

En Dios no hay ninguna injusticia – Observa detenidamente en los versículos 14 al 17 la evidencia de que no hay arbitrariedad en la elección de Dios. Todo es misericordia. "A Moisés dice: Tendré misericordia del que tendré misericordia, y me compadeceré del que me compadeceré". Así, todo procede "de Dios que tiene misericordia". La tierra está llena de la misericordia del Señor (Sal. 119:64), y "para siempre es su misericordia".

El propósito de Dios para el Faraón – El apóstol cita el caso de Faraón a modo de ilustración de que "no es del que quiere, ni del que corre, sino de Dios que tiene misericordia". "Porque la Escritura dice de Faraón: Que para esto mismo te he levantado, para mostrar en ti mi potencia, y que mi nombre sea anunciado por toda la tierra".

Poco importa que se refiera al hecho de haber llevado a Faraón al trono, o bien a haberlo preservado para esa ocasión. Una cosa es cierta: no nos enseña, como se suele suponer, que Dios llevó a Faraón al trono con el propósito de descargar su venganza contra él. Es increíble que profesos cristianos hayan podido jamás deshonrar de tal manera a Dios mediante una acusación como esa.

El propósito de Dios al suscitar a Faraón, o al mantenerlo allí, era demostrar su poder a él, y en él; y que el nombre de Jehová se hiciese manifiesto a toda la tierra. Ese propósito se cumplió en la destrucción de Faraón, debido a la obstinada resistencia de éste. Pero se habría cumplido igualmente, y con mucho mejor resultado para Faraón, si hubiese dado oído a la palabra de Dios. Faraón vio el poder de Dios, pero rehusó creer. De haberlo hecho, habría sido salvo, ya que el evangelio es poder de Dios para salvación a todo aquel que cree.

Faraón tenía una voluntad firme. Su rasgo principal era la resolución de propósito, la persistencia, que en él había degenerado en obstinación. Pero ¿quién puede imaginar el poder para el bien que Faraón hubiese podido desarrollar, de haber sometido de buen grado su voluntad al Señor? Eso hubiese supuesto un gran sacrificio, según el concepto que el hombre tiene de sacrificio, pero no mayor que el que hizo Moisés. Moisés rehusó ese mismo trono, y unió su suerte con la del pueblo de Dios.

A Faraón se le ofreció una maravillosa y honorable posición, pero éste no conoció el día de su visitación. Implicaba humillación, y rehusó. Como consecuencia, lo perdió todo, mientras que Moisés, que escogió antes ser afligido con el pueblo de Dios y compartir el vituperio de Cristo, tiene un nombre y un lugar que durará por la eternidad. Las misericordias de Dios rechazadas, se convierten en maldiciones. "Los caminos de Jehová son derechos, y los justos andarán por ellos: mas los rebeldes en ellos caerán" (Ose. 14:9).

Hemos visto que si bien Dios eligió a ciertas personas, llamadas especialmente, y posteriormente vinieron a ser grandes eminencias como hijos de Dios, la elección no fue arbitraria. Jacob fue elegido antes de nacer, pero no más de lo que lo son los demás. Dios nos ha bendecido con bendiciones espirituales en Cristo, "según nos escogió en él antes de la fundación del mundo, para que fuésemos santos y sin mancha delante de él en amor; habiéndonos predestinado para ser adoptados hijos por Jesucristo a sí mismo, según el puro afecto de su voluntad, para alabanza de la gloria de su gracia, con la cual nos hizo aceptos en el Amado" (Efe. 1:4-6).

"Así que no es del que quiere, ni del que corre, sino de Dios que tiene misericordia". Como prueba de ello, el apóstol citó a Faraón, quien fue elegido en Cristo tanto como lo fue Jacob, y como lo somos nosotros mismos. Fue elegido para alabanza de la gloria de la gracia de Dios, para que pudiese mostrar las excelencias del Señor; pero se resistió obstinadamente a ello. Dios será alabado hasta incluso por la ira del hombre, si es que éste se niega a alabarlo voluntariamente: es así como el nombre y el poder de Dios se dieron a conocer, mediante la obstinación de Faraón.

Cuánto mejor habría sido que el orgulloso monarca se hubiese sometido al designio de Dios, en lugar de ver cumplido el propósito divino a su pesar. Pero la lección que necesitamos aprender es que todo hombre, en toda nación, ha sido elegido; y que su elección consiste en ser adoptado como hijo. En esa elección los judíos carecen de toda ventaja sobre los demás, sino que están en igualdad, tal como muestra el resto del capítulo:

"Aceptos en el Amado"
Romanos 9:19-33

19| *Me dirás entonces: ¿Por qué, pues, inculpa? porque, ¿quién ha resistido a su voluntad?* **20|** *Mas antes, oh hombre, ¿quién* eres tú, para que alterques contra Dios? ¿Dirá lo formado al que lo formó: Por qué me has hecho así? 21| ¿O no tiene potestad el alfarero sobre el barro, para hacer de la misma masa un vaso para honra y otro para deshonra? 22| ¿Y qué si Dios, queriendo mostrar su ira y hacer notorio su poder, soportó con mucha paciencia los vasos de ira, preparados para destrucción; 23| y para hacer notorias las riquezas de su gloria para con los vasos de misericordia que Él preparó de antemano para gloria, 24| a los cuales también ha llamado, aun a nosotros, no sólo de los judíos, sino también de los gentiles? 25| Como también en Oseas dice: Llamaré pueblo mío al que no era mi pueblo, y a la no amada, amada. 26| Y acontecerá que en el lugar donde les fue dicho: Vosotros no sois mi pueblo, allí serán llamados hijos del Dios viviente. 27| También Isaías clama tocante a Israel: Aunque el número de los hijos de Israel sea como la arena del mar, un remanente será salvo. 28| Porque Él consumará la obra, y la acortará en justicia, porque obra abreviada hará el Señor sobre la tierra. 29| Y como antes dijo Isaías: Si el Señor de los ejércitos no nos hubiera dejado simiente, como Sodoma habríamos venido a ser, y a Gomorra seríamos semejantes. 30| ¿Qué, pues, diremos? Que los gentiles, que no procuraban la justicia han alcanzado la justicia, es decir, la justicia que es por la fe; 31| pero Israel, que procuraba la ley de la justicia, no ha alcanzado la ley de la justicia. 32| ¿Por qué? Porque no la procuraron por fe, sino como por las obras de la ley, por lo cual tropezaron en la piedra de tropiezo, 33| como está escrito: He aquí pongo en Sión piedra de tropiezo, y roca de caída: Y todo aquel que en Él creyere, no será avergonzado.*

Replicando a Dios – Es un hecho muy común, y debido a eso muchos han perdido la noción de su propia maldad. Aquel que pregunta indignado, '¿Por qué hace Dios esto o aquello?', o que dice, 'No veo la justicia por ninguna parte', como si él fuese especial y personalmente agraviado, hace que sea imposible para sí mismo el comprender ni siquiera lo que le es dado al mortal comprender de Dios. Es absurdo y malvado el culpar a Dios porque nosotros no seamos igual a Él en sabiduría. La única forma en la que podemos llegar al pequeño conocimiento que de Dios nos es dado tener, es aceptar de una vez por siempre que Él es justo y misericordioso, y que todo cuanto hace es para el bien de sus criaturas. La reverencia –y no el torpe cuestionar– cobra valor ante la presencia de Dios. "Estad quietos, y conoced que Yo Soy Dios" (Sal. 46:10).

El alfarero y sus vasos – El que se siente competente para criticar al Señor, piensa encontrar en los versículos 21-24 un motivo de acusación contra Él: –'Ese texto indica que Dios ha dado vida a algunos hombres para que sean salvos, y a otros para ser destruidos' (se dice).

Sin embargo, ¡no hay nada de eso! Hay una inmensa diferencia entre lo que dice realmente el texto, y lo que ese hombre imagina que dice. El alfarero tiene potestad sobre el barro; con más razón el Creador sobre sus criaturas, según un derecho natural e incuestionable. Considera el ejemplo: el alfarero tiene la potestad para hacer del barro un vaso para honor, y otro para deshonor. Muy cierto, pero ¿quién conoce en todo el mundo un solo alfarero que se dedique a hacer tiestos con el único fin de destruirlos? El alfarero hace vasos de diversas clases según el diferente propósito de cada uno de ellos, pero siempre para un uso determinado, no para ser destruidos. Así, Dios jamás creó a nadie con el propósito de destruirlo.

La paciencia de Dios – El hecho de que Dios no planea la destrucción de nadie se demuestra en su lucha por que nadie sufra la destrucción que sus propias obras malvadas le acarrean en justicia. Él "soportó con mucha paciencia las vasijas de ira preparadas para la destrucción". Se hicieron acreedoras de destrucción por su propia obstinación e impenitencia, atesorando para sí mismas ira para el día de la ira (Rom. 2:5). Observa que Dios soportó con mucha misericordia esos "vasos de ira". "Entended que la paciencia de nuestro Señor significa salvación" (2ª Ped. 3:15). "Es paciente con nosotros, porque no quiere que ninguno perezca, sino que todos procedan al arrepentimiento" (versículo 9). El hecho de que Dios soportó con gran paciencia los vasos de ira muestra que, incluso tras haber tomado éstos el curso que lleva a la destrucción, Él procuró su salvación, concediéndoles toda oportunidad al respecto.

"Los cuales también ha llamado" – La paciencia de Dios tiene también el propósito de dar a conocer las riquezas de su gloria en "los vasos de misericordia que él ha preparado para gloria". ¿Cuáles son esos vasos? –"nosotros, a quienes ha llamado". ¿Quiénes son los que Él ha llamado? ¿Personas procedentes de alguna nación en particular? "No sólo de los Judíos, sino también de los Gentiles". Todo el capítulo es una vindicación de la elección del hombre por parte de Dios, desde antes incluso de su nacimiento, tal como ilustra el caso de Jacob; y el versículo muestra que la elección de Jacob no significa que Dios tuviese privilegios especiales para el pueblo judío, sino que Él otorga sus favores con imparcialidad, tanto a judíos como a gentiles, con tal que lo acepten.

Pueblo de Dios – Se vuelve a insistir en los versículos 25 y 26: "Como también en Oseas dice [Oseas 1:9,10]: Llamaré al que no era mi pueblo, pueblo mío; y a la no amada, amada. Y será, que en el lugar donde les fue dicho: Vosotros no sois pueblo mío: Allí serán llamados hijos del Dios viviente". Dios visitó a los gentiles para suscitar de entre ellos un pueblo para su nombre. El apóstol Pedro describió esa visita en estos términos: "Dios, que conoce los corazones, los reconoció dándoles el Espíritu Santo lo mismo que a nosotros. Ninguna diferencia hizo entre nosotros y ellos, pues por la fe purificó sus corazones". Y "Creemos que por la gracia del Señor Jesús seremos salvos, igual que ellos" (Hech. 15:7-11).

"Y no hay diferencia entre judío y griego; ya que uno mismo es Señor de todos, y es generoso con todos los que lo invocan" (Rom. 10:12).

El remanente – "También Isaías exclama tocante a Israel: 'Aunque los israelitas sean tan numerosos como la arena del mar, sólo un remanente será salvo' ". "Así también, en este tiempo ha quedado un remanente elegido por gracia" (Rom. 11:5). Poco importa cuántos pueda haber cuya genealogía se remonte hasta Jacob según la carne, solamente serán salvos los que se entregan voluntariamente a la gracia de Dios. Ciertamente no hay motivo para gloriarse, sino en la cruz de nuestro Señor Jesucristo.

Los gentiles, a la cabeza – Los judíos profesaban guardar la ley, pero no era así. Los gentiles no estaban relacionados con la ley, sin embargo, cumplieron sus requerimientos. Si recuerdas ahora Romanos 2:25 al 29, verás que la auténtica circuncisión consiste (y siempre consistió) en guardar la ley. Por lo tanto, puesto que los gentiles guardaron la ley por la fe, y los judíos por su falta de fe dejaron de guardarla, resulta que unos y otros invierten sus respectivas posiciones. Los gentiles habían venido a ser "verdaderos judíos", y los judíos por naturaleza, eran como los paganos.

No alcanzar el blanco – Los judíos se esforzaron por seguir la ley de justicia, pero no la alcanzaron. ¿Por qué no? "Porque no lo buscaron por la fe, sino por las obras de la ley". ¡Cuán fuertemente se expone aquello de que toda la Epístola es una demostración, es decir, que la fe no excluye a uno de su transgresión, sino que sólo por la fe puede ser guardada la ley!

No se culpa a los judíos por seguir la ley de justicia, sino por no seguirla de la manera correcta. No es por obras, sino por fe, que las obras que la ley requiere puedan ser alcanzadas. Es decir que las malas obras no pueden producir buenas obras; el bien no puede venir del mal. No hay descuento en las buenas obras. Son las cosas más necesarias en el mundo; y son el resultado de la observancia de la ley por la fe. Pero no puede por ninguna posibilidad ser buenas obras sin fe; porque "todo lo que no es de fe es pecado" (Rom. 14:23).

La piedra de tropiezo – No dejes de conectar la última parte de este capítulo con la primera parte. Recuerda que al principio presenta a Israel según la carne como maldito de Cristo. A ellos pertenecieron, entre otras cosas, la entrega de la ley, pero fracasaron miserablemente en relación de ella. ¿Por qué? "Porque tropezaron con esa piedra de tropiezo". ¿Qué piedra de tropiezo? Cristo. Estaban en la misma condición que tantas personas hoy, no creerían que las promesas de Dios a Israel eran enteramente y únicamente en Cristo. Ellos pensaban, como hacen ahora muchos cristianos profesos, que Dios los honró por su propio bien, sin ninguna consideración hacia Cristo. Cristo es la piedra de tropiezo sobre la que tropiezan todos los que consideran las promesas a Israel como hechas a una cierta nación terrenal, con exclusión de todas las demás.

Un fundamento estable – Paradójico pero cierto, esa misma piedra de tropiezo es la piedra angular, y el sólido fundamento. Lo que hace caer a unos, es lo que eleva y edifica a otros. "Los caminos de Jehová son derechos, y los justos andarán por ellos: mas los rebeldes en ellos caerán" (Ose. 14:9). Cristo es una roca de escándalo para los que no creen, pero un fundamento seguro para aquellos que tienen fe. Es "el Santo de Israel", "Dios de Israel", "Pastor de Israel", redil, y puerta del redil a la vez. Sin Él no podría existir tal cosa como nación de Israel.

Los que pretenden reclamar una herencia en Israel por causa de su nacimiento, y no por causa de Cristo, serán finalmente avergonzados, puesto que todo aquel que no entra por la puerta quedará desenmascarado como "ladrón y robador". Pero "el que crea en él, nunca será avergonzado", puesto que su fe demostrará que es simiente de Abraham, y heredero conforme a la promesa.

Capítulo 10

Buenas nuevas de gran gozo

EL CAPÍTULO noveno establece la condición de Israel según la carne, el Israel literal "maldecido, y separado de Cristo". "Seguía la ley de justicia", pero no la alcanzó debido a que no la siguió por la fe, sino por las obras de la ley. En consecuencia, los gentiles les tomaron la delantera al seguir la justicia en el modo correcto, es decir, por la fe.

Se cumplieron así las palabras de Cristo a los judíos autosuficientes: "Los publicanos y las rameras os van delante al reino de Dios", y "El reino de Dios será quitado de vosotros, y será dado a gente que haga los frutos de él" (Mat. 21:31,43).

Pero el Señor no desechó a su pueblo debido a que éste tropezó en la Piedra que había puesto como fundamento. Soportó con inmensa paciencia incluso hasta los vasos de ira abocados a la destrucción. El apóstol continúa pues en estos términos:

El glorioso evangelio
Romanos 10:1-21

1| Hermanos, ciertamente la voluntad de mi corazón y mi oración a Dios por Israel, es para salvación. 2| Porque yo les doy testimonio que tienen celo de Dios, mas no conforme a ciencia. 3| Porque ignorando la justicia de Dios, y procurando establecer la suya propia, no se han sujetado a la justicia de Dios. 4| Porque el fin de la ley es Cristo, para justicia a todo aquel que cree. 5| Porque Moisés describe la justicia que es por la ley:

Que el hombre que hiciere estas cosas, vivirá por ellas. **6|** *Mas la justicia que es por la fe dice así: No digas en tu corazón: ¿Quién subirá al cielo? (esto es, para traer abajo a Cristo:)* **7|** *O, ¿quién descenderá al abismo? (esto es, para volver a traer a Cristo de los muertos.)* **8|** *Mas ¿qué dice? Cercana está la palabra, en tu boca y en tu corazón. Esta es la palabra de fe, la cual predicamos:* **9|** *que si confiesas con tu boca que Jesús es el Señor, y crees en tu corazón que Dios le levantó de los muertos, serás salvo.* **10|** *Porque con el corazón se cree para justicia, y con la boca se confiesa para salvación.* **11|** *Pues la Escritura dice: Todo aquel que cree en él, no será avergonzado.* **12|** *Porque no hay diferencia entre judío y griego, pues uno mismo es el Señor de todos, que es rico para con todos los que le invocan;* **13|** *porque todo aquel que invocare el nombre del Señor, será salvo.* **14|** *¿Cómo, pues, invocarán a aquel en el cual no han creído? ¿Y cómo creerán en aquel de quien no han oído? ¿Y cómo oirán sin haber quien les predique?* **15|** *¿Y cómo predicarán si no han sido enviados? Como está escrito: ¡Cuán hermosos son los pies de los que anuncian la paz, de los que anuncian buenas nuevas!* **16|** *Mas no todos obedecieron al evangelio; pues Isaías dice: Señor, ¿quién ha creído a nuestro anuncio?* **17|** *Así que la fe viene del oír; y el oír, por medio de la palabra de Dios.* **18|** *Pero digo: ¿Acaso no han oído? ¡Sí, por cierto! Por toda la tierra ha salido la voz de ellos, Y sus palabras hasta los confines de la tierra.* **19|** *Y además digo: ¿No ha conocido esto Israel? Primero, Moisés dice: Yo os provocaré a celos con un pueblo que no es pueblo; Con un pueblo insensato os provocaré a ira.* **20|** *E Isaías dice resueltamente: Fui hallado por los que no me buscaban; Me manifesté a los que no preguntaban por mí.* **21|** *Pero acerca de Israel dice: Todo el día extendí mis manos hacia un pueblo desobediente y contradictor.*

Celo sin ciencia – "Bueno es mostrar celo, en lo bueno siempre". El celo es muy necesario en la consecución de todo ideal; pero el celo sin ciencia es como un caballo salvaje sin embocadura o freno. Hay actividad febril, pero sin provecho. Es como el que muestra gran determinación por llegar a cierto lugar, mientras que camina en la dirección opuesta. Poco importa el empeño que ponga en alcanzar ese lugar que está situado al norte de él; mientras continúe dirigiéndose hacia el sur, jamás llegará. La ignorancia convierte al celo en una característica vana. "Mi pueblo fue destruido porque le faltó sabiduría" (Ose. 4:6).

La ignorancia de Israel – Consistía en "ignorar la justicia de Dios". Se trata de un tipo de ignorancia que no se extinguió en aquella generación, y que no está confinada a ningún pueblo en particular. Pero lo que la hacía mucho más grave en ese caso es que ese ignorar la justicia de Dios se asociaba a la más elevada profesión de servirle.

La justicia de Dios – La justicia de Dios es mucho más que una simple expresión, o un conjunto de palabras; incluso mucho más que una definición. Es nada menos que la vida y el carácter de Dios. De la misma manera en que no puede concebirse la dulzura en ausencia de algo dulce, así tampoco existe la justicia como algo abstracto. La justicia debe estar necesariamente asociada a un ser animado. Pero sólo Dios es justo (Mar. 10:18). Por lo tanto, allí donde hay justicia, Dios se encuentra en acción. La justicia es la característica esencial de Dios.

La forma y la sustancia – Los judíos tenían "la forma de la ciencia y de la verdad en la ley", pero carecían de la verdad misma. La ley de Dios, escrita en tablas de piedra, o en un libro, es tan perfecta como lo fuera siempre. Pero hay exactamente la misma diferencia entre eso y la auténtica ley, que entre la fotografía de una persona y la persona misma. No era más que una sombra. En las letras escritas no había vida, y no podían por ellas mismas hacer nada. No eran más que la declaración de lo que sólo en la vida de Dios existe.

Una justicia hueca – Los judíos sabían muy bien que las palabras escritas en las tablas de piedra o en el libro no podían hacer nada; y como ignoraban la justicia que aquellas palabras describían, procuraron establecer su propia justicia. De haber conocido la justicia de Dios nunca hubieran hecho tal cosa. Dice el salmista, "tu justicia es como los altos montes" (Sal. 36:6). Intentaban producir a partir de ellos mismos aquello que es atributo esencial de Dios.

Un esfuerzo así, por más celo que aplicasen, tenía que llevar irremediablemente al fracaso más sonoro. Saulo de Tarso "era mucho más celoso que todos por las tradiciones" de los padres, sin embargo, cuando llegó a una comprensión correcta, aquellas cosas que antes había tenido por ganancia, debió ahora reputarlas como pérdida. Es decir, cuánto más celosamente procuró establecer su propia justicia, más se alejaba de ella.

Someterse a la justicia – Si los judíos no hubieran ignorado la justicia de Dios, no habrían procurado establecer la suya propia. Intentaron someter a ellos mismos la justicia de Dios, cuando eran ellos quienes debieron haberse sometido a la justicia de Dios. La justicia de Dios es activa. Es su misma vida. De la misma forma en que el aire se precipitará allí donde se produzca un vacío, así también la vida justa de Dios llenará todo corazón que esté abierto a recibirla. Cuando el hombre intenta manejar la ley de Dios, la pervierte invariablemente, amoldándola a sus propias ideas. La única manera de ver la perfección de la ley es sometiéndose a ella, y permitiéndole que gobierne. Entonces obrará en la vida, "porque Dios es el que obra en vosotros, tanto el querer como el hacer, por su buena voluntad" (Fil. 2:13).

El fin de la ley – "El fin del mandamiento es la caridad nacida de corazón limpio, y de buena conciencia, y de fe no fingida" (1ª Tim. 1:5). Y "el cumplimiento de la ley es la caridad", o amor. Por lo tanto, el fin de la ley es su perfecto cumplimiento. Es algo que se explica a sí mismo. La forma en la que se interpreta la palabra "fin" no hace cambiar las cosas. Si se le da el significado de "objetivo", o "propósito", es evidente que las cosas que la ley requiere habrán de ser efectuadas. Si por la palabra "fin" entendemos la extensión última de algo, llegamos a idéntica conclusión. Llegas al fin de la ley solamente cuando alcanzas el límite máximo de sus requerimientos.

El fin de la ley es Cristo – Hemos visto que el fin u objetivo de la ley es la justicia por ella requerida. Así, leemos que Cristo es el fin de la ley "para justicia". La ley de Dios es la justicia de Dios (Isa. 51:6,7). Pero esa justicia es la misma vida de Dios, y las palabras de la ley no son más que la sombra de ella. Solamente en Cristo encontramos esa vida, ya que sólo Él declara la justicia de Dios (Rom. 3:24,25). Su vida es la ley de Dios, puesto que Dios estaba en Él. Aquello que los judíos tenían meramente en la forma, lo encontramos en su genuina sustancia únicamente en Cristo. En Él se halla el fin de la ley. ¿Pretenderá alguien que "el fin de la ley" significa su abolición? Muy bien: cuando encuentre la abolición de Cristo, habrá encontrado la abolición de la ley. No antes. Únicamente el estudio de la vida de Cristo revelará la justicia que la ley de Dios requiere.

¿Para quienes... – es Cristo el fin de la ley, para justicia? Para "todo aquel que cree". Cristo habita en el corazón por la fe (Efe. 3:17). Sólo en Él se halla la perfecta justicia de la ley. En Él está la perfección absoluta. Así, dado que Cristo mora en el corazón del creyente, sólo en Él se alcanza el fin de la ley. "Esta es la obra de Dios, que creáis en el que él ha enviado" (Juan 6:29). "Con el corazón se cree para justicia".

Obrar para vivir, y vivir para obrar – La justicia que es por la ley, es decir, la justicia propia del hombre (Fil. 3:9), se basa en el principio de hacer algo a fin de vivir. El mero enunciado basta para darse cuenta de su imposibilidad, ya que la vida debe necesariamente preceder a la acción. Un cuerpo muerto no puede hacer nada a fin de vivir: debe recibir la vida antes de poder hacer algo. Pedro no pidió a Dorcas, muerta como estaba, que hiciese alguna obra más de caridad, que confeccionase algunos vestidos más a fin de que pudiera vivir, sino que en el nombre de Jesús le restauró la vida, a fin de que pudiera persistir en sus buenas obras. El hombre que hiciere estas cosas, vivirá en ellas; pero primeramente tiene que vivir antes de poder realizarlas. Por lo tanto, la justicia que es por la ley no es más que un sueño vano. Cristo da la vida, la eterna y justa vida de Dios, y ésta obra justicia en el alma así reavivada.

Cristo, la Palabra – Los versículos 6 al 8 son una cita literal de Deuteronomio 30:11-14. Moisés acababa de repetirle la ley al pueblo, y los había exhortado a la obediencia. Acababa de decirles que el mandamiento no estaba "lejos", de forma que no necesitaban enviar a nadie a que se lo trajese, puesto que "la palabra está muy cerca de ti, en tu boca y en tu corazón, para que la cumplas". Pablo, escribiendo bajo la inspiración del Espíritu, cita las palabras de Moisés, y muestra que se refieren a Cristo. Cristo es la Palabra, el mandamiento que no está "lejos", que no necesita ser hecho descender del cielo, ni traído de los muertos. Compara cuidadosamente esas dos partes de la Escritura y descubrirás que el auténtico mandamiento del Señor es nada menos que Cristo.

Ley y vida – Esa verdad no estaba necesariamente encubierta hasta los tiempos del Nuevo Testamento. El judío reflexivo podía claramente comprender, en los días de Moisés, que sólo en la vida de Dios podía hallarse la justicia de la ley. Dijo Moisés: "Al cielo y a la tierra llamo por testigos hoy contra vosotros, de que os he puesto la vida y la muerte, la bendición y la maldición. Elige la vida, para que vivas, tú y tus descendientes. Ama al Eterno tu Dios, atiende su voz, y únete a él. Porque él es tu vida y la prolongación de tus días" (Deut. 30:19,20).

Al presentar la ley al pueblo, Moisés desplegó ante ellos la vida de Dios, que sólo en Cristo es dado encontrar. "Sé que su mandamiento es vida eterna" (Juan 12:50). "Ésta empero es la vida eterna: que te conozcan el solo Dios verdadero, y a Jesucristo, al cual has enviado" (Juan 17:3).

La Palabra, muy cercana – Recordando que Cristo es la palabra, leemos que "cercana está la palabra, en tu boca y en tu corazón. Ésta es la palabra de fe, la cual predicamos". ¿Está Cristo así de cercano? Sí, en verdad, pues Él mismo dice: "He aquí yo estoy a la puerta y llamo" (Apoc. 3:20). No está solamente cerca de los buenos, sino que "cierto no está lejos de cada uno de nosotros" (Hech. 17:27). Tan cercano está, que "en él vivimos, y nos movemos, y somos".

No podemos extender nuestro brazo sin encontrarlo. Cristo está "cercano" al corazón, incluso de los hombres impíos, esperando y procurando que lo reconozcan en todos sus caminos. Podrá entonces morar en sus corazones "por la fe", dirigiéndolos así en todos sus caminos. En nada se muestra más plenamente el amor de

Cristo, que en su morar con el hombre pecador, sufriendo toda su enemistad, a fin de que por su divina paciencia pueda rescatarlo de sus malos caminos.

Creer en la resurrección – "Si confesares con tu boca al Señor Jesús, y creyeres en tu corazón que Dios le levantó de los muertos, serás salvo". "El cual fue entregado por nuestros delitos, y resucitado para nuestra justificación" (Rom. 4:25). "Y por todos murió". Gustó la muerte por todos. Por lo tanto, fue resucitado para la justificación de todos. Creer con el corazón que Dios le levantó de los muertos, es creer que me justifica a mí. Aquel que no cree que Jesús le limpia de pecado, realmente no cree que Dios le resucitó de los muertos. Efectivamente, ya que no estamos creyendo en la resurrección de Jesús a menos que creamos en el motivo y propósito de dicha resurrección. La resurrección de Jesús es un hecho mucho menos aceptado de lo que pensamos.

"No será avergonzado" – La raíz del término "creer" lleva implícita la idea de fundamento, algo sólido sobre lo cual construir. Creer en Jesús es edificar en Él. Él es la Piedra angular, la Piedra de fortaleza, el Cimiento estable (Isa. 28:16). El que edifique sobre Él no tendrá que huir confundido en el día de la lluvia y la inundación, cuando los vientos arrecien contra su casa: edificó sobre la Roca de los siglos.

No hay diferencia – La nota predominante del llamamiento evangélico es "todo aquel". "Porque de tal manera amó Dios *al mundo,* que ha dado a su Hijo unigénito, para que todo aquel que en Él cree, no se pierda, mas tenga vida eterna" (Juan 3:16). "El que quiere, tome del agua de la vida de balde" (Apoc. 22:17). "Todo aquel que invocare el nombre del Señor, será salvo", "porque no hay diferencia de Judío y de Griego".

Vuelve a leer los capítulos segundo y tercero de Romanos, y también el cuarto. Verdaderamente, todo el libro de Romanos es una sentencia de muerte a la maléfica suposición de que Dios es parcial, y de que favorece a ciertas personas por sobre los demás. La idea de que Dios tiene bendiciones especiales para una nación de la tierra, que no tiene para las demás, sea que se refiera a los Judíos, Israelitas, Anglosajones,

Ingleses, o a cualquier otra nación, significa una negación directa del evangelio de la gracia de Dios.

El evangelio para todos – Los versículos 13, 14 y 15 muestran los pasos necesarios para la salvación. El hombre debe invocar primeramente al Señor. Pero a fin de invocarlo, debe creer en Él. A fin de que pueda oír acerca de Él, hace falta que le sea enviado alguien. Los predicadores no han faltado, pero no todos han creído y obedecido, aunque todos hayan oído.

¿Qué es lo que todos han oído? La palabra de Dios. A fin de demostrar que es así, el apóstol señala que la fe viene al oír la palabra de Dios, y añade: "¿No han oído realmente? Claro que oyeron. 'Por toda la tierra ha salido su voz, y sus palabras hasta los fines de la tierra'". "Todo hombre que viene a este mundo" ha oído, y nadie tiene excusa para la incredulidad. Lee nuevamente Romanos 1:16-20.

Gloriosos predicadores – El evangelio de Cristo es el evangelio glorioso. Sus rayos se abren camino hasta el corazón (ver 2ª Cor. 4:4; 1ª Tim. 1:11). Por lo tanto, aquellos que lo predican participan de un ministerio glorioso. El sol, la luna y las estrellas son los maravillosos "predicadores" cuyas palabras han alcanzado hasta los confines del mundo. Predican el glorioso evangelio de Cristo. Son un ejemplo permanente de la forma adecuada de predicar el evangelio: brillar para la gloria de Dios.

Así, el apóstol nos dice a nosotros, que hemos oído y creído el evangelio, "vosotros sois linaje elegido, real sacerdocio, nación santa, pueblo adquirido para Dios, para que anunciéis las virtudes de aquel que os llamó de las tinieblas a su luz admirable" (1ª Ped. 2:9). El evangelio es la revelación de Dios al hombre. "Dios es luz", por lo tanto, la predicación del evangelio consiste en hacer brillar esa luz. "Así alumbre vuestra luz delante de los hombres, para que vean vuestras obras buenas, y glorifiquen a vuestro Padre que está en los cielos" (Mat. 5:16).

Capítulo 11

Todo Israel será salvo

EN EL undécimo capítulo concluye la discusión sobre el tema específico de Israel. En los anteriores tres capítulos hemos visto que los gentiles, si creen, comparten su suerte con los judíos. Y que éstos últimos pierden todo privilegio como pueblo de Dios, mediante su incredulidad. Nada podría mostrar con mayor claridad de lo que lo hacen esos capítulos, que todos los hombres son iguales ante Dios, y que sus promesas son para todo aquel que cree, al margen de las circunstancias de su nacimiento o afiliación territorial.

> *1| Digo, pues: ¿Acaso ha desechado Dios a su pueblo? ¡En ninguna manera! Porque también yo soy israelita, de la simiente de Abraham, de la tribu de Benjamín. 2| Dios no ha desechado a su pueblo, al cual conoció de antemano. ¿O no sabéis qué dice de Elías la Escritura, cómo invoca a Dios contra Israel, diciendo: 3| Señor, han dado muerte a tus profetas, y han derribado tus altares; y sólo yo he quedado, y procuran matarme? 4| Pero ¿qué le dice la respuesta divina? Me he reservado siete mil hombres, que no han doblado la rodilla ante Baal. 5| Pues bien, del mismo modo, también en este tiempo ha quedado un remanente conforme a la elección de la gracia. 6|] Y si por gracia, ya no es a base de obras; de otra manera, la gracia ya no es gracia. Y si por obras, ya no es gracia; de otra manera, la obra ya no es obra. 7| ¿Qué, pues? Lo que buscaba Israel, no lo ha alcanzado; pero los escogidos sí lo han alcanzado, y los demás fueron endurecidos; 8| como está escrito: Dios les dio espíritu de sopor, ojos con que no vean y oídos con que no oigan, hasta el día de hoy. 9| Y David*

dice: Conviértase su mesa en trampa y en red, En tropezadero y en retribución; **10|** Sean oscurecidos sus ojos para que no vean, Y agóbieles la espalda para siempre. **11|** Digo, entonces: ¿Acaso han tropezado los de Israel para quedar caídos? ¡En ninguna manera! Pero con su caída vino la salvación a los gentiles, para provocarles a celos. **12|** Y si su caída es la riqueza del mundo, y su fracaso la riqueza de los gentiles, ¿cuánto más su plena restauración? **13|** Porque a vosotros os digo, gentiles: Por cuanto yo soy apóstol de los gentiles, honro mi ministerio, **14|** por si en alguna manera pueda provocar a celos a los de mi sangre, y hacer salvos a algunos de ellos. **15|** Porque si su exclusión es la reconciliación del mundo, ¿qué será su admisión, sino vida de entre los muertos? **16|** Si las primicias son santas, también lo es la masa restante; y si la raíz es santa, también lo son las ramas. **17|** Pero si algunas de las ramas fueron desgajadas, y tú, siendo olivo silvestre, has sido injertado entre ellas, y has sido hecho participante con ellas de la raíz y de la rica savia del olivo, **18|** no te jactes contra las ramas; y si te jactas, sabe que no sustentas tú a la raíz, sino la raíz a ti. **19|** Dirás entonces: Las ramas fueron desgajadas para que yo fuese injertado. **20|** Bien; por su incredulidad fueron desgajadas, pero tú por la fe estás en pie. No te ensoberbezcas, sino teme. **21|** Porque si Dios no perdonó a las ramas naturales, a ti tampoco te perdonará. **22|** Mira, pues, la benignidad y la severidad de Dios; la severidad ciertamente para con los que cayeron, mas la benignidad (de Dios) en ti, si permanecieres en esa benignidad; pues de otra manera, tú también serás cortado.

No abandonados – El apóstol Pablo sabía que Dios no se había desentendido de su pueblo, los descendientes literales de Abraham, y la prueba de ello era que él mismo había sido aceptado por Dios. Si el Señor hubiese abandonado a los judíos, no habría habido esperanza para Pablo, puesto que él era "Hebreo de Hebreos". Así pues, leemos, "¿Ha desechado Dios a su pueblo? En ninguna manera". La razón que da para esa afirmación, es que "también yo soy Israelita, de la simiente de Abraham, de la tribu de Benjamín".

¿Quiénes son los desechados? – Si bien Dios no había abandonado a su pueblo, éste se encontraba en una lamentable situación. El hecho de que Dios no los había abandonado no significaba que iban a ser salvos. Pablo señaló el peligro que incluso él mismo, tras haber predicado el evangelio, viniese a ser reprobado (1ª Cor. 9:27). Eso, no obstante, dependía enteramente de él. El peligro no estaba de ninguna manera en que Dios decidiese desecharlo en contra de la voluntad de Pablo. Tenemos las palabras del Señor, "al que a mí viene, no lo echo fuera" (Juan 6:37). Y todos pueden venir a Él, "el que tiene sed, venga". Dios no desecha a nadie, pero si alguien lo rechaza completamente, puesto que Él no fuerza a nadie, no hay otra alternativa, excepto dejarlo a su propia elección.

"Por cuanto llamé, y no quisisteis; extendí mi mano, y no hubo quien escuchase; antes desechasteis todo consejo mío, y mi reprensión no quisisteis… comerán pues del fruto de su camino, y se hartarán de sus consejos. Porque el reposo de los ignorantes los matará, y la prosperidad de los necios los echará a perder" (Prov. 1:24-32).

Dios extiende sus manos a un pueblo rebelde y contradictor (Rom. 10:21), y a ellos corresponde decidir si serán salvos. Dios acepta a todos. La pregunta clave es ¿lo aceptarán ellos a Él?

El remanente – A partir de la ilustración de Elías podemos aprender más sobre la aceptación y el rechazo. Aparentemente todo Israel se había apartado del Señor, pero había siete mil hombres que no se habían doblegado a Baal. "Así también, aun en este tiempo han quedado reliquias por la elección de gracia". La gracia de Dios se manifiesta a todos los hombres, se extiende a todos. Los que aceptan la gracia son los elegidos, poco importa la nación o pueblo al que pertenezcan. Aunque el plan de la salvación abarca a todo el mundo, es triste pero cierto que sólo unos pocos de cada pueblo o generación lo aceptarán. "Aunque los israelitas sean tan numerosos como la arena del mar, sólo un remanente será salvo".

El olivo – Si bien hay expresiones particulares que son difíciles de comprender, en su conjunto, el capítulo undécimo es simple. Se representa al pueblo de Dios bajo la figura de un olivo, y la relación de todo hombre con Dios se ilustra mediante la figura del injerto. Antes de entrar en los detalles de la ilustración, conviene que nos detengamos a considerar la nación de Israel.

En el segundo capítulo de Efesios podemos ver que siendo gentiles, los Efesios estaban "excluidos de la ciudadanía de Israel… sin esperanza y sin Dios en el mundo". Es decir, los que están excluidos de la ciudadanía de Israel están sin Dios, –o bien– los que están sin Dios están excluidos de la ciudadanía de Israel.

Cristo es la única manifestación de Dios al hombre, y "a lo suyo vino, y los suyos no le recibieron" (Juan 1:11). Por lo tanto, la nación judía –como pueblo– estaba sin Dios tanto como lo estaban los paganos, estando por lo tanto excluidos de la ciudadanía de Israel. En el mismo capítulo de Efesios leemos cómo Cristo vino para reconciliar tanto a judíos como a gentiles con Dios, lo que demuestra que ambos estaban separados de Él.

Más adelante en el mismo capítulo, vemos que la ciudadanía de Israel consiste en ser "miembros de la familia de Dios", familia que está compuesta por santos: aquellos que están reconciliados con Dios. Sólo de ellos puede decirse que no son extranjeros ni están alejados de Israel.

Origen de Israel – El nombre viene de aquella noche en la que Jacob luchó con el Señor, y por su fe obtuvo finalmente la bendición que buscaba. Nada podía conseguir apoyándose en su fortaleza física: un simple toque del Señor bastó para dejarlo completamente indefenso. Fue entonces cuando, en su estado de total impotencia, se entregó al Señor con una fe sencilla, y prevaleció, recibiendo el nombre de Israel: príncipe de Dios. Ese título se aplicó a todos sus descendientes, si bien de una forma estricta pertenece solamente a aquellos que ejerciesen una fe viviente en Dios. Es algo así como la denominación de "cristianos" que damos genéricamente a todos los que forman parte de la iglesia visible, sin detenernos a analizar si conocen o no realmente al Señor.

Todos necesitan ser injertados
Romanos 11:23-26

> *23| Y aun ellos, si no permanecen en incredulidad, serán injertados, pues poderoso es Dios para volverlos a injertar. 24| Porque si tú fuiste cortado del que por naturaleza es olivo silvestre, y contra naturaleza fuiste injertado en el buen olivo, ¿cuánto más éstos, que son las ramas naturales, serán injertados en su propio olivo? 25| Porque no quiero, hermanos, que ignoréis este misterio, para que no seáis acerca de vosotros mismos arrogantes: que el endurecimiento en parte ha acontecido en Israel, hasta que haya entrado la plenitud de los Gentiles; 26| Y luego todo Israel será salvo; como está escrito: Vendrá de Sión el Libertador, que quitará de Jacob la impiedad.*

Una nación justa –Mucho se dice de la incredulidad de los hijos de Israel; pero hubo momentos en que ellos, como una nación entera, tenían fe en un grado bien marcado. Un ejemplo será suficiente en la actualidad: "Por la fe cayeron los muros de Jericó, después de estar rodeados por siete días" Heb. 11:30. Trece veces el anfitrión entero marchó alrededor de la ciudad, aparentemente sin propósito, sin un murmullo. Tal fe demostró que entonces eran una nación justa, en estrecha unión con Dios; porque, "justificados por la fe, tenemos paz con Dios por medio de nuestro Señor Jesucristo" Rom. 5: 1. Entonces su nombre realmente indicó su carácter; ellos eran realmente israelitas. Andaban "en los pasos de la fe de nuestro padre Abraham".

Ramas cortadas – Pero no guardaron la fe. "Porque participantes de Cristo somos hechos, con tal que conservemos firme hasta el fin el principio de nuestra confianza" (Heb. 3:14). Ellos no hicieron eso, y vinieron a estar "sin Cristo", "excluidos de la ciudadanía de Israel" (Efe. 2:12). En Romanos 11:17 el apóstol dice "que si algunas de las ramas fueron quebradas", etc. Eso no significa que hubiese ramas que no fuesen entonces quebradas, ya que en el versículo 20 leemos que "por su incredulidad fueron quebradas", y "Dios encerró a todos en incredulidad, para tener misericordia de todos" (versículo 32), por lo tanto, todas las ramas fueron quebradas. Nos encontramos, pues, con el pueblo de los que eran "muy amados por causa de los padres" (versículo 28), y que en cierto momento de la historia habían sido "hijos de Dios por la fe en Cristo Jesús" (Gál. 3:26), reducido –a causa de su incredulidad– al mismo nivel de quienes nunca habían conocido a Dios.

Ramas injertadas – Todas las ramas del olivo (Israel) fueron quebradas a causa de su incredulidad. Dios injertó ramas procedentes del olivo silvestre (los Gentiles) en el lugar de las primeras. Ese injerto era "contra natura" (versículo 24), puesto que era enteramente una obra de la gracia. De acuerdo con las leyes naturales, las ramas injertadas habrían llevado el fruto silvestre que les era propio, y el injerto hubiese carecido entonces de provecho (ver Gál. 5:19-21; Efe. 2:1,2). Pero la gracia obró un milagro, y las ramas que fueron injertadas, participaron de la naturaleza de la raíz. El fruto de las ramas injertadas ya no es el fruto natural, sino el fruto del Espíritu (Gál. 5:22,23).

La reunión – Recordemos que Dios no desechó a su pueblo. Éste cayó por la incredulidad, pero "si no permanecen en incredulidad, serán injertados, pues poderoso es Dios para volverlos a injertar". Es decir, el judío tiene una oportunidad tan favorable como el gentil, "porque no hay diferencia de Judío y de Griego" (Rom. 10:12). Cristo vino para "reconciliar por la cruz a ambos en un mismo cuerpo", y "por él los unos y los otros tenemos entrada por un mismo Espíritu al Padre" (Efe. 2:16,18).

Un plan sin cambios – No olvidemos que el injerto de los gentiles para ocupar el lugar del rebelde Israel, no implica cambio alguno en el plan de Dios. Estaba perfectamente incluido en la promesa original hecha a Abraham. "Sabéis por tanto, que los que son de fe, los tales son hijos de Abraham. Y viendo antes la Escritura que por la fe había de justificar a los Gentiles, evangelizó antes a Abraham, diciendo: En ti serán benditas todas las naciones" (Efe. 3:7,8).

En el principio, Dios creó a Adán, padre de la raza humana. Adán era el hijo de Dios (Luc. 3:38); por lo tanto, todos sus descendientes son pueblo de Dios por derecho. Dios no los abandonó por haber pecado. Su amor abarcaba el mundo entero (Juan 3:16), y ciertamente no vino a menos en los días de Abraham, Isaac y Jacob. La única ventaja de Israel es que ellos tenían el privilegio de llevar el glorioso evangelio a los gentiles, para quienes había sido provisto, tanto como para ellos mismos.

Los gentiles, visitados – Desde el principio estaba establecido que los gentiles, tanto como los descendientes de Jacob, viniesen a constituir Israel. El concilio de Jerusalem así lo demuestra. Pedro expuso cómo le había sido divinamente encomendada la predicación del evangelio, de forma que ninguna diferencia hizo entre judíos y gentiles. Dijo entonces Santiago: "Simón ha contado cómo Dios primero visitó a los Gentiles, para tomar de ellos pueblo para su nombre; y con esto concuerdan las palabras de los profetas, como está escrito: Después de esto volveré y restauraré la habitación de David, que estaba caída; y repararé sus ruinas, y la volveré a levantar; para que el resto de los hombre busque al Señor, y todos los Gentiles, sobre los cuales es llamado mi nombre, dice el Señor, que hace todas estas cosas. Conocidas son a Dios desde el siglo todas sus obras" (Hech. 15:14-18; ver también Amós 9:11-15).

De lo anterior podemos concluir que "la habitación de David", o casa del rey David, sería restaurada mediante la predicación del evangelio a los gentiles, según los designios del Señor desde el principio del mundo. No hay necesidad de comentario alguno al respecto: se trata simplemente de creer esas Escrituras.

"La plenitud de los Gentiles" – "El endurecimiento en parte ha acontecido en Israel, hasta que haya entrado la plenitud de los Gentiles". "Haya entrado" ¿dónde? –Por supuesto, en Israel, ya que es entrando la plenitud de los gentiles como "todo Israel será salvo". ¿Cuándo entrará la plenitud de los gentiles?

Es el Señor mismo quien responde: "Y será predicado este evangelio del reino en todo el mundo, por testimonio a todos los Gentiles; y entonces vendrá el fin" (Mat. 24:14). Dios está visitando a los gentiles "para tomar de ellos pueblo para su nombre". Mediante ellos alcanzará Israel su plenitud. Tan pronto como esa obra de predicar el evangelio a los gentiles concluya, vendrá el fin. Entonces no se predicará más a nadie: no a los gentiles, puesto que habrán hecho ya su decisión final; y tampoco a los judíos, ya que entonces "todo Israel será salvo". No habrá ya más necesidad del evangelio. Éste cumplió ya su obra.

Una gran recolección de judíos
Romanos 11:27-36

27| Y éste es mi pacto con ellos, cuando yo quite sus pecados. 28| Así que, en cuanto al evangelio, son enemigos por causa de vosotros; mas en cuanto a la elección, son muy amados por causa de los padres. 29| Porque sin arrepentimiento son los dones y el llamamiento de Dios. 30| Porque como también vosotros en otro tiempo no creísteis a Dios, mas ahora habéis alcanzado misericordia por la incredulidad de ellos; 31| así también éstos ahora no han creído, para que por la misericordia de vosotros, ellos también alcancen misericordia. 32| Porque Dios encerró a todos en incredulidad, para tener misericordia de todos. 33| ¡Oh profundidad de las riquezas de la sabiduría y del conocimiento de Dios! ¡Cuán insondables son sus juicios, e inescrutables sus caminos! 34| Porque, ¿quién entendió la mente del Señor? ¿O quién fue su consejero? 35| ¿O quién le dio a Él primero, para que le sea recompensado? 36| Porque de Él, y por Él, y para Él, son todas las cosas. A Él sea la gloria por siempre. Amén.

Todo mediante Cristo – Presta cuidadosa atención a los versículos 25-27. Cuando haya entrado la plenitud de los gentiles, "todo Israel será salvo". Es solamente entrando la plenitud de los gentiles como todo Israel será salvo. Y eso constituirá el cumplimiento de la Escritura que dice, "Vendrá de Sión el Libertador, que quitará de Jacob la impiedad". Sólo mediante Cristo es posible que Israel sea reunido y salvo, e Israel lo constituyen todos los que son de Cristo, ya que "si vosotros sois de Cristo, ciertamente la simiente de Abraham sois, y conforme a la promesa los herederos" (Gál. 3:29).

Quitar los pecados – De Sión vendrá el Libertador, que quitará la impiedad de Israel. Cristo es "el Cordero de Dios, que quita el pecado del mundo" (Juan 1:29). "Él es la propiciación por nuestros pecados: y no solamente por los nuestros, sino también por los de todo el mundo" (1ª Juan 2:2). Caifás, el sumo sacerdote, hablando por el Espíritu, "profetizó que Jesús había de morir por la nación: y no solamente por aquella nación, mas también para que juntase en uno los hijos de Dios que estaban derramados" (Juan 11:51,52).

Así Pedro, hablando en el templo de Jerusalem, dijo: "Vosotros sois los hijos de los profetas, y del pacto que Dios concertó con nuestros padres, diciendo a Abraham: Y en tu simiente serán benditas todas las familias de la tierra. A vosotros primeramente, Dios, habiendo levantado a su Hijo, le envió para que os bendijese, a fin de que cada uno se convierta de su maldad" (Hech. 3:25,26). La bendición a Abraham consiste en el perdón de los pecados mediante Cristo, y los integrantes de todas las naciones vienen a ser verdaderos israelitas mediante la remoción de la iniquidad.

Todo por la fe – Es por la fe como Jacob vino a ser hecho Israel. Fue por la incredulidad como sus descendientes fueron arrancados del tronco de Israel. Es por la fe como los gentiles son injertados, y solamente por ella pueden mantenerse. Es por la fe como los judíos pueden volver a implantarse en el tronco primitivo.

La fe en Cristo es lo único que convierte a uno en israelita, y solamente la incredulidad lo excluye a uno de Israel. Así lo mostró Cristo cuando se maravilló por la fe del Centurión, y dijo: "Os aseguro que ni en Israel he hallado tanta fe. Os digo que vendrán muchos del oriente y del occidente, y se sentarán con Abraham, Isaac y Jacob en el reino de los cielos. Pero los hijos del reino serán echados a las tinieblas de afuera" (Mat. 8:10-12).

Todos encerrados – "Dios encerró a todos en incredulidad, para tener misericordia de todos". "En prisión quedarán encerrados".

Así, leemos en Gálatas 3:22 que "la Escritura encerró todo bajo pecado, para que la promesa fuese dada a los creyentes por medio de la fe en Jesucristo".

Y el versículo 23 explica que todos estábamos guardados por la ley, reservados para la fe que iba a ser revelada. Según Romanos 3:9, tanto judíos como gentiles, "todos están debajo de pecado".

Todos están igualmente prisioneros, sin ninguna esperanza de escapatoria de no ser por Cristo, el Libertador, el que proclama "libertad a los cautivos, y a los presos abertura de la cárcel" (Isa. 61:1). Viene desde Sión como Libertador, trayendo la libertad de "la Jerusalem de arriba" (Gál. 4:26). Por lo tanto, todos los que acepten la libertad con la que Cristo hace libre, son los hijos de la Jerusalem de arriba, herederos de la Canaán celestial, ciudadanos del verdadero Israel.

Conocimiento maravilloso – "Con su conocimiento justificará mi siervo justo a muchos, y él llevará las iniquidades de ellos" (Isa. 53:11). Y así, reedificará los muros de Jerusalem y libertará a sus hijos cautivos mediante el perdón de los pecados (Sal. 51:18). "¡Oh profundidad de las riquezas de la sabiduría y de la ciencia de Dios! ¡Cuán incomprensibles son sus juicios, e inescrutables sus caminos!"

Nadie pretenda, por lo tanto, cuestionar el plan de Dios, o rechazarlo por no ser capaz de comprenderlo, porque "¿quién fue su consejero?" "Porque de Él, y por Él, y en Él, son todas las cosas. A Él sea la gloria por siglos. Amén."

Capítulo 12

La justificación por la fe, en la práctica

HEMOS concluido lo que podríamos llamar la parte argumentativa de la carta a los Romanos. Los cinco capítulos que restan consisten en exhortaciones a la iglesia. Las contenidas en el presente capítulo no revisten complejidad, pero se las comprende mucho mejor al leerlas en relación con lo que las precede inmediatamente. Así, comenzaremos el capítulo 12 con los últimos versículos del anterior:

> 33| ¡Oh profundidad de las riquezas de la sabiduría y del conocimiento de Dios! ¡Cuán insondables son sus juicios, e inescrutables sus caminos! 34| Porque, ¿quién entendió la mente del Señor? ¿O quién fue su consejero? 35| ¿O quién le dio a Él primero, para que le sea recompensado? 36| Porque de Él, y por Él, y para Él, son todas las cosas. A Él sea la gloria por siempre. Amén

Romanos 12: 1-21

> 1| Por tanto, os ruego hermanos por las misericordias de Dios, que presentéis vuestros cuerpos en sacrificio vivo, santo, agradable a Dios, que es vuestro servicio racional. 2| Y no os conforméis a este mundo; mas transformaos por la renovación de vuestra mente, para que comprobéis cuál sea la buena voluntad de Dios, agradable y perfecta. 3| Digo, pues, por la gracia que me ha sido

dada, a cada cual que está entre vosotros, que no tenga más alto concepto de sí, que el que debe tener, sino que piense de sí con mesura, conforme a la medida de la fe que Dios repartió a cada uno. 4| Porque de la manera que en un cuerpo tenemos muchos miembros, mas no todos los miembros tienen la misma función; 5| así nosotros, siendo muchos, somos un cuerpo en Cristo, y todos miembros los unos de los otros. 6| Teniendo, pues, diversidad de dones según la gracia que nos es dada, si profecía, profeticemos conforme a la medida de la fe; 7| o si ministerio, usémoslo en ministrar; el que enseña, en la enseñanza; 8| el que exhorta, en la exhortación; el que da, hágalo con sencillez; el que preside, con diligencia; el que hace misericordia, con alegría. 9| El amor sea sin fingimiento. Aborreced lo malo, apegaos a lo bueno. 10| Amaos los unos a los otros con amor fraternal, en cuanto a honra, prefiriéndoos los unos a los otros. 11| Diligentes, no perezosos; fervientes en espíritu, sirviendo al Señor. 12| Gozosos en la esperanza, sufridos en la tribulación, constantes en la oración. 13| Compartiendo para las necesidades de los santos; dados a la hospitalidad. 14| Bendecid a los que os persiguen; bendecid, y no maldigáis. 15| Gozaos con los que se gozan; y llorad con los que lloran. 16| Unánimes entre vosotros, no altivos; condescended para con los humildes. No seáis sabios en vuestra propia opinión. 17| No paguéis a nadie mal por mal; procurad lo bueno delante de todos los hombres. 18| Si fuere posible, en cuanto esté en vosotros, vivid en paz con todos los hombres. 19| Amados, no os venguéis vosotros mismos, antes, dad lugar a la ira; porque escrito está: *Mía es la venganza, yo pagaré, dice el Señor.* 20| *Así que si tu enemigo tuviere hambre, dale de comer, y si tuviere sed, dale de beber; pues haciendo esto, ascuas de fuego amontonarás sobre su cabeza.* 21| No seas vencido de lo malo, mas vence con el bien el mal.

Una conclusión lógica – Los últimos versículos del capítulo precedente establecen el poder y sabiduría insondables e infinitos de Dios. Nadie puede añadirle nada. Nadie puede pretender que Dios tenga la más mínima obligación hacia él. Nadie puede darle nada en la expectativa de recibir algo de él a cambio. "Porque de Él, y por Él, y en Él, son todas las cosas". "Él da a todos vida, y respiración, y todas las cosas". "En él vivimos, y nos movemos, y somos" (Hech. 17:25,28).

Siendo así, lo razonable sería que todos se pusieran bajo su control. Solamente Él tiene la sabiduría y el poder necesarios. El resultado lógico de haber conocido el poder, la sabiduría y el amor de Dios, es someterse a Él. Aquel que no lo hace, está virtualmente negando la existencia de Dios.

Exhortando y confortando – Es interesante notar que el término griego que se traduce por "rogar", comparte su etimología con "consolar", en referencia a la acción del Espíritu Santo. Se trata de la misma palabra empleada en Mateo 5:4, "Bienaventurados los que lloran: porque ellos recibirán consolación". Podemos también encontrarla en 1ª de Tesalonicenses 4:18: "Consolaos los unos a los otros en estas palabras".

La palabra aparece varias veces en los siguientes versículos: "Bendito sea el Dios y Padre del Señor Jesucristo, el Padre de misericordias, y el Dios de toda consolación, el cual nos consuela en todas nuestras tribulaciones, para que podamos también nosotros consolar a los que están en cualquier angustia, con la consolación con que nosotros somos consolados de Dios. Porque de la manera que abundan en nosotros las aflicciones de Cristo, así abunda también por el mismo Cristo nuestra consolación" (2ª Cor. 1:3-5). El término griego que traducimos por "exhortar" o "rogar", es el mismo que se emplea para "consolar" El conocimiento de ello presta nueva fuerza a las *exhortaciones* del Espíritu de Dios.

Hay consuelo en el pensamiento de que Dios es todopoderoso. Por lo tanto, hay consolación en todas sus exhortaciones y mandamientos, ya que no espera que actuemos en nuestra propia fuerza, sino en la suya. Cuando pronuncia un mandamiento, no es más que la declaración de lo que hará *en* y *por* nosotros, si nos rendimos a su poder (*Nota: comparar con; los diez mandamientos..son diez promesas. "Todos sus mandamientos son habilitaciones..." PVGM, P. 268*). Cuando reprueba, simplemente nos está mostrando nuestra necesidad, la cual él puede proveer abundantemente. El Espíritu convence de pecado, pero siempre es el Consolador.

Poder y gracia – "Una vez habló Dios; dos veces he oído esto: Que de Dios es la fortaleza. Y de ti, oh Señor, es la misericordia" (Sal. 62:11,12). "Dios es amor". Por lo tanto su poder es amor, de forma que cuando el apóstol se refiere al poder y sabiduría de Dios como los argumentos por los que debiéramos someternos a Él, nos está exhortando por las misericordias de Dios. Nunca olvides que toda manifestación del poder de Dios es una manifestación de su amor, y que el amor es el poder mediante el cual obra. En Jesucristo se revela el amor de Dios (1ª Juan 4:10), Él es "potencia de Dios, y sabiduría de Dios" (1ª Cor. 1:24).

Verdadero inconformismo – En Inglaterra era común encontrar a la gente dividida en dos bandos: los partidarios de la Iglesia, y los inconformistas. Hoy en día todo cristiano ha de ser un inconformista, pero no en el sentido que ordinariamente atribuye el mundo a ese término. "No os conforméis a este mundo, sino transformaos mediante la renovación de vuestra mente". Cuando los que se tienen por inconformistas adoptan los métodos del mundo y se implican en esquemas mundanos, deshonran ese nombre. "¿No sabéis que la amistad del mundo es enemistad con Dios?"

¿Cómo pensar de uno mismo? – La exhortación que se hace a todo hombre es a no tener un concepto de sí mismo superior al que debiera. ¿Cuán alto debiera ser el concepto que tenemos sobre nosotros mismos? "Oh Eterno, hazles sentir temor. Conozcan las naciones que son sólo hombres" (Sal. 9:20). "No confiéis en príncipes, ni en hombres, porque no pueden salvar" (Sal. 146:3). "Dejaos del hombre, cuyo aliento está en su nariz, porque, ¿de qué vale realmente?" (Isa. 2:22). "Ciertamente es completa vanidad todo hombre que vive" (Sal. 39:5). "La sabiduría de este mundo es necedad para con Dios". "El Señor conoce los pensamientos de los sabios, que son vanos" (1ª Cor. 3:19,20). "¿Qué es vuestra vida? Ciertamente es un vapor que se aparece por un poco de tiempo, y luego se desvanece" (Sant. 4:14). "Todos nosotros somos como suciedad, y todas nuestras justicias como trapo de inmundicia; y caímos todos nosotros como la hoja, y nuestras maldades nos llevaron como el viento" (Isa. 64:6). "En humildad, considerando a los demás como superiores a vosotros" (Fil. 2:3).

Fe y humildad – El orgullo es el enemigo de la fe. Es imposible que ambos convivan. El hombre es capaz de pensar de sí humilde y sobriamente, sólo como resultado de la fe que Dios da. "Se enorgullece aquel cuya alma no es derecha en él: mas el justo en su fe vivirá" (Hab. 2:4). Aquel que confía en su propia fuerza y sabiduría, nunca querrá depender de otro. La confianza en la sabiduría y el poder de Dios pueden darse solamente reconociendo nuestra propia debilidad e ignorancia.

La fe, un don de Dios – La fe que Dios otorga al hombre es la que señala Apocalipsis 14:12: "Aquí está la paciencia de los santos; aquí están los que guardan los mandamientos de Dios, *y la fe de Jesús*". No es simplemente que Dios dé la fe a los santos: Además, de igual forma que sucede con los mandamientos, *los santos guardan la fe*, mientras que el resto no lo hace. La fe que guardan es la fe de Jesús. Es su fe, dada al hombre (*Nota: "he guardado la fe…", en 2ª Tim. 4:7*).

La fe se da a todo hombre – Cada hombre es exhortado a pensar sobriamente, porque Dios ha dado a cada hombre la medida de la fe. Muchas personas tienen la noción de que están tan constituidas [elegidas] que les es imposible creer. Eso es un grave error. La fe es tan fácil, tan natural como la respiración. Es la herencia común de todos los hombres, y la única cosa en la que todos son iguales. Es tan natural que el niño del infiel cree como lo es para el hijo del santo. Es sólo cuando los hombres construyen una barrera de orgullo sobre sí mismos (Sal 73: 6) que les resulta difícil creer. E incluso entonces creerán; porque cuando los hombres no creen en Dios, creen en Satanás; cuando no creen en la verdad, tragan con avidez las más falsas mentiras.

¿En qué medida? – Hemos visto que la fe se le da a todo hombre. Lo demuestra el hecho de que la salvación se ofrece a todos los hombres: es puesta al alcance de cada uno de ellos; y la salvación es solamente por la fe. Si Dios no hubiese dado fe a todo hombre, no habría puesto la salvación al alcance de todos.

La siguiente pregunta es, ¿en qué medida ha dado Dios la fe a todo hombre? Encontramos la contestación en lo que acabamos de aprender: la fe que Él da, es la fe de Jesús. Recibimos la fe de Jesús en el don de Jesús mismo, y Jesús se ha dado plenamente a todo hombre. Él gustó la muerte por todos (Heb. 2:9). "A cada uno de nosotros es dada la gracia conforme a la medida del don de Cristo" (Efe. 4:7). Cristo no está troceado, por lo tanto, a todo hombre es dada la plenitud de Cristo, y la *plenitud* de la fe de Él. Esa es la única medida existente.

El cuerpo y sus miembros – Hay "un cuerpo" (Efe. 4:4), que es la iglesia. Cristo es la cabeza (Efe. 1:22,23; Col. 1:18). "Somos miembros de su cuerpo, de su carne y de sus huesos" (Efe. 5:30). En el cuerpo hay muchos miembros, "así muchos somos un cuerpo en Cristo, mas todos miembros los unos de los otros".

Lo mismo que sucede en el cuerpo humano, en el cuerpo de Cristo hay "muchos miembros, y no todos tienen la misma función", sin embargo, están hasta tal punto integrados y unidos unos con otros, son tan mutuamente dependientes; ninguno de ellos puede jactarse sobre los demás. "Ni el ojo puede decir a la mano: 'No te necesito'. Ni la cabeza a los pies: 'No os necesito'" (1ª Cor. 12:21). Tal sucede en la verdadera iglesia de Cristo: no hay divisiones ni jactancias; ningún miembro procura ocupar el lugar, ni hacer el trabajo de otro. Ningún miembro se cree independiente de los demás, y todos tienen una solicitud similar, los unos por los otros.

Diversos dones – Los miembros no tienen la misma función, y no todos tienen los mismos dones. "Hay diversos dones, pero el Espíritu es el mismo… y hay diversas operaciones, pero Dios, que efectúa todas las cosas en todos, es el mismo… A uno es dada por el Espíritu palabra de sabiduría; a otro, palabra de ciencia según el mismo Espíritu; a otro, fe por el mismo Espíritu; a otro, don de sanidad por el mismo Espíritu; a otro, operación de milagros; a otro, profecía; a otro, discernimiento de espíritus; a otro, diversidad de lenguas; y a otro, interpretación de lenguas. Pero todas estas cosas, las efectúa uno y el mismo Espíritu, y reparte a cada uno en particular como él quiere" (1ª Cor. 12:4-11).

"La medida de la fe" – "De manera que, teniendo diferentes dones según la gracia que nos es dada, si el de profecía, úsese conforme a la medida de la fe". Como hemos visto ya, no hay más que "una fe" (Efe. 4:5), que es "la fe de Jesús". Si bien hay diversidad de dones, es un solo poder el que los sustenta a todos ellos. "Todas estas cosas, las efectúa uno y el mismo Espíritu". Por lo tanto, profetizar o ejercer cualquier otro de los dones "conforme a la medida de la fe", consiste en ministrarlos "conforme a la virtud que da Dios" (1ª Ped. 4:11). "Cada uno ponga al servicio de los demás el don que ha recibido, dispensando fielmente las diferentes gracias de Dios".

"En cuanto a la honra, dad preferencia a los otros" – Eso es solamente posible cuando estamos dispuestos a actuar "en humildad, estimando cada uno a los demás como superiores a sí mismo" (Fil. 2:3). Y eso, a su vez, es solamente posible cuando uno es consciente de su propia indignidad. Aquel que "sienta la plaga en su corazón", no proyectará sobre los demás sus propias deficiencias. "Haya en vosotros el mismo sentir que hubo en Cristo Jesús. Quien... se despojó de sí mismo, tomó la condición de siervo, y... se humilló a sí mismo".

Cómo tratar a los perseguidores – "Bendecid a los que os persiguen: bendecid, y no maldigáis". Maldecir no implica necesariamente el empleo de lenguaje profano: significa hablar maldad. Es lo opuesto a bendecir, que significa *hablar bien* de algo o alguien. En ocasiones los hombres persiguen de acuerdo con la ley, y otras veces sin ningún apoyo legal; pero sea que nos persigan "legalmente", o bien se trate de la desenfrenada violencia de las masas, no debemos proferir palabra áspera alguna contra los que así proceden. Al contrario, debemos hablar el bien.

Es imposible hacerlo sin el Espíritu de Cristo, quien oró por los que lo entregaban y asesinaban, y quien "no se atrevió a usar de juicio de maldición" ni aún contra el mismo diablo (Judas 9).

Manifestar desdén hacia los que nos persiguen, no está de acuerdo con la instrucción dada por Dios.

Gozarse y llorar – Alegrarse con los que se alegran y llorar con los que lloran, no es cosa fácil para el hombre natural. Sólo la gracia de Dios puede trabajar tal simpatía en los hombres. No es tan difícil llorar con los afligidos, pero a menudo es muy difícil regocijarse con los que se regocijan. Por ejemplo, supongamos que tú vecino ha recibido algo que tanto deseaba, y se regocija por su ganancia; se requiere mucha gracia para regocijarse verdaderamente con él. (*Nota: ya que 'la intención de la carne es...envidia...', en Rom. 8:7 y Gál. 6:21*).

"Tened paz" – Debemos vivir en paz con todos los hombres, hasta donde sea posible. Pero ¿cuál es el límite de la posibilidad? Algunos responderían que 'hasta el punto en el que la tolerancia deja de ser una virtud', para disponerse a partir de entonces a pagar en su misma moneda al causante de la aflicción. Muchos piensan que ese texto nos exhorta a resistir tanto como podamos, y a no tomar parte en el disturbio hasta que la provocación se vuelva "insoportable". Sin embargo, el texto dice: "en cuanto dependa de vosotros, tened paz con todos".

Es decir, jamás debemos dar lugar al conflicto, en todo cuanto dependa de nosotros. No siempre podremos evitar que los demás hagan la guerra; sin embargo, podemos continuar manifestando nuestra paz. "Tú guardas en completa paz al que persevera pensando en ti, porque en ti confía" (Isa. 26:3). "Justificados pues por la fe, tenemos paz para con Dios por medio de nuestro Señor Jesucristo" (Rom. 5:1). "La paz de Dios gobierne en vuestros corazones" (Col. 3:15). "La paz de Dios, que supera todo entendimiento, guardará vuestro corazón y vuestros pensamientos en Cristo Jesús" (Fil. 4:7). Aquel que posea esa paz permanente de Dios, no se encontrará jamás en conflicto con los demás.

Capítulo 13

El creyente y los gobiernos terrenales

1| Toda alma se someta a las potestades superiores; porque no hay potestad sino de Dios; y las que son, de Dios son ordenadas. **2|** Así que, el que se opone a la potestad, a la ordenación de Dios resiste: y los que resisten, ellos mismos ganan condenación para sí. **3|** Porque los magistrados no son para temor al que bien hace, sino al malo. ¿Quieres pues no temer la potestad? Haz lo bueno, y tendrás alabanza de ella; **4|** Porque es ministro de Dios para tu bien. Pero si haces lo malo, teme; pues no en vano lleva la espada; porque es ministro de Dios, vengador para ejecutar la ira sobre el que hace lo malo. **5|** Por tanto, es necesario que os sujetéis, no sólo por la ira, sino también por causa de la conciencia. **6|** Pues por esto también pagáis los impuestos; porque son ministros de Dios que atienden continuamente a esto mismo. **7|** Pagad, pues, a todos lo que debéis; al que tributo, tributo; al que impuesto, impuesto; al que temor, temor; al que honra, honra. **8|** No debáis a nadie nada, sino amaos unos a otros, porque el que ama a su prójimo, ha cumplido la ley. **9|** Porque: No cometerás adulterio: No matarás: No hurtarás: No dirás falso testimonio: No codiciarás: Y cualquier otro mandamiento, se resume en esta frase: Amarás a tu prójimo como a ti mismo. **10|** El amor no hace mal al prójimo; así que el amor es el cumplimiento de la ley. **11|** Y esto, conociendo el tiempo, que ya es hora de despertarnos del sueño; porque ahora está más cerca nuestra salvación que cuando creímos. **12|** La noche está avanzada, y el día está por

> *llegar; desechemos, pues, las obras de las tinieblas, y vistámonos las armas de luz. 13| Andemos honestamente, como de día; no en desenfrenos y borracheras; no en lujurias y lascivias, ni en contiendas y envidias. 14| Mas vestíos del Señor Jesucristo, y no proveáis para satisfacer los deseos de la carne.*

Llegamos al segundo de los capítulos de carácter puramente exhortatorio. Contiene material que es de la mayor importancia, y sin embargo, probablemente sea la sección del libro a la que menos atención se suele prestar.

¿A quién se dirige? – Al estudiar este capítulo es necesario recordar que la Epístola está dirigida a profesados seguidores del Señor. "He aquí, tú tienes el sobrenombre de judío, y te apoyas en la ley, y te glorías en Dios," etc. 2:17, 18. Y otra vez, "no sabéis, hermanos (porque hablo a los que conocen la ley)" etc Rom. 7: 1. La última parte del capítulo también muestra lo mismo.

Por lo tanto, es un error suponer que ese capítulo tuviese por objeto establecer las obligaciones de los gobernadores terrenales, o que pretendiera ser un tratado sobre la forma correcta de gobernar, así como tampoco instruir en cuanto a la relación que debían sostener iglesia y estado. Puesto que se dirige a profesos cristianos, es evidente que su objetivo era sencillamente decirles cómo debieran comportarse en relación con las autoridades civiles bajo cuya custodia vivían.

Dios, el origen de todo poder – "Una vez habló Dios, dos veces he oído esto: Que de Dios es el poder" (Sal. 62:11). "No hay potestad sino de Dios". Eso es absolutamente cierto; no hay excepciones. El poder romano, incluso en los días del brutal e infame Nerón, derivaba del poder de Dios tanto como el de los judíos en los días de David. Cuando Pilato dijo a Cristo que tenía poder para crucificarle o para dejarle en libertad, Cristo replicó, "Ninguna potestad tendrías contra mí, si no te fuese dado de arriba" (Juan 19:11). No obstante, ese hecho para nada implica que las acciones de ese poder sean las debidas, ni que cuenten con la aprobación de Dios.

Considerando a los individuos, viene a resultar aún más claro. Todo poder humano proviene de Dios. Es tan cierto de los paganos como de los cristianos, el que "en él vivimos, y nos movemos, y somos", "porque linaje de éste somos también". Se puede decir con tanta verdad de los individuos como de los gobiernos, el que son ordenados o establecidos por Dios. Él tiene un plan para la vida de cada cual.

Pero eso no hace a Dios responsable de las acciones del hombre, ya que éste último dispone de libertad para obrar según su propia elección. Es el hombre quien se rebela contra el plan de Dios y pervierte sus dones. El poder con el que el burlador blasfema a Dios procede de Él, tan ciertamente como el poder con el que lo sirve el cristiano. Sin embargo, nadie supondrá por ello que Dios apruebe la blasfemia. De igual forma, no podemos suponer que Dios aprueba necesariamente los actos de los gobiernos terrenales, por el simple motivo de haber sido ordenados por Él.

Ordenados (establecidos) – No hay que suponer que esa expresión implique necesariamente la concesión de algún poder espiritual. Significa sencillamente establecido o señalado. En Hechos 28:23 encontramos de nuevo el término griego a partir del cual se ha traducido *ordenadas*: "Y habiéndole *señalado* un día, vinieron a él muchos…". Los judíos de Roma se pusieron de acuerdo en señalar un día determinado en el que Pablo les hablase del evangelio. Se habría podido decir que habían *ordenado* o *establecido* una fecha para ese encuentro con él.

Dios está sobre todos – Las "potestades superiores" no están por encima del Altísimo. "De él son el poder y la sabiduría. Él cambia los tiempos y las épocas, quita reyes y pone reyes" (Dan. 2:20,21). Puso a Nabucodonosor de Babilonia por rey sobre todos los dominios de la tierra (Jer. 27:5-8; Dan. 2:37,38). Pero cuando Nabucodonosor se atribuyó a sí mismo el poder divino, fue arrojado entre las bestias, a fin de que reconociese que "el Altísimo domina sobre el reino de los hombres, y a quien él quiere lo da" (Dan. 4:32).

Resistiendo a Dios – Dado que sólo en Dios hay poder, "el que se opone a la potestad, a la ordenación de Dios resiste: y los que resisten, ellos mismos ganan condenación para sí". Hay ahí una advertencia contra la rebelión y la insubordinación. Es Dios quien pone y quien quita reyes. Por lo tanto, quien pretende quitar a un rey está intentando usurpar la prerrogativa de Dios. Es como si supiese mejor que Dios el momento en el que un gobierno debe ser cambiado. A menos que puedan demostrar la existencia de una revelación directa del cielo que los señale para una obra tal, quienes se levantan contra un gobierno terrenal, están tomando posición contra Dios, y están procurando quebrantar el orden por Él establecido. Se están colocando por delante de Dios.

Resistir o derribar – Resistir a la autoridad civil está en la misma línea que procurar su caída. Quien se opone por la fuerza a un poder, lo derrocaría en el caso de disponer de los medios necesarios para contender. A los seguidores de Cristo se les prohibe terminantemente hacer tal cosa.

El ejemplo de Cristo – Cristo padeció, "dejándonos ejemplo, para que vosotros sigáis sus pisadas: el cual no hizo pecado; ni fue hallado engaño en su boca: Quien cuando le maldecían, no retornaba maldición; cuando padecía, no amenazaba, sino remitía la causa al que juzga justamente" (1ª Ped. 2:21-23). Conviene recordar que Cristo fue condenado bajo una acusación de tipo político, y por motivos políticos; sin embargo, no ofreció resistencia a pesar de disponer del poder para ejercerlo (Ver Juan 18:5-11; Mat. 26:51-53). Se puede aducir que Cristo sabía que había llegado su hora. Cierto, pero tampoco resistió en ocasiones anteriores. Se encomendaba continuamente al cuidado del Padre. Ese es un ejemplo para sus seguidores. Si son sumisos en las manos de Dios, no pueden sufrir ninguna indignidad ni opresión que Dios no haya designado ni permitido; no se les puede hacer daño antes de que llegue su hora. Es más fácil profesar fe en Cristo que mostrar fe real siguiendo su ejemplo.

Otro ejemplo relevante – Saúl había sido ungido rey de Israel por mandato de Dios. Fue rechazado más tarde debido a su curso de acción inconsecuente. David fue entonces ungido en su lugar. El ascenso de David despertó los celos de Saúl, quien atentó contra la vida de aquel. David no le resistió, sino que huyó. En más de una ocasión estuvo Saúl a expensas de David, sin embargo ni por una vez levantó su mano contra él. Si es que pueda haber alguna excusa para oponerse a un dirigente, David ciertamente la tenía.

En primer lugar, si David hubiese sacado partido de la circunstancia, no habría sido más que lo que se conoce como "actuar en defensa propia". En segundo lugar, él había recibido ya la unción de rey en lugar de Saúl. Sin embargo, cuando se le pidió el consentimiento para que un allegado suyo matase a Saúl, dijo: "No le mates: porque ¿quién extenderá su mano contra el ungido de Jehová, y será inocente?... Vive Jehová que si Jehová no lo hiriere, o que su día llegue para que muera, o que descendiendo en batalla perezca, guárdeme Jehová de extender mi mano contra el ungido de Jehová" (1º Sam. 26:9-11). Sin embargo, Saúl era un hombre malvado, que había abandonado toda fidelidad a Dios, y que no era ya idóneo para gobernar.

Sujetos a Dios – Su palabra nos ordena estar sujetos a los poderes establecidos, pero jamás autoriza la desobediencia a Dios. Dios no ha establecido jamás que poder alguno se sitúe por encima de Él mismo. Sería el colmo de la locura pretender deducir a partir de este capítulo que es el deber de los cristianos obedecer a las leyes humanas cuando éstas están en conflicto con la ley de Dios. Dios no es indulgente con el pecado, ¡cuánto menos nos ordenaría pecar! No debemos estar sujetos a los poderes porque suplantan a Dios, sino porque estamos sujetos a Dios. "Todo lo que hacéis, sea de palabra, o de hecho, hacedlo todo en el nombre del Señor Jesús" (Col. 3:17).

Sujeción y obediencia –Ordinariamente la sujeción implica obediencia. Cuando leemos que Jesús estaba sujeto a su padres, estamos seguros de que fue obediente a ellos. Así que cuando somos exhortados a estar sujetos a los poderes que existen, la conclusión natural es que debemos ser obedientes a las leyes. Pero nunca se debe olvidar que Dios está por encima de todo; que el poder individual y nacional viene de Él; y que tiene derecho al servicio indiviso de toda alma. Debemos obedecer a Dios todo el tiempo, y estar sujetos al poder humano también, pero siempre que no implique desobediencia a Dios.

No podemos servir a dos señores – "Ningún hombre puede servir a dos amos ... Ustedes no pueden servir a Dios y a las riquezas". La razón es que Dios y Mamón son opuestos en sus demandas. Ahora bien, todo el mundo sabe que a menudo han habido leyes humanas que entraron en conflicto con los mandamientos de Dios. Había una vez una ley en América en los días de la esclavitud que requiere que cada hombre haga todo en su poder para volver esclavos fugitivos a sus amos. Pero la palabra de Dios decía: "No entregarás a su señor el siervo que se huyere a ti de su amo". Deut. 23:15. En ese caso era imposible obedecer la ley de la tierra sin desobedecer a Dios; y la obediencia a Dios hizo la desobediencia a la ley humana absolutamente necesaria. Los hombres tenían que decidir quiénes obedecerían.

El cristiano no puede vacilar un momento en su elección. La ley que contradice a la ley de Dios no es nada. "No hay sabiduría, ni entendimiento, ni consejo contra el Señor" (Prov. 21:30).

"Toda ordenación humana" – Algunos lectores pueden citar 1ª Pedro 2:13 en contraposición a esto. Dice: "Someteos a toda ordenanza del hombre por causa del Señor". Otros pueden decir que debemos someternos a toda ordenanza, excepto cuando se oponen a la ley de Dios. Sin embargo, ninguna excepción está implícita, ni es necesaria. Tampoco el texto enseña obediencia a las leyes humanas que contradicen la ley de Dios.

El error surge de un malentendido de la palabra "ordenanza". Se supone que esta palabra significa "ley", pero una lectura cuidadosa demostrará a cualquiera que esta suposición es un error. Leamos los versículos trece y decimocuarto de 1ª Pedro 2 cuidadosamente: "Someteos a toda ordenanza [Griego: *creación*] del hombre por causa del Señor". Bueno, ¿cuáles son estas ordenanzas o creaciones a las que debemos estar sujetos? No hace ninguna diferencia; a todos", ya sea para el rey, como supremo, o para los gobernadores, como a los que son enviados por él". Es muy claro que el texto no dice nada sobre las leyes, sino sólo sobre los gobernantes. La exhortación es precisamente la misma que la del decimotercer de los romanos.

Sumiso y desobediente – Que el lector siga en el capítulo de la última cita, y verá que la sumisión ordenada no implica la obediencia a las leyes malvadas. Se nos exhorta: "Honrad a todos. Amad a los hermanos. Temed a Dios. Honrad al rey". Debemos estar sujetos a la autoridad legítima, ya sea que el ejercitante de esa autoridad sea bueno y amable, o perverso. Entonces vienen las palabras, "Porque esto es digno de gracia, si un hombre por su conciencia para con Dios soporta dolor, sufriendo injustamente". 1ª Ped. 2: 17, 19.

Ahora bien, un hombre no podía, por causa de su conciencia, soportar la pena, sufriendo injustamente, a menos que la conciencia hacia Dios le hubiera obligado a desobedecer algún mandato que se le impusiera. Esta declaración, inmediatamente después de la exhortación a ser sumisa, demuestra claramente que la desobediencia se contempla como una probabilidad cuando los que están en la autoridad son "perversos". Esto se enfatiza en la referencia a Cristo, quien sufrió injustamente, pero no hizo resistencia. "Él fue oprimido, y él fue afligido, sin embargo, no abrió su boca, sino que es llevado como un cordero a la matanza, y como una oveja delante de sus esquiladores es mudo, así que no abrió su boca". Isa. 53: 7.

Fue condenado por su lealtad a la verdad. Él no comprometió en lo más mínimo esa lealtad, sin embargo, se sujetó a la autoridad de los dirigentes. Dice el apóstol que al hacer así nos dejó ejemplo, para que siguiésemos en sus pisadas.

El cristiano y las autoridades civiles – "Nuestra ciudadanía está en el cielo, de donde esperamos ansiosamente al Salvador, al Señor Jesucristo" (Fil. 3:20). Aquellos que, por medio de Cristo, tienen acceso por un mismo Espíritu al Padre, ya no son "extranjeros ni advenedizos, sino juntamente ciudadanos con los santos, y domésticos de Dios" (Efe. 2:19). Preocúpese cada uno de los asuntos de su propio país, no de los de otro. Si un americano fuese a Inglaterra y pretendiese dar clases al Parlamento en cuanto a la manera de gobernar, o si un inglés tuviese a bien ir a América a aconsejar a las autoridades locales, sería considerado como el colmo de la impertinencia. Si comenzase a interferir activamente en la vida pública o en los asuntos oficiales, pronto se le haría saber lo impropio de su actitud. Tendría que nacionalizarse, antes de poder hablar y actuar allí de pleno derecho. Pero si finalmente hiciese esto último, entonces, en caso de regresar al país al que antes profesó fidelidad, debería a su vez abstenerse y manifestar discreción allí. Nadie puede implicarse simultáneamente de forma activa en los asuntos de dos gobiernos distintos.

Eso cabe aplicarlo al gobierno celestial, en relación con los de la tierra, tanto como a los gobiernos de la tierra entre sí. Aquel cuya ciudadanía es en los cielos, nada le va en los asuntos de los gobiernos terrenales. Debe declinar en favor de quienes reconocen esta tierra como su hogar. Si los dirigentes terrenales intentan regular los asuntos relativos al reino de Dios, se hacen reos de flagrante presunción, por decir lo mínimo. Pero si es cierto que no deben pretender regir los asuntos del reino de los cielos, mucho menos los ciudadanos de ese reino deberán interferir en los asuntos de los reinos de este mundo.

Convertir la tierra en el cielo – No pocos cristianos, y también ministros del evangelio, procuran justificar su implicación en la política diciéndose que es su deber convertir esta tierra en el cielo. En una campaña reciente hemos oído mucho en cuanto a "la regeneración de Londres", y "hacer de Londres la ciudad de Dios". Un lenguaje tal denota falta de comprensión manifiesta, en cuanto a lo que es el evangelio: "Es potencia de Dios para todo aquel que cree" (Rom. 1:16).

La regeneración tiene únicamente lugar mediante la obra del Espíritu Santo en los corazones individuales, y escapa al control del hombre. Los reinos de este mundo vendrán a ser hechos los reinos de Cristo, pero solamente "el celo de Jehová de los ejércitos hará esto" (Apoc. 11:15; Isa. 9:7). Habrá una tierra nueva, en la cual solamente la justicia puede morar, pero será únicamente tras haber venido el día del Señor, en el que los elementos ardiendo serán deshechos, y los impíos destruidos por fuego (2 Ped. 3:10-13). No ocurrirá como fruto de acción política alguna, por más que pueda haber ministros del evangelio que ostenten cargos políticos. El ministro del evangelio tiene como sola y única comisión: "Que prediques la palabra". No hay otra manera en el mundo por la que los hombres puedan ser hechos mejores. Por lo tanto, el ministro que desvía su atención hacia la política, está negando su vocación.

Manteniendo la paz – Debemos sujetarnos a los gobiernos terrenales a causa de la conciencia; y por esa misma causa debemos pagar tributo y cumplir todo deber que nos sea impuesto al respecto. Los impuestos pueden resultar gravosos, incluso injustos, pero eso nunca justifica la rebelión. El apóstol Santiago se dirige a los ricos que oprimen a los pobres, y su lenguaje se aplica con tanta propiedad al ejercicio del cargo público como a la vida privada. Les dice: "Habéis vivido en deleites sobre la tierra, y sido disolutos; habéis cebado vuestros corazones como en el día de sacrificios. Habéis condenado y muerto al justo; y él no os resiste" (Sant. 5:5,6).

Observa eso: el justo no se resiste. ¿Por qué no? Por la exhortación, "En lo posible, en cuanto dependa de vosotros, tened paz con todos. No os venguéis vosotros mismos, amados míos, antes dad lugar a la ira de Dios. Porque escrito está: 'Mía es la venganza, yo pagaré, dice el Señor'" (Rom. 12:18,19). Como súbditos del Rey de paz, y ciudadanos de su reino, estamos obligados a vivir en paz con todos los hombres. Por lo tanto no debemos pelear, ni siquiera en defensa propia. Cristo, el Príncipe de paz, es nuestro ejemplo.

¿Quién debe temer? – Solamente los obradores de maldad temen a los que gobiernan. Los que bien proceden, no tienen miedo. No es porque todos los gobernantes sean buenos, pues sabemos que muchos no lo son. El vasto imperio romano se extendía por el mundo entero, y el que gobernaba a los romanos en los días de Pablo, era el más vil y cruel monarca de cuantos les hubiesen gobernado jamás. Nerón hizo matar a personas por el mero placer de asesinarlas. Bien podía despertar el terror en los corazones de los hombres. Sin embargo los cristianos podían estar en calma, pues habían puesto en Dios su confianza. "Dios es mi salvación, confiaré y no temeré" (Isa. 12:2).

Todo el deber del hombre – "No debáis a nadie nada, sino amaros unos a otros; porque el que ama al prójimo, cumplió la ley". "El amor no hace mal al prójimo: así que, el cumplimiento de la ley es la caridad". "El amor es de Dios. Cualquiera que ama, es nacido de Dios, y conoce a Dios" (1ª Juan 4:7). "Este es el amor de Dios, que guardemos sus mandamientos" (1ª Juan 5:3). Temer a Dios y guardar sus mandamientos es todo el deber del hombre (Ecl. 12:13).

Dado que el que ama de corazón a su prójimo es porque ama también a Dios, y dado que el amor es guardar sus mandamientos, es evidente que el apóstol resume en esa exhortación todo el deber del hombre. El que le presta oído nunca hará algo por lo que las autoridades de esta tierra puedan condenarlo con justicia, aun si desconoce sus leyes. Si cumples la ley del amor, nunca causarás conflicto a las potestades "que son". Si estas te oprimen, no estarán en realidad luchando contra ti, sino contra el Rey a quien sirves.

Para los cristianos. No para las "potestades" – Algunos han supuesto que los versículos 8-10 definen los límites de la autoridad civil, autorizando al hombre para legislar en lo relativo a "la segunda tabla de la ley", pero no en lo relativo a la primera. Hay dos hechos que muestran la falacia de tal suposición: (1) La carta no va dirigida a gobernantes, sino a cristianos individuales, a modo de guía para su conducta privada. Si se tratase de los deberes de los gobernantes, se habría dirigido a ellos y no a los hermanos. (2) "La ley es espiritual", por lo tanto, ninguna de sus partes está bajo el poder de la legislación humana. Considera el mandamiento "no codiciarás". Ningún poder humano puede obligar a su cumplimiento, ni determinar cuándo ha sido violado. Y ciertamente, ese mandamiento no es más espiritual que los otros nueve. El lenguaje es el apropiado para los hermanos, y su resumen es este: Vivid en amor, y no perjudicaréis a nadie, ni tendréis motivos para temer autoridad alguna.

El fin se aproxima – El resto del capítulo se dedica a exhortaciones que no precisan de comentario. Su fuerza especial se deriva del hecho de que "el fin de todas las cosas se acerca". Por lo tanto, debemos ser templados y velar en oración. Aunque viviendo en la noche, cuando las tinieblas cubren la tierra (Isa. 60:2), los cristianos son hijos de la luz y del día, habiendo abandonado las obras de las tinieblas.

Vestidos de Cristo – Los que están vestidos del Señor Jesucristo dejarán de exhibirse ellos mismos. Solamente Cristo aparecerá a la vista. Hacer provisión para los deseos de la carne es lo último que necesitamos, puesto que la carne busca siempre satisfacer sus malos deseos. Lo que el cristiano necesita es más bien velar por que la carne no manifieste su propio poder, y asuma el control. Solamente en Cristo es posible someter la carne. El que es crucificado con Cristo puede decir, "con Cristo estoy juntamente crucificado, y vivo, no ya yo, mas vive Cristo en mí: y lo que ahora vivo en la carne, lo vivo en la fe del Hijo de Dios, el cual me amó, y se entregó a sí mismo por mí" (Gál. 2:20). Y en ese caso, se comportará en relación con los gobernantes y personas tal como lo hizo Cristo, "pues como él es, así somos nosotros en este mundo".

¿Hasta dónde es posible para el cristiano vivir en paz con todos los hombres? Es posible que esté en paz con todos los hombres, en lo que a él respecta, todo el tiempo. Porque él ya está muerto para el pecado, pero vivo para Cristo. Cristo habita en su corazón por la fe, y Cristo es el Príncipe de la paz. Entonces no hay circunstancias bajo las cuales el cristiano esté justificado en perder su genio y declarar la guerra contra un individuo o un gobierno

En Gálatas 5:18 se nos dice que "si sois guiados por el Espíritu, no estáis bajo la ley". Las obras de la carne son las obras que hacen los que están bajo la ley, y en la enumeración de estas obras encontramos la palabra "contienda". Por lo tanto, un cristiano no puede entrar en conflicto, porque no está en la carne. La lucha no puede tener lugar en nosotros: por lo tanto, en lo que a nosotros respecta será la paz todo el tiempo.

Pero si aquellos hombres con los que tenemos que relacionarnos, endurecen sus corazones contra la verdad de Dios, y no resultan afectados por la verdad, desencadenarán el conflicto, pero será un conflicto unilateral, el problema será de su parte; con nosotros habrá paz todo el tiempo. . .

"Mas también si alguna cosa padecéis por la justicia, sois bienaventurados. Por tanto, no os amedrentéis por temor de ellos, ni seáis turbados; sino santificad al Señor Dios en vuestros corazones, y estad siempre preparados para responder con mansedumbre y temor a todo el que os demande razón de la esperanza que hay en vosotros;" (1ª Ped. 3:14,15).

No temáis por el temor de ellos. ¿Por qué no? Porque hemos santificado al Señor en nuestros corazones, y Él es nuestro único temor. Dios es con nosotros, Cristo es con nosotros, y cuando los hombres arrojan oprobio sobre nosotros, lo arrojan sobre nuestro Salvador...

Lo más importante para todos los que tenemos esta verdad especial que nos obligado a ponernos en problemas con los poderes que están, es santificar al Señor Dios en nuestros corazones por el Espíritu de Dios y su palabra. Debemos ser estudiantes de la palabra de Dios, y seguidores de Cristo y su evangelio. . . . Hay campesinos y mecánicos entre nosotros que, aunque nunca han podido poner los textos juntos para predicar un sermón, han santificado al Señor en sus corazones mediante el estudio fiel de su palabra. Estas personas serán llevadas ante los tribunales por su fe, y allí predicarán el evangelio por medio de su defensa, porque Dios en ese día les dará una boca de sabiduría, para que sus adversarios no puedan negar ni resistir. . . .

Es nuestro deber predicar el evangelio; levantarnos y dejar que nuestra luz brille, y si hacemos eso, Dios mantendrá los vientos mientras ellos deban ser sostenidos. . . . El mensaje del tercer ángel es lo más grande en toda la tierra. Los hombres no la consideran como tal; pero el tiempo vendrá en nuestra vida cuando el mensaje del tercer ángel será el tema de la conversación en cada boca. Pero nunca será llevado a esa posición por personas que callan, sino por aquellos que tienen su confianza en Dios, y no tienen miedo de decir las palabras que Él les ha dado

Al hacer esto, no tomaremos nuestras vidas en nuestras manos, y doy gracias a Dios por ello. Nuestras vidas estarán escondidas con Cristo en Dios, y Él las cuidará. La verdad será llevada a esa altura simplemente por hombres y mujeres que van y predican el evangelio y obedecen lo que predican. Permite que la gente conozca la verdad. Si tenemos un tiempo tranquilo para difundirlo, estaremos agradecidos por ello. Y si los hombres hacen leyes que parecen cortar los canales a través de los cuales puede ir, podemos estar agradecidos de que adoremos a un Dios que hace que hasta la ira de los hombres obre para alabanza suya; y Él lo hará, Él extenderá su evangelio por medio de esas mismas leyes que los hombres malvados han decretado para aplastarlo. Dios sostiene los vientos, . . . y nos ordena llevar el mensaje. Él los retendra por el tiempo conveniente y sea mejor para ellos, y cuando comiencen a soplar, y sentimos las primeras bocanadas en el comienzo de la persecución, ellos harán lo que el Señor quiere que ellos hagan . . .

"Pagad, pues, a todos lo que debéis; al que tributo, tributo; al que impuesto, impuesto; al que temor, temor; al que honra, honra. No debáis a nadie nada, sino amaos unos a otros, porque el que ama a su prójimo, ha cumplido la ley" (Rom. 13:7,8). Si haces esto, vivirás pacíficamente con todos los hombres, hasta donde está en ti. Si amas a tu prójimo como a ti mismo, eso es el cumplimiento de toda la ley; porque para amar al prójimo uno debe amar a Dios, porque no hay amor sino de Dios. Si amo a mi prójimo como a mí mismo, es simplemente porque el amor de Dios permanece en mi corazón. Es porque Dios ha tomado morada en mi corazón, y no hay nadie en la tierra que pueda quitarlo de mí. Es por esta razón que el apóstol se refiere a la última [segunda] tabla de la ley, porque si hacemos nuestro deber hacia nuestro prójimo, naturalmente sigue que amamos a Dios. A veces se nos dice que la primera tabla señala nuestro deber para con Dios y constituye la religión, y que la última tabla define nuestro deber para con el prójimo y constituye la moral. Pero la última tabla contiene obligaciones para Dios igual que la primera. David, después de haber roto dos de los mandamientos contenidos en la última mesa al hacer su confesión dijo: "Contra ti, contra ti sólo he pecado, y he hecho lo malo delante de tus ojos". Dios debe ser el primero y el último en todo el tiempo . . .

Todas estas lecciones que hemos aprendido han de prepararnos para el tiempo de angustia.

Capítulo 14

Dios, el único juez

Puesto que el capítulo decimocuarto consiste enteramente en instrucción práctica concerniente a la vida cristiana, y no tiene dependencia directa de las exhortaciones que la precedieron, no necesitamos ahora tomar tiempo para repasar los capítulos anteriores, sino proceder inmediatamente con el texto. No olvidemos que este capítulo, así como los que preceden, están dirigidos a la iglesia, y no a aquellos que no profesan servir al Señor. En el sexto versículo se muestra claramente que todos los que se mencionan en este capítulo son aquellos que reconocen a Dios como su Señor. Por lo tanto, el capítulo nos dice cómo debemos considerar a los:

Siervos de un solo Señor
Romanos 14:1-13

> 1| Recibid al débil en la fe, pero no para contender sobre opiniones. 2| Porque uno cree que se ha de comer de todo, otro, que es débil, come legumbres. 3| El que come, no menosprecie al que no come, y el que no come, no juzgue al que come; porque Dios le ha recibido. 4| ¿Tú quién eres, que juzgas al siervo ajeno? Para su propio señor está en pie, o cae; pero estará firme, que poderoso es Dios para hacerle estar firme. 5| Uno hace diferencia entre un día y otro; otro juzga iguales todos los días. Cada uno esté plenamente seguro en su propia mente. 6| El que hace caso del día, para el Señor lo hace; y el que no hace caso del día, para el Señor no lo hace. El que come, para el Señor come, porque da gracias a Dios; y el que no come, para el Señor

> no come, y da gracias a Dios. **7|** Porque ninguno de nosotros vive para sí, y ninguno muere para sí. **8|** Pues si vivimos, para el Señor vivimos; y si morimos, para el Señor morimos. Así que, ya sea que vivamos, o que muramos, del Señor somos. **9|** Porque Cristo para esto murió, y resucitó, y volvió a vivir, para ser Señor así de los muertos, como de los que viven. **10|** Pero tú, ¿por qué juzgas a tu hermano? O tú también, ¿por qué menosprecias a tu hermano? Porque todos compareceremos ante el tribunal de Cristo. **11|** Porque escrito está: Vivo yo, dice el Señor, que ante mí toda rodilla se doblará, y toda lengua confesará a Dios. **12|** De manera que cada uno de nosotros dará cuenta a Dios de sí. **13|** Por tanto, ya no nos juzguemos los unos a los otros, antes bien, juzgad esto; que nadie ponga tropiezo u ocasión de caer al hermano.

La escuela de Cristo – La iglesia de Cristo no está compuesta por hombres perfectos, sino por aquellos que van en procura de la perfección. Él es el Perfecto, y nos invita en estos términos: "Venid a mí todos los que estáis trabajados y cargados, que yo os haré descansar. Llevad mi yugo sobre vosotros, y aprended de mí, que soy manso y humilde de corazón; y hallaréis descanso para vuestras almas" (Mat. 11:28,29). Habiendo llamado a todos para que acudan a Él, dice, "al que a mí viene, no le echo fuera" (Juan 6:37). Como alguien dijo: "Dios extiende su mano para alcanzar la mano de nuestra fe y dirigirla a asirse de la divinidad de Cristo, a fin de que nuestro carácter pueda alcanzar la perfección".

La fe puede ser muy débil, pero Dios no rechaza a nadie por ese motivo. Pablo daba gracias a Dios porque la fe de los Tesalonicenses iba "creciendo" (2ª Tes. 1:3), lo que muestra que su fe no era al principio perfecta. Es cierto que Dios es tan bueno que toda persona debiera confiar plenamente en Él; pero precisamente por ser tan bueno, manifiesta paciencia y benignidad para con aquellos que no están bien familiarizados con Él, y no los abandona por causa de las dudas de ellos. Es esa misma benignidad y paciencia de Dios la que da lugar a la perfecta fe.

Los alumnos no son los maestros – No es asunto de los alumnos el determinar quiénes deben asistir a la escuela. Es cierto que en este mundo hay escuelas exclusivas, a las que solamente puede asistir cierta clase de alumnos. Si alguien inferior en medios y posición social intentase entrar, sería motivo de escándalo. Los mismos estudiantes protestarían de tal manera contra el recién llegado, que los maestros se verían obligados a negarle el acceso. Pero tales escuelas no son la escuela de Cristo. "Ante Dios no hay distinción de personas". Él invita a los pobres y menesterosos, así como a los débiles. Es Él, y no los alumnos, quien decide los que serán admitidos.

Dice, "el que quiere, tome del agua de la vida de balde", y pide a todo el que la oiga que extienda esa invitación. La única calificación necesaria para ingresar en la escuela de Cristo es la disposición a aprender de Él. Dios recibirá y enseñará a todo el que quiera conocer su voluntad (Juan 7:17). El que establezca una norma distinta, pretende colocarse por encima de Dios. Ningún hombre tiene derecho a rechazar a aquel a quien Dios recibe.

Maestro y pupilo – Cristo dijo a sus discípulos: "Vosotros no queráis ser llamados Rabbí; porque uno es vuestro Maestro, el Cristo; y todos vosotros sois hermanos". "Ni seáis llamados maestros; porque uno es vuestro Maestro, el Cristo" (Mat. 23:8,10). Es el maestro quien asigna el trabajo de cada pupilo o alumno. Corresponde al maestro el que el pupilo alcance su objetivo. Por lo tanto, solamente el maestro tiene el derecho de dar órdenes, y de pronunciar juicios en caso de fracaso. "¿Tú quién eres que juzgas al siervo ajeno?" Si careces del poder para hacer posible su éxito, careces también del derecho a juzgar sus fracasos.

"Dios es el juez" – "A éste abate, y a aquel ensalza" (Sal. 75:7). "Jehová es nuestro juez, Jehová es nuestro legislador, Jehová es nuestro Rey, él mismo nos salvará" (Isa. 33:22). "Uno es el dador de la ley, que puede salvar y perder: ¿quién eres tú que juzgas a otro?" (Sant. 4:12). El poder para salvar y perder determina el derecho a juzgar. Condenar cuando uno no tiene el poder para llevar a efecto el juicio, no es más que una farsa. El que tal hace, se expone al ridículo, por no decir más.

El espíritu del papado – El apóstol Pablo describe la apostasía como la manifestación del "hombre de pecado, el hijo de perdición, oponiéndose y levantándose contra todo lo que se llama Dios, o que se adora; tanto que se asienta en el templo de Dios como Dios, haciéndose parecer Dios" (2ª Tes. 2:3,4). En Daniel 7:25 se describe al mismo poder como hablando palabras contra el Altísimo, y pensando en cambiar los tiempos y la ley. Colocar el propio yo en contra de la ley de Dios, o por encima de ella, es el mayor grado de oposición a Dios que quepa imaginar, así como la más presuntuosa usurpación de su poder. El final al que está abocado ese poder que así se exalta a sí mismo, es este: ser consumido por el Espíritu de Cristo, y destruido por el resplandor de su venida (2ª Tes. 2:8).

Leamos ahora en Santiago 4:11: "Hermanos, no habléis mal los unos de los otros. El que habla mal de su hermano, y juzga a su hermano, este tal habla mal de la ley, y juzga la ley; pero si tú juzgas a la ley, no eres hacedor de la ley, sino juez". Eso nos dice que cualquiera que habla mal de su hermano, o juzga, o llama inútil a a su hermano, está hablando en contra de la ley de Dios, y sentado en juicio sobre ella. En otras palabras, se está poniendo en el lugar y haciendo el trabajo de "ese hombre de pecado". ¿Qué más puede resultar, sino que recibe la recompensa del hombre de pecado? Seguramente hay suficiente en este pensamiento para detenernos a meditar.

Hemos aprendido que los miembros de la iglesia de Cristo no son jueces los unos de los otros, sino siervos de un mismo Señor. Hemos visto como no es indiferente el que guardemos o no los mandamientos de Dios. Muy al contrario: todos debemos comparecer ante el tribunal de Cristo, y ser juzgados por él. Pero hemos aprendido también que en aquellas cosas en las que la ley de Dios no se pronuncia específicamente, los caminos de unos son tan válidos como los de otros. Hemos aprendido, por fin, que incluso en el caso de que alguien sea hallado falto con respecto a algún mandamiento, no debemos tratarlo con rudeza y condenación. Una actitud como esa difícilmente le sería de ayuda, y además, no tenemos el derecho a hacer así, puesto que no somos más que siervos.

Viviendo para otros
Romanos 14:14-23

14| Yo sé, y confío en el Señor Jesús, que nada es inmundo en sí mismo, mas para aquel que piensa ser inmunda alguna cosa, para él es inmunda. 15| Mas si por causa de tu comida, tu hermano es contristado, ya no andas conforme al amor. No destruyas con tu comida a aquel por el cual Cristo murió. 16| No sea, pues, difamado vuestro bien; 17| Porque el reino de Dios no es comida ni bebida; sino justicia, y paz, y gozo en el Espíritu Santo. 18| Porque el que en estas cosas sirve a Cristo, agrada a Dios, y es aprobado por los hombres. 19| Así que, sigamos lo que ayuda a la paz y a la edificación de los unos a los otros. 20| No destruyas la obra de Dios por causa de la comida. Todas las cosas a la verdad son limpias; mas malo es al hombre hacer tropezar con lo que come. 21| Bueno es no comer carne, ni beber vino, ni nada en que tu hermano tropiece, o se ofenda, o sea debilitado. 22| ¿Tienes tú fe? Tenla para contigo delante de Dios. Bienaventurado el que no se condena a sí mismo con lo que aprueba. 23| Pero el que duda, si come, se condena, porque come sin fe, y todo lo que no es de fe, es pecado.

La lectura descuidada de la Biblia, las conclusiones precipitadas a partir de fragmentos aislados, y la perversión consciente de la palabra, conducen a innumerables errores. Posiblemente, muchos más errores debidos a la falta de reflexión que a la perversión deliberada. Prestemos pues siempre gran atención a nuestra forma de leerla.

Limpio e inmundo – Si consideramos bien el tema en cuestión, no forzaremos esta escritura sacándola de su contexto. Lo que se presenta desde el principio del capítulo es el caso de alguien que posee tan poco conocimiento real de Cristo que cree que la justicia se obtiene mediante el consumo de ciertos tipos de alimento, o evitando el de otros. La idea claramente expuesta en todo el capítulo es que no somos salvos por el comer o el beber, sino por la fe.

Nos será de gran ayuda considerar brevemente la cuestión de los alimentos puros e impuros. Prevalece la extraña idea de que cosas que eran antes impropias como alimentos, son hoy perfectamente saludables. Muchos parecerían pensar que hasta los animales inmundos son hechos limpios por el evangelio. Olvidan que Cristo purifica a los hombres, no a las bestias y los reptiles.

Las plantas que eran venenosas en tiempos de Moisés, siguen siendo hoy venenosas. Los mismos que parecerían pensar que el evangelio convierte a todas las cosas en adecuadas para comer, se sentirían contrariados si hubiesen de comer gatos, perros, gusanos, arañas, moscas, etc. tanto como le habría sucedido a todo judío en los días de Moisés. Lejos de concluir que el conocimiento de Cristo le reconcilia a uno con una dieta tal como esa, reconocemos, muy al contrario, que sólo los más degradados salvajes utilizan tales animales como alimento, y que su dieta es a la vez indicativa y causante de degradación. La iluminación espiritual conlleva el cuidado en la selección de los alimentos.

Nadie puede imaginar al apóstol Pablo ni a ninguna otra persona en su buen sentido y refinamiento, lanzándose a comer todo lo que fuese capaz de encontrar sobre la tierra. Aunque muchos se consideran más sabios que Dios en lo referente a la comida y la bebida, hay, y siempre las hubo, ciertas cosas universalmente tenidas por inapropiadas como alimento. Por lo tanto, cuando el apóstol dice que nada hay inmundo en sí mismo, evidentemente refiere su afirmación a aquellas cosas que Dios ha provisto para la alimentación del hombre. Hay personas cuya conciencia está tan pobremente educada que temen comer hasta incluso las cosas que Dios ha dado por comida; de igual modo que hay quienes estarán dispuestos a prohibir los "alimentos que Dios creó para que con agradecimiento participasen de ellos los fieles, que conocen la verdad" (1ª Tim. 4:3).

Así, cuando el apóstol dice "que uno cree que se ha de comer de todas cosas", es evidente que eso no incluye toda suciedad. Se entiende claramente que uno cree que puede comer de todas las cosas adecuadas como comida. Pero otro, dando importancia al hecho de que algunas de esas cosas han sido dedicadas a un ídolo, teme comer de ellas como si el hacer tal cosa hubiese de convertirlo en idólatra.

El octavo capítulo de 1ª de Corintios, en evidente paralelismo con el capítulo 14 de Romanos, clarifica ese tema.

Eso arroja igualmente luz sobre el asunto de los días. Siendo que el apóstol refiere sus afirmaciones en relación con la comida a aquello que es adecuado para comer, resulta todavía más claro que esos días que deben considerarse como cualquier otro, son solamente los días que Dios no ha santificado para sí.

La naturaleza del reino – "El reino de Dios no es comida ni bebida, sino justicia y paz y gozo por el Espíritu Santo". Cristo ha sido establecido por Dios como Rey de ese reino, ya que leemos, "Yo empero he puesto mi rey sobre Sión, monte de mi santidad" (Sal. 2:6). Lee ahora con mucha atención las palabras del Padre dirigidas al Hijo, a quien ha establecido como heredero de todo: "Tu trono, oh Dios, es eterno y para siempre; cetro de equidad el cetro de tu reino. Amaste la justicia, y aborreciste la maldad. Por eso te ungió Dios, tu Dios, con óleo de alegría con preferencia sobre tus compañeros" (Heb. 1:8,9).

El cetro es un símbolo de poder. El cetro de Cristo es un cetro de justicia, por lo tanto, el poder de su reino consiste en la justicia. Él gobierna con justicia. Su vida en la tierra fue una perfecta manifestación de la justicia, de forma que gobierna su reino con el poder de su vida. Todos los que poseen su vida son súbditos de su reino. Nada que no sea la vida de Cristo es la prenda de la ciudadanía de su reino.

Pero ¿con qué fue Cristo ungido rey? El último texto referido dice que fue "con óleo de alegría". Por lo tanto, la alegría, o gozo, es una parte necesaria del reino de Cristo. Es un reino de gozo, tanto como de justicia. Por lo tanto, cada miembro de ese reino debe estar lleno de gozo. Un cristiano triste es algo tan contradictorio como la luz oscura o el calor frío. Los rayos del sol tienen por objeto llevar a todo lugar la luz y el calor que los caracterizan. De igual manera, el cristiano tiene el propósito de difundir la paz y el gozo que lleva en su naturaleza. El cristiano no está gozoso simplemente porque cree que debe estarlo, sino porque ha sido trasladado al reino del gozo.

"El que en esto sirve a Cristo, agrada a Dios, y es aprobado por los hombres. Procuremos lo que contribuye a la paz, y a la mutua edificación". "El que en esto sirve a Cristo": ¿En qué lo sirve? En justicia, paz y gozo.

Dios acepta un servicio tal, y los hombres lo reconocen. No solamente aprueban los cristianos ese servicio, sino que hasta los no creyentes son constreñidos a reconocerlo. Los enemigos de Daniel se vieron obligados a dar testimonio de la rectitud de su vida, al manifestar que no podían encontrar nada de qué acusarle, excepto en lo referente a la ley de su Dios. Pero en realidad esa misma declaración era un reconocimiento de la ley de su Dios, la obediencia a la cual había hecho de él el hombre fiel que era.

Sin egoísmo – La paz es una característica de su reino, por lo tanto los que forman parte de su reino deben seguir lo que contribuye a la paz. Pero el egoísmo nunca logra tal cosa. Al contrario, el egoísmo siempre es causa de guerra, y acabará invariablemente produciéndola si se lo consiente. Debido a ello, los súbditos del reino deben estar siempre dispuestos a sacrificar sus propios deseos e ideas en favor de los demás. Aquel que no es egoísta, depondrá sus propios planes allí donde interfieran con la paz de otro.

Pero no olvides que el reino de Dios es justicia, tanto como paz. La justicia es obediencia a la ley de Dios, ya que "toda mala acción es pecado" (1ª Juan 5:17), y "el pecado es transgresión de la ley" (1ª Juan 3:4). Por lo tanto, aunque según las leyes del reino uno debe deponer sus propios deseos a fin de no interferir con los sentimientos de otros, por esas mismas leyes no le es permitido abandonar ninguno de los mandamientos de Dios.

La obediencia a la ley de Dios es lo que trae la paz, ya que leemos: "Mucha paz tienen los que aman tu ley" (Sal. 119:165). "¡Ojalá miraras tú a mis mandamientos! Fuera entonces tu paz como un río, y tu justicia como las ondas de la mar" (Isa. 48:18). Por lo tanto aquel que es tan "bondadoso" como para transgredir cualquier parte de la ley de Dios, en vista de que a algunos les desagrada que la obedezca, no está siguiendo lo que lleva a la paz. Al contrario, se está rebelando contra el reino de Cristo.

Esto nos muestra de nuevo que el sábado de Jehová no está bajo consideración, como una de las cosas que deben considerarse como asuntos de mera opinión personal. El cristiano no tiene ninguna opción con respecto a eso. Él debe guardarlo. No es uno de los días que el sujeto del reino puede despreciar si lo desea. Es una de las cosas que son obligatorias..

Pero hay otras cosas que uno tiene el derecho de hacer si lo desea, aunque no esté obligado a ello. Por ejemplo, uno tiene el derecho a comer con los dedos, si así lo prefiere. Ahora bien, si tal cosa molesta a su compañero, la ley de Cristo requiere de él que desista de ese proceder. Se deduce que el prestar cuidadosa atención a la ley de Cristo hará que el hombre sea perfectamente cortés. El verdadero cristiano es un caballero en el mejor sentido del término.

Hay muchas cosas que son permisibles, y que sin embargo son consideradas como reprobables por aquellos cuya fe es débil, debido a que no han recibido la debida instrucción. La cortesía cristiana que presenta el capítulo decimocuarto de Romanos demanda de quienes sí han sido instruidos que muestren consideración por los escrúpulos de su hermano más débil. Ignorar descuidadamente esos escrúpulos, por más que puedan carecer de toda razón de ser, no es la manera de ayudar a que ese hermano llegue a una mayor libertad. Al contrario, es la forma de desanimarlo. "Bueno es no comer carne, ni beber vino, ni nada en que tu hermano tropiece, o se ofenda, o sea debilitado".

Por lo tanto es evidente que el capítulo 14 de Romanos contiene una gran lección de cortesía cristiana y espíritu servicial, y no una invitación a desobedecer el sábado, o ninguna otra cosa perteneciente a los mandamientos de Dios, según le plazca a cada cual. Debe manifestarse tierna consideración hacia el "flaco en la fe". En marcado contraste con él, aquel que se ofende por la observancia de los mandamientos de Dios, no tiene ninguna fe en absoluto.

Las limitaciones de la conciencia – "¿Tienes tú fe? Tenla para contigo delante de Dios". La fe y la conciencia pertenecen al individuo. Nadie puede tener fe por otro. Nadie puede tener tanta fe que valga por dos. La enseñanza de la Iglesia Romana es que unos pocos han tenido más fe de la que personalmente necesitaban, y que fueron más justos de lo necesario, de forma que pueden compartirlo con otros; pero la Biblia enseña que es imposible que nadie tenga más fe de la que sirve para su propia salvación. Por lo tanto, no importa lo bien instruida que pueda ser la fe de alguien, ningún otro hombre puede ser juzgado por ella.

Hoy oímos mucho sobre la conciencia pública. Oímos a menudo que la conciencia de uno es violentada por el curso de acción de algún otro. Pero con la conciencia sucede lo mismo que con la fe: nadie tiene conciencia suficiente como para ser aplicable también a otra persona. Aquel que piensa que su conciencia sirve para él y para algún otro, está confundiendo la obstinación egoísta con la conciencia. Es esa idea equivocada de la conciencia la que ha llevado a todas las horribles persecuciones que se han perpetrado en el nombre de la religión.

Entienda todo cristiano que la conciencia es algo entre él y Dios solamente. Uno no es libre de imponer ni siquiera su libertad de conciencia sobre ningún otro, sino que de acuerdo con las leyes del reino de Cristo, está bajo obligación incluso de abstenerse en ocasiones de ejercer su propia libertad, por consideración hacia los demás. Es decir, aquel que puede caminar más de prisa, tiene que auxiliar a su hermano más débil que recorre el mismo camino, aunque con mayor lentitud. No debe, sin embargo, detenerse a complacer a quien transita por el camino opuesto.

Capítulo 15

Alabad al Señor todos los gentiles

EL DECIMOCUARTO capítulo de Romanos nos presentó nuestro deber hacia los débiles de la fe y los escrúpulos excesivamente concienzudos con respecto a cosas que en sí mismas no tienen importancia. No somos jueces unos de otros, sino que todos debemos comparecer ante el tribunal de Cristo. Si tenemos más conocimiento que nuestro hermano, no estamos arbitrariamente para traerlo a nuestro nivel, como tampoco lo es para llevarnos a los suyos. Nuestro mayor conocimiento, más bien, nos arroja la responsabilidad de ejercer la mayor caridad y paciencia.

La suma de todo está contenida en estos versos: "No destruyas la obra de Dios por causa de la comida. Todas las cosas a la verdad son limpias; mas malo es al hombre que hace tropezar con lo que come". No es bueno comer carne, ni beber vino , Ni nada por lo que tu hermano tropiece, o se ofenda, porque él es débil. ¿Tienes tú fe? Tenla para contigo delante de Dios.

El deber de ayudarse mutuamente
Romanos 15:1-7

1| Así que los que somos fuertes debemos sobrellevar las flaquezas de los débiles, y no agradarnos a nosotros mismos. 2| Cada uno de nosotros agrade a su prójimo para su bien, para edificación. 3| Porque ni aun Cristo se agradó a sí mismo; antes bien, como está escrito; Los vituperios de los que te vituperaban, cayeron sobre mí. 4| Porque las cosas que antes fueron escritas, para nuestra enseñanza fueron escritas; para que por la paciencia y consolación de las Escrituras, tengamos esperanza. Mas el Dios de la paciencia y de la consolación os dé que entre vosotros seáis de un mismo sentir según Cristo Jesús; 6| para que unánimes, y a una voz glorifiquéis al Dios y Padre de nuestro Señor Jesucristo. 7| Por tanto, recibíos los unos a los otros, como también Cristo nos recibió para gloria de Dios.

Sobrellevándose los unos a los otros – Los versículos que componen este capítulo suplementan la instrucción dada en el precedente, y son su continuación. Así, el capítulo 15 comienza con la exhortación, "debemos sobrellevar las flaquezas de los flacos". El último versículo de esta sección dice: "sobrellevaos (aceptaos) los unos a los otros".

¿Cómo hemos de sobrellevarnos los unos a los otros? La respuesta es, "como también Cristo nos sobrellevó". Eso enfatiza una vez más el hecho de que el apóstol no tenía la más mínima intención de despreciar ninguno de los Diez Mandamientos cuando escribió, en el anterior capítulo, "uno hace diferencia entre día y día; otro juzga iguales todos los días. Cada uno esté asegurado en su ánimo".

Cristo, ni en el más mínimo grado hizo concesión alguna en relación con los mandamientos, a fin de acomodarlos a aquellos a quienes "sobrellevaba" o aceptaba. Dijo: "No penséis que he venido para abrogar la ley o los profetas" (Mat. 5:17). "Si guardareis mis mandamientos, estaréis en mi amor; como yo también he guardado los mandamientos de mi Padre, y estoy en su amor" (Juan 15:10).

Los mandamientos de Cristo y los del Padre son los mismos, ya que Él dijo, "Yo y el Padre una cosa somos" (Juan 10:30). Cierto día dijo a un joven que deseaba seguirlo, "guarda los mandamientos" (Mat. 19:17). Por lo tanto, es obvio que al hacer concesiones en aras de la paz y armonía, ninguna concesión debe hacerse en relación con la observancia de los mandamientos de Dios.

¿Cómo complacer a los demás? – Tal como indica la exhortación: "Cada uno de nosotros agrade a su prójimo en bien, a edificación". Jamás se nos exhorta a ayudar a pecar a un hermano, con el fin de agradarle. Tampoco a cerrar los ojos al pecado de nuestro hermano a fin de no causarle malestar, permitiendo con ello que persista en él sin advertirle. No hay en ese proceder amabilidad alguna. La exhortación dice: "No aborrecerás a tu hermano en tu corazón: ingenuamente reprenderás a tu prójimo, y no consentirás sobre él pecado" (Lev. 19:17). La madre que, temerosa de contrariar a su hijo, no hiciese nada por impedir que éste tocase el fuego, estaría manifestando crueldad, y no bondad. Debemos de agradar a nuestro prójimo, pero solamente para su bien, no para su extravío.

Sobrellevar las flaquezas de otros – Volviendo nuevamente al primer versículo, vemos aún más destacada esta verdad: "Los que somos más firmes debemos sobrellevar las flaquezas de los flacos, y no agradarnos a nosotros mismos". "Porque Cristo no se agradó a sí mismo". Examina eso en relación con Gálatas 6:1,2: "Hermanos, si alguno fuere tomado en alguna falta, vosotros que sois espirituales, restaurad al tal con el espíritu de mansedumbre; considerándote a ti mismo, porque tú no seas también tentado. Sobrellevad los unos las cargas de los otros; y cumplid así la ley de Cristo". Al sobrellevar las enfermedades de los débiles, estamos cumpliendo la ley de Cristo. Pero sobrellevar las cargas de los otros no significa enseñarles que pueden ignorar impunemente ninguno de los mandamientos. El guardar los mandamientos de Dios no es ninguna carga, ya que "sus Mandamientos no son gravosos" (1ª Juan 5:3).

¿Cómo sobrelleva Cristo nuestras cargas? – Cristo las sobrelleva, no quitando la ley de Dios, sino quitando nuestros pecados y capacitándonos para guardar la ley. "Porque lo que era imposible a la ley, por cuanto era débil por la carne, Dios enviando a su Hijo en semejanza de carne de pecado, y a causa del pecado, condenó al pecado en la carne; para que la justicia de la ley fuese cumplida en nosotros, que no andamos conforme a la carne, mas conforme al espíritu" (Rom. 8:3,4).

Él nos dice: "Ven" – Una bendición en el servicio del Señor es que no nos dice "Ve", sino "Ven". No nos envía a trabajar por nosotros mismos, sino que nos llama a seguirle. No pide de nosotros nada que Él mismo no haga. Cuando nos dice que debemos llevar las enfermedades de aquellos que son débiles, lo debiéramos tomar como motivo de ánimo, y no como una carga que nos es impuesta, puesto que nos está recordando lo que Él hace en nuestro favor. Él es el Todopoderoso, ya que leemos, "He puesto el poder de socorrer sobre uno que es poderoso; he exaltado a un escogido de mi pueblo" (Sal. 89:19). "Llevó él nuestras enfermedades, y sufrió nuestros dolores". "Todos nosotros nos descarriamos como ovejas, cada cual se apartó por su camino: mas Jehová cargó en él el pecado de todos nosotros" (Isa. 53:4,6).

¿Qué es lo que lo convierte en algo fácil? – Si sabemos que Cristo lleva nuestras cargas, será un placer para nosotros el llevar las cargas de los demás. El problema es que demasiado a menudo olvidamos que Cristo es el Portador, y estando abrumados por el peso de nuestras propias enfermedades, tenemos aún menos paciencia con aquellas de los demás. Pero cuando sabemos que Cristo es realmente el Portador de las cargas, echamos toda nuestra solicitud en Él, y entonces, cuando hacemos de la carga de algún otro la nuestra, Él la lleva también.

El Dios de toda consolación – Dios es "el Dios de la paciencia y de la consolación". Es el "Padre de compasión y Dios de todo consuelo. Él nos consuela en toda tribulación, para que también nosotros podamos alentar a los que están en cualquier tribulación, con el consuelo con que nosotros somos confortados por Dios" (2ª Cor. 1:3,4). Él toma sobre sí mismo todos los reproches que caen sobre los hombres. "Los insultos de los que te vituperan caen sobre mí". Leemos de los hijos de Israel que "en toda angustia de ellos, él fue angustiado" (Isa. 63:9). Tales son las palabras de Cristo, "Tú sabes mi afrenta, y mi confusión, y mi oprobio". "La afrenta ha quebrantado mi corazón" (Sal. 69:19,20). Sin embargo, no manifestó la menor impaciencia ni murmuración. Por lo tanto, ha llevado ya las cargas del mundo en su carne: es totalmente capaz de llevar las nuestras en la carne sin queja alguna, de forma que podamos ser "corroborados de toda fortaleza, conforme a la potencia de su gloria, para toda tolerancia y largura de ánimo con gozo" (Col. 1:11).

El evangelio según Moisés – Ésta es la lección que se nos enseña a todo lo largo de las Escrituras: "Porque las cosas que antes fueron escritas, para nuestra enseñanza fueron escritas; para que por la paciencia, y por la consolación de las Escrituras, tengamos esperanza". Eso se manifiesta en el libro de Job. "Habéis oído la paciencia de Job, y habéis visto el fin del Señor, que el Señor es muy misericordioso y piadoso" (Sant. 5:11). Así de claro está en los libros de Moisés. Cristo dijo: "Si vosotros creyeseis a Moisés, me creeríais a mí; porque él escribió de mí. Pero si no creéis en sus escritos, ¿cómo vais a creer en mis Palabras?" (Juan 5:46,47). Si se es negligente en cuanto al evangelio según Moisés, de nada va a servir leer el evangelio según Juan, puesto que el evangelio no se puede dividir. El evangelio de Cristo, lo mismo que Él, es uno y único.

Cómo sobrellevar o recibir a los demás – Finalmente, "Acogeos unos a otros, como también Cristo nos acogió, para gloria de Dios". ¿A quiénes acoge Cristo? "Recibe a los pecadores". ¿A cuántos recibirá? "Venid a mí todos los que estáis fatigados y cargados, y yo os haré descansar".

¿Cómo los recibirá? "Todo el día extendí mis manos hacia un pueblo desobediente y contradictor". Y si acuden a Él, ¿qué seguridad tienen? "al que a mí viene, no le echo fuera". Aprende de Él, y recuerda que dondequiera abras las Escrituras, ellas son las que dan testimonio de Él.

Permaneciendo en el inicio – Nuestro estudio de Romanos, aunque extenso, no ha sido exhaustivo. Ciertamente es imposible estudiar exhaustivamente la Biblia, ya que por más profundamente que abordemos cualquier porción de ella, seguiremos estando en el inicio. Cuanto más investiguemos la Biblia, más nos parecerá que nuestra mejor comprensión no fue sino algo preliminar de un estudio más profundo, de cuya necesidad nos habremos apercibido. Pero si bien no podemos nunca esperar que podamos agotar la verdad hasta el punto de decir que la tenemos toda, podemos sin embargo tener la seguridad de que hasta allí donde hayamos llegado, tenemos solamente la verdad. Y esa seguridad procede, no de sabiduría alguna que pudiésemos poseer, sino de adherirnos estrechamente a la palabra de Dios, y de no permitir que se introduzcan ideas de manufactura humana mezcladas con el oro puro.

Gozo y paz en creer
Romanos 15:8-14

> *8| Digo, pues, que Cristo Jesús fue ministro de la circuncisión por la verdad de Dios, para confirmar las promesas hechas a los padres, 9| y para que los gentiles glorifiquen a Dios por su misericordia, como está escrito: Por tanto, yo te confesaré entre los gentiles, y cantaré a tu nombre. 10| Y otra vez dice: Regocijaos, gentiles, con su pueblo. 11| Y otra vez: Alabad al Señor todos los gentiles, y dadle gloria todos los pueblos. 12| Y otra vez Isaías dice: Saldrá raíz de Isaí, y el que se levantará para reinar sobre los gentiles: Los gentiles esperarán en Él. 13| Y el Dios de esperanza os llene de todo gozo y paz en el creer, para que abundéis en esperanza por el poder del Espíritu Santo. 14| Y también yo mismo tengo confianza de vosotros, hermanos míos, que también vosotros estáis llenos de bondad, llenos de todo conocimiento, de manera que podéis amonestaros los unos a los otros.*

"Ministro de la circuncisión" – No olvidemos que Jesucristo fue ministro de la circuncisión. ¿Significa eso que salva solamente a los judíos? No, pero nos muestra que "la salvación viene de los judíos" (Juan 4:22). Se dice "acerca de su Hijo, nuestro Señor Jesucristo", que fue "nacido del linaje de David según la carne" (Rom. 1:3). Él es "la raíz de Isaí, que se levantará a regir a los gentiles. Los gentiles esperarán en él" (Isa. 11:10; Rom. 15:12). Los gentiles deben encontrar la salvación en Israel. Ninguno puede encontrarla en otro lugar.

"La ciudadanía de Israel" – Al escribir a los hermanos de Éfeso, Pablo se refiere al estado de ellos previo a su conversión como siendo "gentiles en cuanto a la carne", y dice, "en aquel tiempo estabais sin Cristo, excluidos de la ciudadanía de Israel y extranjeros en cuanto a los pactos de la promesa, sin esperanza y sin Dios en el mundo" (Efe. 2:11,12).

Es decir, fuera de Israel no hay esperanza para el hombre. Los que están "excluidos de la ciudadanía de Israel" están "sin Cristo" y "sin Dios en el mundo". En Cristo Jesús somos llevados a Dios.

Y siendo llevados a Dios "ya no sois extranjeros ni advenedizos, sino conciudadanos de los santos, y miembros de la familia de Dios" (Efe. 2:18,19). Por lo tanto, se enseñan dos cosas de forma clara y positiva: (1) Nadie que no sea de la casa de Israel puede ser salvo. (2) Sólo los que están en Cristo constituyen la casa de Israel.

Confirmando las promesas – "Cristo Jesús fue hecho ministro de la circuncisión por la verdad de Dios, para confirmar las promesas hechas a los padres". Eso muestra que todas las promesas de Dios a los padres fueron hechas en Cristo. "Porque todas las promesas de Dios son en él Sí, y en él Amén" (2ª Cor. 1:20). "A Abraham fueron hechas las promesas, y a su simiente. No dice: Y a las simientes, como refiriéndose a muchos, sino a uno: Y a tu simiente, la cual es Cristo" (Gál. 3:16). Nunca se hizo promesa alguna a los padres, que no hubiese de ser obtenida solamente por Cristo, y mediante la justicia que es según Él.

Cristo no está dividido – Se lo presenta como ministro de la circuncisión. Supongamos que las promesas hechas a los padres se aplicaran a los descendientes naturales de Abraham, Isaac y Jacob. La única conclusión posible sería entonces que sólo esos descendientes naturales –los que están circuncidados– pueden ser salvos. O, al menos, habríamos de admitir que Cristo hace algo por ellos que no hace por el resto de la humanidad.

Pero Cristo no está dividido. Todo cuanto hace por un hombre, lo hace por todo hombre. Todo lo que hace por alguien, lo hace mediante la cruz, y fue crucificado una sola vez. "De tal manera amó Dios al mundo, que ha dado a su Hijo unigénito, para que todo aquel que cree en él, no perezca, sino que tenga vida eterna".

Puesto que Cristo es el ministro de la circuncisión para confirmar las promesas hechas a los padres, es evidente que esas promesas incluyen a toda la humanidad. "No hay diferencia entre judío y griego, pues uno mismo es el Señor de todos, que es rico para con todos los que le invocan" (Rom. 10:12). "¿O es Dios solamente Dios de los judíos? ¿No es también Dios de los gentiles? Ciertamente, también de los gentiles. Porque ciertamente hay un solo Dios, el cual justificará por la fe a los de la circuncisión, y por medio de la fe a los de la incircuncisión" (Rom. 3:29,30).

"El tabernáculo de David" – Cuando los apóstoles y los ancianos se reunieron en Jerusalem, Pedro explicó cómo había sido instrumento en las manos del Señor para llevar el evangelio a los gentiles. Dijo: "Dios, que conoce los corazones, les dio testimonio, dándoles el Espíritu Santo lo mismo que a nosotros; y ninguna diferencia hizo entre nosotros y ellos, purificando por la fe sus corazones" (Hech. 15:8,9).

Entonces añadió Santiago: "Simón ha contado cómo Dios visitó por primera vez a los gentiles, para tomar de entre ellos un pueblo para su nombre. Y con esto concuerdan las palabras de los profetas, como está escrito: Después de esto volveré y reedificaré el tabernáculo de David, que está caído; y reparará sus ruinas, y lo volveré a levantar, para que el resto de los hombres busque al Señor, y todos los gentiles, sobre los cuales es invocado mi nombre, dice el Señor, que hace todo esto. Desde la eternidad conoce el Señor su obra" (Hech. 15:14-18).

Solamente mediante la predicación del evangelio a los gentiles, habrá de ser edificado el tabernáculo de David. De entre ellos se toma un pueblo para Dios. Tal fue el propósito de Dios "desde la eternidad", y de eso "dan testimonio todos los profetas, que todo el que crea en él recibirá perdón de pecados por su nombre" (Hech. 10:43).

"La bendición de Abraham" – Leemos que "Cristo nos redimió de la maldición de la ley, habiéndose hecho maldición por nosotros… para que en Cristo Jesús la bendición de Abraham alcanzase a los gentiles, a fin de que por medio de la fe recibiésemos la promesa del Espíritu" (Gál. 3:13,14). Las palabras omitidas en el texto precedente indican que la maldición que Cristo fue hecho por nosotros es la cruz.

Por lo tanto concluimos que solamente por la cruz de Cristo pudieron asegurarse las promesas hechas a los padres. Pero Cristo gustó la muerte por todos (Heb. 2:9). "Y como Moisés levantó la serpiente en el desierto, así también tiene que ser levantado el Hijo del hombre, para que todo aquel que cree en él, no se pierda, sino que tenga vida eterna" (Juan 3:15,16). Por lo tanto, las promesas hechas a los padres eran simplemente las promesas del evangelio, que se proclaman "a toda criatura". Mediante la cruz, Cristo confirma las promesas hechas a los padres, "para que los Gentiles glorifiquen a Dios por su misericordia".

"Un solo rebaño, y un solo Pastor" – En el capítulo décimo del evangelio de Juan encontramos algunas de las más bellas, entrañables y animadoras palabras del Señor Jesús. Él es el Buen Pastor. Él es la puerta a través de la cual entran las ovejas en el redil. Da su vida por salvarlas. Luego dice: "También tengo otras ovejas que no son de este redil; aquéllas también debo traer; y oirán mi voz, y habrá un solo rebaño, y un solo pastor" (versículo 16). Por lo tanto, cuando su obra sea completa, habrá un solo rebaño, y Él será el Pastor. Veamos ahora de quiénes estará compuesto el rebaño.

La oveja perdida – En el capítulo 15 de Lucas, en ese maravilloso conjunto de benditas ilustraciones del amor y la gracia del Salvador, Jesús representa su obra como la del pastor a la búsqueda de la oveja perdida y errante. ¿Quién es esa oveja que está buscando? Él mismo da la respuesta: "No he sido enviado sino a las ovejas perdidas de la casa de Israel" (Mat. 15:24). La afirmación no se presta a confusión. Es pues evidente que todas las ovejas que encuentra y lleva de vuelta al redil vendrán a ser hechas "Israel". Y no es menos evidente que ese "un rebaño" será el de Israel. No habrá más que "un rebaño". Jesús será su Pastor. Hoy, lo mismo que en los días de la antigüedad, podemos orar: "Oh Pastor de Israel, escucha; Tú que pastoreas a José como a un rebaño, tú que estás sentado entre querubines, resplandece" (Sal. 80:1).

Lo que distingue a sus ovejas – Los que siguen a Cristo son sus ovejas. Pero Él tiene "otras ovejas". Hay muchos que hoy no le están siguiendo, y sin embargo, son ovejas suyas. Están errantes y perdidos, y Él los está buscando.

¿Qué es lo que determina quiénes son sus ovejas? Escucha de Él mismo la respuesta: "Las ovejas oyen su voz". "También tengo otras ovejas que no son de este redil; aquéllas también debo traer; y oirán mi voz". "Vosotros no creéis, porque no sois de mis ovejas, como os he dicho. Mis ovejas oyen mi voz" (Juan 10:3,16,26,27). Al hablar Jesús, aquellos que son sus ovejas oirán su voz, y vendrán a Él. La palabra del Señor es la prueba que pone de manifiesto quiénes son sus ovejas. Por lo tanto, cada uno que oye y obedece la palabra del Señor es de la familia de Israel, y aquellos que rechazan o descuidan la palabra serán eternamente perdidos. "Si vosotros sois de Cristo, entonces sois simiente de Abraham, y herederos según la promesa" (Gál. 3:29).

"Una fe" – Nos detendremos ahora a considerar cómo viene a conectar todo esto que el apóstol ha dicho, con lo que expuso en el capítulo 14 a propósito de Cristo como ministro de la circuncisión, para confirmar las promesas hechas a los padres a fin de que los gentiles glorificasen a Dios.

"Recibid al débil en la fe, pero no para contender sobre opiniones". Observa que los que hemos de recibir "como también Cristo nos acogió, para gloria de Dios", son aquellos que tienen la fe. Ahora bien, no hay más que "una fe", como también solamente "un Señor" (Efe. 4:5). Y la fe viene del oír la palabra de Dios (Rom. 10:17).

Puesto que tiene que haber un solo rebaño, y dado que Cristo, su Pastor, no está dividido, no tiene que haber división alguna en el rebaño. Deben desecharse las disputas, que proceden de la sabiduría y de las ideas humanas, y seguir solamente la palabra de Dios. Eso no dará lugar a disputa alguna, al enseñar una y la misma cosa. Ésta es la norma: "Desechando, pues, toda malicia, todo engaño, hipocresías, envidias, y todas las detracciones, desead, como niños recién nacidos, la leche espiritual no adulterada, para que por ella crezcáis para salvación, si es que habéis gustado la benignidad del Señor" (1ª Ped. 2:1-3).

Fe, esperanza, gozo y paz – "El Dios de esperanza os llene de todo gozo y paz creyendo, para que abundéis en esperanza por la virtud del Espíritu Santo". Encontramos aquí a la fe, esperanza, gozo y paz. El Dios de esperanza nos ha de llenar de todo gozo y paz, creyendo, y eso mediante el poder del Espíritu Santo. Eso conecta la instrucción recibida con la del capítulo 14, en donde se nos dice que "el reino de Dios no es comida ni bebida, sino justicia, paz y gozo en el Espíritu Santo".

El ministerio triunfante de Pablo
Romanos 15:15-33

15| Mas hermanos, os he escrito en parte osadamente, como recordándoos; por la gracia que de Dios me es dada, 16| para ser ministro de Jesucristo a los gentiles, ministrando el evangelio de Dios, para que la ofrenda de los gentiles sea acepta, santificada por el Espíritu Santo. 17| Tengo, pues, de qué gloriarme en Cristo Jesús en lo que a Dios toca. 18| Porque no osaría hablar de alguna cosa que Cristo no haya hecho por mí, para hacer obedientes a los gentiles, con palabra y con obra, 19| con potencia de milagros y prodigios, por el poder del Espíritu de Dios; de manera que desde Jerusalén, y los alrededores hasta Ilírico, todo lo he llenado del evangelio de Cristo. 20| Y de esta manera me esforcé a predicar el evangelio, no donde Cristo fuese ya nombrado, para no edificar sobre fundamento ajeno, 21| sino, como está escrito: Aquellos a los que no se habló de Él, verán; Y los que no han oído, entenderán. 22| Por esta causa muchas veces he sido impedido de venir a vosotros. 23| Mas ahora, no teniendo más lugar en estas regiones, y deseando ir a vosotros por ya muchos años, 24| cuando partiere para España, iré a vosotros, porque espero veros en mi jornada, y que seré encaminado por vosotros hacia allá, si en parte primero hubiere disfrutado de vuestra compañía. 25| Mas ahora voy a Jerusalén para ministrar a los santos. 26| Porque los de Macedonia y Acaya tuvieron a bien hacer una contribución para los santos pobres que están en Jerusalén. 27| Pues les pareció bueno, y son deudores a ellos;

porque si los gentiles han sido hechos partícipes de sus bienes espirituales, deben también ellos servirles en los carnales. **28|** Así que, cuando haya concluido esto, y les haya entregado este fruto, pasaré entre vosotros rumbo a España. **29|** Y estoy seguro que cuando venga a vosotros, vendré en plenitud de bendición del evangelio de Cristo. **30|** Y os ruego hermanos, por nuestro Señor Jesucristo, y por el amor del Espíritu, que os esforcéis conmigo en oración por mí a Dios; **31|** Para que sea librado de los incrédulos que están en Judea, y la ofrenda de mi servicio la cual traigo para Jerusalén sea acepta a los santos; **32|** para que con gozo llegue a vosotros por la voluntad de Dios, y que sea recreado juntamente con vosotros. **33|** Y el Dios de paz sea con todos vosotros. Amén.

La comisión evangélica – Estando Jesús pronto a dejar este mundo, dijo a sus discípulos que habían de recibir poder por el Espíritu Santo, y entonces les declaró: "me seréis testigos en Jerusalem, en toda Judea, en Samaria, y hasta lo último de la tierra" (Hech. 1:8). "Al judío primeramente, y también al griego", pero a todos ellos, y el mismo evangelio para todos. Así, Pablo manifestó que su obra como ministro del evangelio consistía en testificar solemnemente "a judíos y a gentiles acerca del arrepentimiento para con Dios, y de la fe en nuestro señor Jesucristo" (Hech. 20:21). Nos dice pues en ese texto, que "para ser ministro de Jesucristo a los Gentiles, ministrando el evangelio de Dios", había "llenado todo del evangelio de Cristo" "con potencia de milagros y prodigios, en virtud del Espíritu de Dios", "desde Jerusalem, y por los alrededores hasta Ilírico".

Compartiendo las mismas cosas espirituales – El apóstol, expresando su deseo de visitar a los romanos, dijo que esperaba verlos en el transcurso de su viaje a España. "Mas ahora", dijo, "parto para Jerusalem a ministrar a los santos. Porque Macedonia y Acaya tuvieron por bien hacer una colecta para los pobres de los santos que están en Jerusalem. Porque les pareció bueno, y son deudores a ellos: porque si los Gentiles han sido hechos participantes de sus bienes espirituales, deben también ellos servirles en los carnales".

Una declaración muy simple, pero que ilustra cómo los gentiles no recibieron ningún bien espiritual que no proviniese de los judíos. Las bendiciones espirituales de las que participaron los gentiles las recibieron de los judíos, y les fueron ministradas por éstos. Ambos compartieron el mismo pan espiritual, de forma que los gentiles mostraron su gratitud ministrando para las necesidades materiales de los judíos. Vemos aquí una vez más un solo redil, y un solo Pastor.

El Dios de Israel – Dios se da a conocer muchas veces en la Biblia como el Dios de Israel. Pedro, lleno del Espíritu Santo, inmediatamente después de la curación del cojo, dijo al pueblo, "El Dios de Abraham, de Isaac y de Jacob, el Dios de nuestros padres, ha glorificado a su Siervo Jesús" (Hech. 3:13). Incluso en ese momento, Dios se identificó como el Dios de Abraham, de Isaac y de Jacob: el Dios de Israel.

Dios quiere que se le conozca y recuerde, y así leemos sus palabras, "Tú hablarás a los hijos de Israel diciendo: En verdad vosotros guardaréis mis sábados; porque es señal entre mí y vosotros… celebrándolo por sus generaciones por pacto perpetuo. Señal es para siempre entre mí y los hijos de Israel; porque en seis días hizo Jehová los cielos y la tierra, y en el séptimo día cesó y reposó" (Éxo. 31:13,16,17). Dios es el Dios de Israel. Cierto, Él es también el Dios de los gentiles, pero solamente en la medida en que estos lo aceptan y vienen a ser hechos Israel mediante la justicia por la fe. Pero Israel tiene que guardar el sábado. Es la señal de su unión con Dios.

Capítulo 16

Saludos personales

DOS TERCERAS partes del último capítulo de Romanos consisten en salutaciones:

"Saludad a Priscila y a Aquila, mis colaboradores en Cristo Jesús". "Saludad también a la iglesia de su casa". "Saludad a María, la cual ha trabajado mucho por vosotros". "Saludad a Andrónico y a Junias, mis parientes". "Saludad a Amplias, amado mío en el Señor". "Saludad a Urbano, nuestro colaborador en Cristo Jesús, y a Eustaquis, amado mío". "Saludad a Trifena y a Trifosa, las cuales trabajan en el Señor". "Saludad a Filólogo, a Julia, a Nereo y a su hermana, a Olimpas y a todos los santos que están con ellos".

Y así continúa la lista, incluyendo indistintamente a hombres y mujeres. Al leer esa bendita lista no sólo se echa de ver la amplitud y efusividad de la simpatía de Pablo, sino también el especial cuidado con el que vela el Espíritu Santo por cada miembro de la familia de la fe, refiriéndose a cada uno por su nombre, y ciertamente nadie pondrá en duda la pertinencia de esa Escritura.

Una omisión significativa – Pero hay algo muy significativo, y es que no se menciona a Pedro, a quien se ha pretendido identificar como el "Obispo de Roma". A veces podemos aprender tanto por lo que la Biblia omite, como por lo que dice. En esta ocasión, por lo que no dice podemos saber que, lejos de ser obispo de Roma, Pedro no estaba en absoluto en Roma cuando Pablo escribió, y si es que estuvo alguna vez allí, fue después que Pablo escribió la epístola, y mucho después que esa iglesia fuese establecida y desarrollada.

Resulta ciertamente inconcebible que al saludar por nombre a los miembros de la iglesia, Pablo dejase de citar a la persona más importante de ella, cuya hospitalidad había compartido en Jerusalem durante quince días.

Por supuesto, hay abundante y positiva evidencia de que ni la iglesia de Cristo ni la iglesia de Roma fue fundada sobre Pedro; pero si no hubiese ningún otro, ese testimonio del capítulo 16 de Romanos sería suficiente por sí mismo para dirimir la cuestión. Epístola del apóstol Pablo a los romanos. Escrita desde Corinto por mano de Tercio, y enviada con Febe, sierva de la iglesia en Cencrea.

Conclusión
Romanos 16:24-27

24| La gracia de nuestro Señor Jesucristo sea con todos vosotros. Amén. 25| Y al que tiene poder para confirmaros según mi evangelio y la predicación de Jesucristo, según la revelación del misterio encubierto desde tiempos eternos, 26| pero ahora es hecho manifiesto, y por las Escrituras de los profetas, según el mandamiento del Dios eterno, dado a conocer a todas las naciones para obediencia de la fe. 27| Al solo Dios sabio, sea gloria por Jesucristo para siempre. Amén.

Una magnífica conclusión – Abarca desde la eternidad hasta la eternidad. El evangelio de Dios es supremo por los siglos. Fue guardado en secreto en la mente de Dios, desde el tiempo eterno. Cristo fue "ya provisto desde antes de la fundación del mundo" (1ª Ped. 1:19,20). Pero ahora, el misterio es "manifestado". No simplemente manifestado por la predicación de los apóstoles, sino "según el mandamiento del Dios eterno", "por las Escrituras de los profetas" "declarado a todas las gentes para que obedezcan a la fe".

El plan del evangelio tuvo su origen en la mente divina desde la eternidad pasada. Los patriarcas, los profetas y los apóstoles han servido al unísono en la obra de manifestarlo. En las edades venideras constituirá la ciencia y el canto de los redimidos "de todas naciones, tribus, pueblos y lenguas" que se reunirán con Abraham, Isaac y Jacob en el reino de Dios, y dirán, "Al que nos amó, y nos liberó de nuestros pecados con su sangre, e hizo de nosotros un reino, sacerdotes para su Dios y Padre; a él sea la gloria y el dominio por los siglos de los siglos. Amén".

www.ingramcontent.com/pod-product-compliance
Lightning Source LLC
Chambersburg PA
CBHW020318010526
44107CB00054B/1892